L'archipel malais (Volume 2)

Le pays de l'orang-outan et de l'oiseau de paradis ; Un récit de voyage, avec des études sur l'homme et la nature

Alfred Russel Wallace

Writat

Cette édition parue en 2023

ISBN : 9789359251325

Publié par
Writat
email : info@writat.com

Contenu

CHAPITRE XXI.
LES MOLUQUES—TERNATE.

Le matin du 8 janvier 1858, j'arrivai à Ternate, la quatrième d'une rangée de belles îles volcaniques coniques qui bordent la côte ouest de la grande île presque inconnue de Gilolo . La montagne la plus grande et la plus parfaitement conique est Tidore , qui mesure plus de quatre mille pieds de haut ; Ternate ayant à peu près la même hauteur, mais avec un sommet plus arrondi et irrégulier. La ville de Ternate est cachée à la vue jusqu'à ce que nous entrions entre les deux îles, lorsqu'elle est découverte s'étendant le long du rivage, au pied même de la montagne. Sa situation est bonne et il y a des vues grandioses de tous côtés. Juste en face se trouve le promontoire accidenté et le magnifique cône volcanique de Tidore ; à l'est se trouve la longue côte montagneuse de Gilolo , terminée vers le nord par un groupe de trois hauts sommets volcaniques, tandis qu'immédiatement derrière la ville s'élève l'immense montagne, d'abord en pente douce et couverte d'épais bosquets d'arbres fruitiers, mais devenant bientôt plus raide et sillonné de ravins profonds. Presque jusqu'au sommet, d'où s'échappent de faibles guirlandes de fumée, il est recouvert de végétation et semble calme et beau, bien qu'au-dessous se trouvent des feux cachés qui éclatent parfois dans des ruisseaux de lave, mais font plus fréquemment connaître leur existence par les tremblements de terre qui se produisent. ont plusieurs fois dévasté la ville.

J'ai apporté des lettres d'introduction à M. Duivenboden , originaire de Ternate, d'une ancienne famille hollandaise, mais qui a été élevé en Angleterre et parle parfaitement notre langue. C'était un homme très riche, il possédait la moitié de la ville, possédait de nombreux navires et plus d'une centaine d'esclaves. Il était de plus instruit et passionné de littérature et de sciences, phénomène dans ces régions. Il était généralement connu comme le roi de Ternate, en raison de ses vastes propriétés et de sa grande influence auprès des Rajahs indigènes et de leurs sujets. Grâce à son aide, j'ai obtenu une maison ; plutôt ruineux, mais bien adapté à mon dessein, étant proche de la ville, mais avec un débouché libre sur la campagne et la montagne. Quelques réparations nécessaires furent bientôt effectuées, quelques meubles en bambou et autres objets de première nécessité obtenus, et après une visite au résident et au magistrat de police, je me retrouvai un habitant de l'île de Ternate, torturée par le tremblement de terre, et capable de regarder autour de moi et de déposer le plan de ma campagne pour l'année à venir. J'ai conservé cette maison pendant trois ans, car je trouvais très pratique d'avoir un endroit où revenir après mes voyages dans les différentes îles des Moluques et de la Nouvelle-Guinée, où je pourrais emballer mes collections, me soigner et faire mes préparatifs pour futurs voyages. Pour éviter les répétitions, je combinerai dans ce chapitre mes notes sur Ternate.

Une description de ma maison (dont le plan est ici montré) permettra au lecteur de comprendre un mode de construction très courant dans ces îles. Il n'y a bien sûr qu'un seul étage. Les murs sont en pierre jusqu'à trois pieds de haut ; là-dessus se trouvent de solides poteaux carrés soutenant le toit, partout sauf dans la véranda remplie de tiges de feuilles de sagoutier, soigneusement encastrées dans des supports en bois. Le sol est en stuc et les plafonds sont comme les murs. La maison mesure quarante pieds carrés, se compose de quatre pièces, d'un hall et de deux vérandas, et est entourée d'un désert d'arbres fruitiers. Un puits profond me fournissait de l'eau pure et froide, un grand luxe sous ce climat. Cinq minutes de marche m'ont amené au marché et à la plage, tandis que dans la direction opposée, il n'y avait plus de maisons européennes entre moi et la montagne. Dans cette maison, j'ai passé de nombreux jours heureux. En y revenant après une absence de trois ou quatre mois dans une région non civilisée, j'ai apprécié le luxe inhabituel du lait et du pain frais, ainsi que l'approvisionnement régulier en poisson et en œufs, en viande et en légumes, qui étaient souvent cruellement nécessaires pour restaurer ma santé et mon énergie. . J'avais suffisamment d'espace et de commodité pour déballer, trier et ranger mes trésors, et je faisais de délicieuses promenades dans les faubourgs de la ville, ou sur les pentes inférieures de la montagne, lorsque j'avais envie d'un peu d'exercice ou que j'avais le temps de collectionner.

La partie inférieure de la montagne, derrière la ville de Ternate, est presque entièrement couverte d'une forêt d'arbres fruitiers, et pendant la saison des centaines d'hommes et de femmes, de garçons et de filles, montent chaque jour pour rapporter les fruits mûrs. Les durians et les mangues, deux des plus beaux fruits tropicaux, sont en plus grande abondance à Ternate que je n'en ai jamais vu, et certains de ces derniers sont d'une qualité qui n'est inférieure à aucune autre au monde. Les Lansats et les Mangustans sont également abondants, mais ceux-ci ne mûrissent qu'un peu plus tard. Au-dessus des arbres fruitiers, il y a une ceinture de clairières et de terrains cultivés qui grimpent sur la montagne jusqu'à une hauteur de deux à trois mille pieds, au-dessus de laquelle s'étend une forêt vierge, atteignant presque le sommet qui, du côté voisin de la ville, est recouvert d'un roseau élevé. De l'autre côté, il est plus élevé, d'aspect nu et désolé, avec une légère dépression marquant la position du cratère. De cette partie descend une bande scoriacée noire ; très accidenté et couvert d'une maigre végétation de buissons épars jusqu'à la mer. C'est la lave de la grande éruption d'il y a près d'un siècle, et les indigènes l'appellent « batu- angas » (roche brûlée).

Juste au-dessous de ma maison se trouve le fort, construit par les Portugais, au-dessous duquel se trouve un espace ouvert vers la pêche, et au-delà, la ville natale s'étend sur environ un mile au nord-est. Au centre se trouve le palais du sultan, aujourd'hui un grand bâtiment de pierre en désordre et à moitié en ruine. Ce chef est pensionné par le gouvernement néerlandais, mais conserve la souveraineté sur la population indigène de l'île et de la partie nord de Gilolo . Les sultans de Ternate et de Tidore étaient autrefois célébrés à travers l'Orient pour leur puissance et leur magnificence royale. Lorsque Drake visita Ternate en 1579, les Portugais avaient été chassés de l'île, même s'ils possédaient toujours une colonie à Tidore . Il donne un récit élogieux du sultan : « Le roi portait sur lui un dais très riche avec des reliefs d'or, et était gardé par douze lances. De la taille jusqu'au sol, il y avait tout un drap d'or, et cela très riche ; Sa tête était finement ornée de divers anneaux d'or tressés, d'un pouce ou plus de largeur, qui faisaient un spectacle beau et princier, ressemblant un peu à une couronne par la forme ; autour de son cou, il avait une chaîne d'or parfait. les maillons sont très grands et un pli double ; à sa main gauche il y avait un diamant, une émeraude, un rubis et un dinde ; à sa main droite, dans un anneau, un dindon grand et parfait , et dans un autre anneau plusieurs diamants d'une taille plus petite. ".

Tous ces éclats d'or barbare étaient le produit du commerce des épices, dont les sultans gardaient le monopole et grâce auquel ils s'enrichissaient. Ternate, avec les petites îles alignées au sud jusqu'à Batchian , constituent les anciennes Moluques, le pays natal du clou de girofle, ainsi que la seule partie où il était cultivé. Les noix de muscade et le macis étaient achetés auprès des indigènes de Nouvelle-Guinée et des îles adjacentes, où ils poussaient à l'état sauvage ; et les profits sur les cargaisons d'épices étaient si énormes, que les commerçants européens étaient heureux de donner en échange de l'or et des bijoux, ainsi que les meilleurs produits manufacturés d'Europe ou de l'Inde. Lorsque les Hollandais établirent leur influence dans ces mers et délivrèrent les princes indigènes de leurs oppresseurs portugais, ils comprirent que le moyen le plus simple de se rembourser serait de reprendre le commerce des épices entre leurs propres mains. A cette fin , ils adoptèrent le sage principe de concentrer la culture de ces produits précieux dans les seuls endroits dont ils pouvaient avoir un contrôle complet. Pour y parvenir efficacement, il était nécessaire d'abolir la culture et le commerce dans tous les autres endroits, ce qu'ils réussirent à faire grâce à un traité avec les dirigeants indigènes. Ceux-ci ont accepté de détruire tous les arbres à épices en leur possession. Ils renoncèrent à des revenus importants, quoique fluctuants, mais ils obtinrent en échange une subvention fixe, la liberté des attaques constantes et des oppressions sévères des Portugais, et le maintien de leur pouvoir royal et de leur autorité exclusive sur leurs propres sujets, qui sont maintenus dans tous les pays. îles à l'exception de Ternate à ce jour.

La plupart des Anglais, qui ont été habitués à considérer cet acte des Hollandais avec une vague horreur, comme quelque chose de totalement sans principes et de barbare, supposent sans aucun doute que la population indigène a gravement souffert de cette destruction de biens si précieux. Mais il est certain que tel n'a pas été le cas. Les sultans gardaient ce commerce lucratif entièrement entre leurs mains comme un monopole rigide, et ils se gardaient bien de donner à leurs sujets plus que ce qui équivalait à leurs salaires habituels, tandis qu'ils exigeraient sûrement une quantité d'épices aussi grande qu'ils le pourraient. pourrait éventuellement obtenir. Drake et les autres premiers voyageurs semblent toujours avoir acheté leurs cargaisons d'épices auprès des sultans et des rajahs, et non auprès des cultivateurs. Or, l'absorption d'autant de travail dans la culture de ce seul produit a nécessairement dû faire monter le prix de la nourriture et des autres produits de première nécessité ; et quand elle serait abolie, on cultiverait davantage de riz , on fabriquerait davantage de sagou, on pêcherait davantage de poissons, et on obtiendrait davantage d'écailles de tortue, de rotin, de gomme- dammer et d'autres produits précieux des mers et des forêts. Je crois donc que cette abolition du commerce des épices aux Moluques a été en réalité bénéfique aux habitants et qu'il s'agissait d'un acte à la fois sage en soi et moralement et politiquement justifiable.

Dans le choix des lieux où pratiquer la culture, les Hollandais n'ont pas été tout à fait heureux ni sages. Banda a été choisie pour les noix de muscade, et a connu un énorme succès, puisqu'elle continue encore aujourd'hui à produire une grande quantité de cette épice et à rapporter un revenu considérable. Amboyna fut choisie pour établir la culture du clou de girofle ; mais le sol et le climat, bien qu'apparemment très semblables à ceux de ses îles natales, ne sont pas favorables , et depuis quelques années, le gouvernement paie en fait aux cultivateurs un tarif plus élevé que celui qu'ils pourraient acheter ailleurs, en raison d'une forte baisse des prix. le prix puisque le taux de paiement a été fixé pour une durée de plusieurs années par le gouvernement néerlandais, et quel taux est encore payé le plus honorablement .

En parcourant les faubourgs de Ternate, nous trouvons partout les ruines d'édifices massifs en pierre et en brique, de portes et d'arcs, témoignant à la fois de la richesse supérieure de l'ancienne ville et des effets destructeurs des tremblements de terre. C'est lors de mon deuxième séjour dans la ville, après mon retour de Nouvelle-Guinée, que j'ai ressenti pour la première fois un tremblement de terre. Ce fut un événement très léger, à peine plus important que ce qui a été ressenti dans ce pays, mais se déroulant dans un endroit qui avait été maintes fois détruit par eux, il était bien plus excitant. Je venais de me réveiller au son d'un coup de feu (5 heures du matin), quand tout à coup le chaume commença à bruisser et à trembler comme si une armée de chats galopait dessus, et immédiatement après mon lit trembla aussi, de sorte que pendant un instant je m'imaginai de retour. en Nouvelle-Guinée, dans ma maison fragile, qui tremblait lorsqu'un vieux coq se perchait sur la crête ; mais me rappelant que j'étais maintenant sur un sol en terre battue, je me dis : « Eh bien, c'est un tremblement de terre », et je restai immobile dans l'attente agréable d'un autre choc ; mais aucun ne s'est produit, et ce fut le seul tremblement de terre que j'ai jamais ressenti à Ternate.

La dernière grande catastrophe eut lieu en février 1840, lorsque presque toutes les maisons du lieu furent détruites. Cela a commencé vers minuit lors de la fête du Nouvel An chinois, heure à laquelle tout le monde reste éveillé presque toute la nuit pour se régaler dans les maisons des Chinois et assister aux processions. Cela a permis d'éviter toute perte de vie, car tout le monde s'est enfui au premier choc, qui n'a pas été très violent. La seconde, quelques minutes après, renversa un grand nombre de maisons, et d'autres, qui durent toute la nuit et une partie du lendemain, achevèrent la dévastation. La ligne de perturbation était très étroite, de sorte que la ville natale située à un mille à l'est n'a pratiquement pas souffert. La vague passa du nord au sud, à travers les îles de Tidore et Makian , et se terminait à Batchian , où elle ne fut ressentie que quatre heures du lendemain après-midi, mettant ainsi pas moins de seize heures pour parcourir cent milles, soit environ six milles par an. heure. Il est singulier qu'à cette occasion il n'y ait pas eu de montée de marée, ni aucune autre agitation de la mer, comme c'est habituellement le cas lors des grands tremblements de terre.

Les habitants de Ternate appartiennent à trois races bien marquées : les Malais de Ternate, les Orang Sirani et les Hollandais. Les premiers sont une race malaise intrusive quelque peu alliée au peuple Macassar, qui s'est installé dans le pays à une époque très ancienne, a chassé les indigènes, qui étaient sans doute les mêmes que ceux du continent adjacent de Gilolo, et a établi une monarchie . Ils ont peut-être obtenu beaucoup de leurs épouses auprès des indigènes, ce qui explique la langue extraordinaire qu'ils parlent - à certains égards étroitement alliée à celle des indigènes de Gilolo , bien qu'elle contienne beaucoup de choses qui indiquent une origine malaise. Pour la plupart de ces gens, la langue malaise est tout à fait inintelligible, bien que ceux qui font du commerce soient obligés de l'acquérir. « Orang Sirani », ou Nazaréens, est le nom donné par les Malais aux descendants chrétiens des Portugais, qui ressemblent à ceux d'Amboyna et, comme eux, ne parlent que le malais. Il y a aussi un certain nombre de marchands chinois, dont beaucoup sont indigènes du lieu, quelques Arabes et un certain nombre de métis de toutes ces races et de femmes indigènes. En outre, il y a quelques esclaves papous et quelques indigènes d'autres îles installés ici, formant une population hétéroclite et très curieuse, jusqu'à ce que l'enquête et l'observation aient montré l'origine distincte de ses éléments constitutifs.

Peu après ma première arrivée à Ternate, je me rendis à l'île de Gilolo , accompagné de deux fils de M. Duivenboden et d'un jeune Chinois, frère de mon propriétaire, qui nous prêta le bateau et l'équipage. Ces derniers étaient tous des esclaves, pour la plupart des Papous, et au début j'ai vu un peu la relation du maître à l'esclave dans cette partie du monde. L'équipage avait reçu l'ordre d'être prêt à trois heures du matin, au lieu de quoi aucun ne parut avant cinq heures, nous ayant tous attendu dans l'obscurité et le froid pendant deux heures. Quand enfin ils arrivèrent, ils furent grondés par leur maître, mais seulement d'une manière badineuse, et ils rirent et plaisantèrent avec lui en réponse. Puis, au moment où nous partions, l'un des hommes les plus forts refusa de partir, et son maître dut le supplier et le persuader de partir, et il n'y parvint qu'en l'assurant que je lui donnerais quelque chose ; ainsi, avec cette promesse, et sachant qu'il y aurait beaucoup à manger et à boire et peu à faire, le gentleman noir fut incité à nous favoriser de sa compagnie et de son aide. En trois heures d' aviron et de navigation, nous atteignîmes notre destination, Sedingole , où se trouve une maison appartenant au sultan de Tidore , qui y va parfois à la chasse. C'était un hangar sale et en ruine, sans meubles mais quelques sommiers en bambou. En me promenant à la campagne, je vis tout de suite que ce n'était pas une place pour moi. Sur de nombreux kilomètres s'étend une plaine couverte d'herbes hautes et grossières, parsemées ici et là d'arbres, la forêt ne commençant qu'au niveau des collines situées à une bonne distance de l'intérieur. Un tel endroit ne produirait que peu d'oiseaux et pas d'insectes, et nous nous sommes donc arrangés pour ne rester que deux jours, puis continuer vers Dodinga , dans l' étroit isthme central de Gilolo , d'où mes amis retourneraient à Ternate. Nous nous amusions à tirer sur des perroquets, des loris et des pigeons, et à essayer de tirer sur des cerfs, dont nous voyions beaucoup, mais ne pouvions en attraper un ; et notre équipage est allé pêcher avec un filet, nous n'avons donc pas manqué de provisions. Lorsque le moment fut venu pour nous de continuer notre voyage, une nouvelle difficulté se présenta, car nos messieurs esclaves refusèrent en bloc de nous accompagner ; disant avec beaucoup de détermination qu'ils retourneraient à Ternate. Leurs maîtres furent donc obligés de se soumettre, et je restai sur place pour arriver à Dodinga comme je pouvais. Heureusement j'ai réussi à louer un petit bateau, qui m'y a emmené le soir même, avec mes deux hommes et mes bagages.

Deux ou trois ans après, et à peu près aussi longtemps avant que je quitte l'Orient, les Hollandais émancipèrent tous leurs esclaves, en payant une petite compensation à leurs propriétaires. Aucun mauvais résultat n'a suivi. En raison des relations amicales qui avaient toujours existé entre eux et leurs maîtres, dues sans doute en partie au fait que le gouvernement leur avait depuis longtemps accordé des droits légaux et une protection contre la cruauté et les mauvais traitements, beaucoup ont continué dans le même service, et après une courte période temporaire Dans certains cas, en difficulté, presque tous retournèrent travailler soit pour leurs anciens, soit pour de nouveaux maîtres. Le gouvernement prit la mesure très opportune de placer tout esclave émancipé sous la surveillance du magistrat de police. Ils étaient obligés de prouver qu'ils travaillaient pour gagner leur vie et qu'ils disposaient de moyens d'existence honnêtement acquis. Tous ceux qui ne pouvaient pas le faire étaient affectés à des travaux publics à bas salaires, et étaient ainsi protégés de la tentation de la spéculation ou d'autres crimes, auxquels l'excitation de la liberté nouvellement acquise et la réticence au travail auraient pu les conduire .

CHAPITRE XXII.
GILOLO.

(MARS ET SEPTEMBRE 1858.)

Je n'ai fait que peu de visites, et relativement courtes, dans cette île grande et peu connue, mais j'ai acquis une connaissance considérable de son histoire naturelle en envoyant d'abord mon garçon Ali, puis mon assistant, Charles Allen, qui sont restés deux ou trois mois chacun dans le nord du pays . péninsule, et m'a ramené de grandes collections d'oiseaux et d'insectes. Dans ce chapitre je me propose de donner un aperçu des pièces que j'ai moi-même visitées. Mon premier séjour fut à Dodinga , situé à la tête d'une baie profonde exactement en face de Ternate, et à une courte distance en amont d'un petit ruisseau qui pénètre à quelques milles à l'intérieur des terres. Le village est petit et entièrement entouré de collines basses.

Dès mon arrivée, j'ai demandé une maison au chef du village, mais toutes étaient occupées et il était très difficile d'en trouver une. Entre- temps , j'ai déchargé mes bagages sur la plage et j'ai préparé du thé, puis j'ai découvert un petit mais que le propriétaire était prêt à quitter si je lui payais cinq florins pour un mois de loyer. Comme c'était quelque chose de moins que la valeur en fief simple de l'habitation, j'ai accepté de la lui donner en échange d'un privilège d'occupation immédiate, en stipulant seulement qu'il rendrait le toit étanche. Il y consentit et venait chaque jour me compter et me regarder ; et quand j'insistais à chaque fois pour qu'il répare immédiatement le toit conformément au contrat, la seule réponse que je pouvais obtenir était : " Ea nanti ," (Oui, attendez un peu.) Cependant, lorsque je l'ai menacé de déduire un quart de florin du loyer pour chaque jour où cela n'était pas fait, et un florin supplémentaire si l'une de mes affaires était mouillée, il a daigné travailler pour la moitié. une heure, ce qui faisait tout ce qui était absolument nécessaire.

Au sommet d'une berge, à une centaine de pieds de hauteur depuis l'eau, se dresse le fort très petit mais substantiel érigé par les Portugais. Ses créneaux et ses tourelles ont depuis longtemps été renversés par des tremblements de terre, par lesquels sa structure massive a également été déchirée ; mais il ne peut pas être renversé, car il s'agit d'une masse solide de pierre formant une plate-forme d'environ dix pieds de haut et peut-être quarante pieds carrés. On y accède par des marches étroites sous une arcade, et elle est maintenant surmontée d'une rangée de masures au toit de chaume, dans lesquelles vit la petite garnison, composée d'un caporal hollandais et de quatre soldats javanais, seuls représentants du gouvernement néerlandais dans l'île. Le village est entièrement occupé par des hommes de Ternate. Les véritables indigènes de Gilolo , les « Alfuros » comme on les appelle ici, vivent sur la côte orientale ou à l'intérieur de la péninsule nord. La distance à travers l'isthme à cet endroit n'est que de deux milles, et là se trouve un bon chemin par lequel le riz et le sagou sont amenés des villages de l'Est. L'isthme tout entier est très accidenté, bien que peu élevé, étant une succession de petites collines abruptes et de vallées anales, avec des masses anguleuses de roche calcaire partout en saillie et bloquant souvent presque le chemin. La majeure partie est une forêt vierge, très luxuriante et pittoresque, et abritant à cette époque une abondance de grands Ixoras écarlates en fleurs, ce qui la rendait exceptionnellement gaie. J'ai eu ici de très beaux insectes, mais, à cause de la maladie la plupart du temps, ma collection était petite, et mon garçon Ali m'a abattu une paire d'un des plus beaux oiseaux de l'Est, Pitta gigas, un sol boiteux. -le muguet, dont le plumage d'un noir velouté sur le dessus est relevé par une poitrine d'un blanc pur, des épaules bleu azur et un ventre d'un pourpre vif. Il a des pattes très longues et fortes, et sautille avec une telle activité dans la forêt dense et enchevêtrée, hérissée de rochers, qu'il est très difficile de le tirer.

En septembre 1858, après mon retour de Nouvelle-Guinée, je suis allé séjourner quelque temps au village de Djilolo , situé dans une baie de la péninsule nord. Ici, j'ai obtenu une maison grâce à la gentillesse du résident de Ternate, qui m'a envoyé l'ordre de m'en préparer une. La première promenade dans les forêts inexplorées d'une nouvelle localité est un moment d'un intense intérêt pour le naturaliste, car elle est presque sûre de lui fournir quelque chose de curieux ou d'inconnu jusqu'ici. La première chose que je vis ici fut un troupeau de petits perroquets, dont j'en tirai deux, et fus heureux de trouver un très beau petit oiseau à longue queue, orné de couleurs vertes, rouges et bleues, et tout à fait nouveau pour moi . C'était une variété de Charmosyna placentis , l'un des plus petits et des plus élégants loris à langue en brosse. Mes chasseurs m'ont bientôt abattu plusieurs autres beaux oiseaux, et j'ai moi-même trouvé un spécimen du rare et magnifique papillon diurne, Cocytia . d'Urvillei .

Le village de Djilolo était autrefois la résidence principale des sultans de Ternate jusqu'à il y a environ quatre-vingts ans, lorsqu'à la demande des Hollandais ils s'installèrent dans leur demeure actuelle. L'endroit était alors sans doute beaucoup plus peuplé, comme l'indique la vaste étendue de terrain défriché dans le voisinage , maintenant couvert d'herbes hautes et grossières, très désagréables à parcourir et totalement stériles pour le naturaliste. Quelques jours d'exploration m'ont montré qu'il ne restait que quelques petites parcelles de forêt à des kilomètres à la ronde, et il en résultait une rareté des insectes et une variété très limitée d'oiseaux, ce qui m'a obligé à changer de localité. Il y avait un autre village appelé Sahoe , auquel il y avait une route d'environ douze milles par voie terrestre, et celui-ci m'avait été recommandé comme un bon endroit pour les oiseaux et comme possédant une grande population à la fois de Mahomotans et d'Alfuros , cette dernière race que j'aime beaucoup. souhaitais voir. Je partis un matin examiner moi-même cet endroit, m'attendant à traverser en chemin une certaine étendue de forêt. Cependant, j'ai été très déçu, car toute la route passe à travers des herbes et des fourrés broussailleux, et ce n'est qu'après avoir atteint le village de Sahoe que nous avons aperçu une haute forêt s'étendant vers les montagnes au nord de celui-ci. À peu près à mi-chemin, nous avons traversé une rivière profonde sur un radeau en bambou, qui a presque coulé sous nous. On disait que ce ruisseau s'élevait très loin vers le nord.

Bien que Sahoe ne me paraisse pas du tout ce à quoi je m'attendais, je résolus de faire un essai et, quelques jours après, j'obtins un bateau pour transporter mes affaires par mer pendant que je marchais par terre. On me donna une grande maison sur la plage appartenant au sultan. Il était isolé et était tout à fait ouvert de tous côtés, de sorte qu'on pouvait y avoir peu d'intimité, mais comme je n'avais l'intention de rester que peu de temps, je l'ai fait. Avery, quelques jours ont dissipé tous les espoirs que j'avais pu avoir de faire de bonnes collections dans cet endroit. On ne trouvait dans toutes les directions que d'interminables étendues de roseaux, hautes de huit à dix pieds, traversées par des bains étroits, souvent presque infranchissables. Çà et là, il y avait des bouquets d'arbres fruitiers, des parcelles de bois bas, et de nombreuses plantations et rizières, qui constituent, dans les régions tropicales, un véritable désert pour l'entomologiste. La forêt vierge que je cherchais n'existait que sur les sommets et sur les flancs rocheux et abrupts des montagnes très éloignées et dans des situations inaccessibles. Dans les faubourgs du village , j'ai trouvé un bon nombre d'abeilles et de guêpes, ainsi que quelques petits mais intéressants coléoptères. Deux ou trois nouveaux oiseaux furent obtenus par mes chasseurs, et, grâce à des demandes et des promesses incessantes, je parvins à convaincre les indigènes de m'apporter des coquillages terrestres, parmi lesquels il y en avait un très beau et très beau, Helix pyrostoma . Cependant, je perdais complètement mon temps ici par rapport à ce que je pourrais faire dans une bonne localité, et après une semaine je suis revenu à Ternate, assez déçu de mes premières tentatives de collecte à Gilolo .

Dans les environs de Sahoe et à l'intérieur, il existe une importante population d'indigènes, dont un grand nombre venaient quotidiennement au village, apportant leurs produits à la vente, tandis que d'autres étaient engagés comme ouvriers par les commerçants chinois et ternates . Un examen attentif m'a convaincu que ces peuples sont radicalement distincts de toutes les races malaises. Leur stature et leurs traits, ainsi que leur caractère et leurs habitudes, sont à peu près les mêmes que ceux des Papous ; leurs cheveux sont semi-papous - ni droits, lisses et brillants, comme ceux de tous les vrais Malais, ni aussi crépus et laineux que le type papou parfait, mais toujours croustillants, ondulés et rugueux, comme cela se produit souvent chez les vrais Papous. mais jamais chez les Malais. Leur couleur à elle seule est souvent exactement celle du Malais, voire plus claire. Bien sûr, il y a eu des mélanges, et il se produit parfois des individus qu'il est difficile de classer ; mais dans la plupart des cas, le nez large, un peu aquilin, à l'apex allongé, la haute stature, les cheveux ondulés, le visage barbu et le corps poilu, ainsi que l'attitude moins réservée et la voix plus forte, proclament sans équivoque le type papou . C'est ici que j'avais découvert la frontière exacte entre les poux des races malaise et papoue, et à un endroit où aucun autre écrivain ne l'avait prévu. J'ai été très heureux de cette détermination, car elle m'a donné une idée de l'un des problèmes les plus difficiles de l'ethnologie et m'a permis, en bien d'autres endroits, de séparer les deux races et de démêler leurs mélanges.

A mon retour de Waigiou en 1860, je restai quelques jours à l'extrémité sud de Gilolo ; mais, au-delà de voir quelque chose de plus sur sa structure et son caractère général, j'ai obtenu très peu d'informations supplémentaires. Ce n'est que dans la péninsule du nord qu'il y a des indigènes , tout le reste de l'île, Batchian et les autres îles situées à l'ouest, étant exclusivement habitées par des tribus malaises, alliées à celles de Ternate et de Tidore . Cela semblerait indiquer que les Alfuros constituaient une immigration relativement récente et qu'ils venaient en majorité du nord ou de l'est, peut-être de certaines îles du Pacifique. Il est par ailleurs difficile de comprendre comment tant de régions fertiles ne possèdent pas de véritables indigènes.

Gilolo , ou Halmaheira comme l'appellent les Malais et les Hollandais, semble avoir été récemment modifié par des bouleversements et des affaissements. En 1673, une montagne aurait été soulevée à Gamokonora , dans la péninsule nord. Toutes les parties que j'ai vues étaient soit volcaniques, soit corallines, et le long de la côte se trouvent des récifs coralliens frangeants très dangereux pour la navigation. En même temps, le caractère de son histoire naturelle prouve qu'il s'agit d'une terre assez ancienne, puisqu'elle possède un certain nombre d'animaux qui lui sont propres ou communs aux petites îles qui l'entourent, mais presque toujours distincts de ceux de la Nouvelle-Guinée à l'étranger. à l'est, de Ceram au sud, et de Célèbes et des îles Sula à l'ouest.

L'île de Morty, proche de l'extrémité nord-est de Gilolo , fut visitée par mon assistant Charles Allen, ainsi que par le Dr Bernstein ; et les collections obtenues là présentent quelques curieuses différences avec celles de l'île principale. Environ cinquante-six espèces d'oiseaux terrestres habitent cette île, parmi lesquelles un martin-pêcheur (Tanysiptera Boris), un meunier (Tropidorhynchus fuscicapillus), et un grand étourneau ressemblant à une corneille (Lycocorax morotensis), sont bien distinctes des espèces alliées trouvées à Gilolo . L'île est corallienne et sablonneuse, et il faut donc croire qu'elle a été séparée de Gilolo à une époque assez reculée ; tandis que son histoire naturelle nous apprend qu'un bras de mer de vingt-cinq milles de large sert à limiter la portée même des oiseaux dotés d'une puissance de vol considérable.

CHAPITRE XXIII.
TERNATE AUX ÎLES KAIOA ET BATCHIAN.

(OCTOBRE 1858.)

En revenant à Ternate de Sahoe , je commençai aussitôt à préparer un voyage à Batchian , une île qu'on m'avait constamment recommandé de visiter depuis mon arrivée dans cette partie des Moluques. Une fois que tout fut prêt, je compris que je devrais louer un bateau, car aucune opportunité d'obtenir un passage ne se présentait. Je me rendis donc dans la ville natale et ne pus trouver que deux bateaux à louer, l'un beaucoup plus grand que ce dont j'avais besoin, et l'autre beaucoup plus petit que je ne le souhaitais. J'ai choisi le plus petit, principalement parce qu'il ne me coûterait pas un tiers de ce que le plus grand, et aussi parce que dans un voyage de cabotage, un petit navire peut être plus facilement manœuvré et plus facilement mis en lieu sûr en cas de violence. coups de vent, qu'un grand. J'emmenais avec moi mon garçon de Bornéo, Ali, qui m'était maintenant très utile ; Lahagi , originaire de Ternate, très bon homme d'écurie et bon tireur, qui avait été avec moi en Nouvelle-Guinée ; Lahi, originaire de Gilolo , qui parlait malais, comme bûcheron et assistant général ; et Garo, un garçon qui devait faire office de cuisinier. Comme le bateau était si petit que nous avions à peine de la place pour nous ranger lorsque tous mes provisions étaient à bord, je ne pris comme pilote qu'un autre homme nommé Latchi . C'était un esclave papou, un homme noir grand et fort, mais très courtois et prudent. Le bateau que j'avais loué à un Chinois nommé Lau Keng Tong, pour cinq florins par mois.

Nous sommes partis le matin du 9 octobre, mais nous n'avions pas parcouru cent mètres de terre, lorsqu'un fort vent contraire s'est levé contre lequel nous ne pouvions pas ramer. Nous avons donc rampé le long de la côte jusqu'au-dessous de la ville et avons attendu le tournant de la ville. la marée devrait nous permettre de passer jusqu'à la côte de Tidore . Vers trois heures de l' après-midi , nous sommes descendus et avons constaté que notre bateau naviguait bien et restait assez près du vent. Nous reprenons un bon chemin avant que le vent ne tombe et il nous faut reprendre nos rames. Nous avons atterri sur une belle plage de sable pour préparer nos dîners, juste au moment où le soleil se couchait derrière les collines volcaniques escarpées, au sud du grand cône de Tidore , et peu après avons vu la planète Vénus briller dans le crépuscule avec l'éclat d'un nouveau lune, et projetant une ombre très distincte. Nous sommes repartis un peu avant sept heures, et alors que nous sortions de l'ombre de la montagne, j'ai observé une lumière vive sur une partie du bord, et peu après, ce qui semblait un feu d'une blancheur remarquable sur le sommet même de la colline. J'ai attiré l'attention de mes hommes sur ce sujet, et eux aussi ont pensé qu'il s'agissait simplement d'un incendie ; mais quelques minutes après, à mesure que nous nous éloignions du rivage, la lumière s'éleva clairement au-dessus de la crête de la colline, et quelques légers nuages s'en éloignant, découvrirent la magnifique comète qui étonnait en même temps toute l'Europe . Le noyau présentait à l'œil nu un disque distinct de lumière blanche brillante, à partir duquel la queue s'élevait à un angle d'environ 30° ou 35° avec l'horizon, se courbant légèrement vers le bas et se terminant par une large brosse de lumière faible, la courbure dont diminué jusqu'à ce qu'il soit presque droit à la fin. La partie de la queue située à côté de la comète paraissait trois ou quatre fois plus brillante que la partie la plus lumineuse de la Voie lactée, et ce qui me frappa comme un trait singulier, c'est que sa marge supérieure, depuis le noyau jusqu'à l'extrémité la plus proche, était clairement visible. et presque nettement défini, tandis que la face inférieure s'estompait progressivement dans l'obscurité. Dès qu'il s'est élevé au-dessus de la crête de la colline, j'ai dit à mes hommes : "Vous voyez, ce n'est pas un feu, c'est un bintang ber-ekor » (« étoile à queue », expression malaise désignant une comète). « C'est ainsi », dirent-ils ; et tous déclarèrent qu'ils en avaient souvent entendu parler, mais qu'ils n'en avaient jamais vu jusqu'à présent. pas de télescope avec moi, ni aucun instrument sous la main, mais j'ai estimé la longueur de la queue à environ 20°, et la largeur, vers l'extrémité, à environ 4° ou 5°.

Toute la journée du lendemain, nous fûmes obligés de nous arrêter près du village de Tidore , à cause d'un fort vent en plein dans nos dents. Le pays était entièrement cultivé, et je cherchais en vain des insectes dignes d'être capturés. Un de mes hommes est parti tirer, mais il est rentré chez lui sans un seul oiseau. Au coucher du soleil, le vent étant tombé, nous quittions Tidore et atteignîmes l'île suivante, March, où nous restâmes jusqu'au matin. La comète était de nouveau visible, mais pas aussi brillante, étant en partie obscurcie par les nuages ; et atténué par la lumière de la nouvelle lune. Nous avons ensuite traversé à la rame jusqu'à l'île de Motir , qui est tellement entourée de récifs coralliens qu'il est dangereux de s'en approcher. Celles-ci sont parfaitement plates et ne sont couvertes qu'à marée haute, se terminant par des parois verticales escarpées de corail dans les eaux très profondes. Quand il y a un peu de vent, il est dangereux de s'approcher de ces rochers ; mais heureusement, c'était tout à fait lisse, alors nous nous amarrâmes à leur bord, pendant que les hommes rampaient sur le récif jusqu'à la terre pour gagner ; allumer un feu et préparer notre dîner - le bateau n'ayant d'autre logement que de chauffer l'eau pour mon café du matin et du soir. Nous avons ensuite ramé le long du bord du récif jusqu'à l'extrémité de l'île et avons été heureux d'avoir une belle brise d'ouest qui nous a portés à travers le détroit jusqu'à l'île de Makian, où nous sommes arrivés vers 20 heures. Le ciel était assez clair. , et bien que la lune brillait brillamment, la comète apparut avec autant de splendeur que lorsque nous l'avions vue pour la première fois.

Les côtes de ces petites îles sont très différentes selon leur formation géologique. Les volcans, actifs ou éteints, possèdent des plages abruptes et noires de sable volcanique ou sont bordés de masses accidentées de lave et de basalte. Le corail est généralement absent, présent uniquement en petites parcelles dans des baies tranquilles et formant rarement ou jamais des récifs. Ternate, Tidore et Makian appartiennent à cette classe. Les îles d'origine volcanique, qui ne sont pas elles-mêmes des volcans, mais qui ont probablement été soulevées récemment, sont généralement plus ou moins complètement entourées de récifs frangeants de corail et possèdent des plages de sable corallien d'un blanc brillant. Leurs côtes présentent des conglomérats volcaniques, du basalte et, par endroits, une fondation de roches stratifiées, avec des parcelles de coraux soulevés. Mareh et Motir sont de ce caractère, la silhouette de ce dernier lui donnant l'apparence d'avoir été un véritable volcan, et Forrest dit qu'il aurait jeté des pierres en 1778. Le lendemain (12 octobre), nous côtoyâmes l'île de Makian , qui consiste en un seul grand volcan. Elle était maintenant calme, mais il y a environ deux siècles (en 1646), il y eut une terrible éruption qui fit sauter tout le sommet de la montagne, laissant le sommet tronqué et déchiqueté et la vaste vallée sombre du cratère qui la distinguait à cette époque. On disait qu'il était aussi élevé que Tidore avant cette catastrophe. [Peu de temps après que j'ai quitté l'archipel, le 29 décembre 1862, une autre éruption de cette montagne eut lieu subitement, qui causa de grands ravages dans l'île. Tous les villages et les récoltes furent détruits et de nombreux habitants tués. Le sable et les cendres tombèrent si épais que les récoltes furent partiellement détruites à cinquante milles de là, à Ternate, où il faisait si sombre le lendemain qu'il fallut allumer les lampes à midi. Pour la position de cette île et des îles adjacentes, voir la carte au chapitre XXXVII.]

Je restai quelque temps à un endroit où j'aperçus une nouvelle clairière sur une partie très escarpée de la montagne et où j'obtins quelques insectes intéressants. Le soir, nous nous dirigeâmes vers l'extrême pointe sud, pour être prêts à traverser le détroit de quinze milles jusqu'à l'île de Kaióa . Le lendemain matin, à cinq heures, nous partîmes, mais le vent, qui jusqu'alors soufflait de l'ouest, souffla maintenant du sud et du sud-ouest, et nous durent ramer presque tout le long du chemin, sous un soleil brûlant au-dessus de nous. A mesure que nous approchions de la terre, une fine brise se leva, et nous avançâmes à un grand pas ; pourtant, au bout d'une heure, nous n'étions pas plus près et nous nous rendîmes compte que nous étions dans un violent courant qui nous emportait vers la mer. Finalement, nous l'avons surmonté et sommes arrivés à terre au moment où le soleil se couchait, après avoir parcouru exactement treize heures à quinze milles. Nous débarquâmes sur une plage de roche corallienne dure, avec des falaises escarpées de même, ressemblant à celles des îles Ke (Chap. XXIX.). Elle était accompagnée d'un éclat et d'une luxuriance de la végétation, très semblable à ce que j'avais observé dans ces îles. , ce qui me plut tellement que je résolus de rester quelques jours au chef du village, et de voir si leurs productions animales étaient en conséquence intéressantes. Alors que nous cherchions un mouillage sûr pour la nuit, nous avons de nouveau aperçu la comète, apparemment toujours aussi brillante qu'au début, mais la queue s'était maintenant élevée à un angle plus élevé.

14 octobre . — Toute la journée, nous avons côtoyé les îles Kaióa , qui ont beaucoup l'apparence et les contours de Ke à petite échelle, avec en plus des étendues marécageuses plates le long du rivage et des récifs coralliens éloignés. Des vents et des courants contraires nous avaient empêchés de prendre la route appropriée vers l'ouest de ces îles, et nous avons dû emprunter une route détournée autour de l'extrémité sud d'une île, et nous avons souvent dû nous éloigner au large à cause des récifs coralliens. En essayant de passer un chenal à travers l'un de ces récifs, nous nous sommes échoués et nous avons tous dû sortir dans l'eau qui, dans ce détroit peu profond, avait été si chauffée par le soleil qu'elle était désagréablement chaude, et traîner notre navire sur une distance considérable. parmi les mauvaises herbes et les éponges, les coraux et les corallines épineuses. Il était tard dans la nuit lorsque nous atteignîmes le petit port du village, et nous étions tous assez épuisés par le travail acharné, et n'ayant eu que de l'eau très saumâtre à boire toute la journée, la meilleure que nous puissions trouver à notre dernière halte. Il y avait une maison près du rivage, construite pour l'usage du résident de Ternate lors de ses visites officielles, mais maintenant occupée par plusieurs marchands ambulants indigènes, parmi lesquels je trouvai un endroit pour dormir.

Le lendemain matin, je me rendis tôt au village pour trouver le « Kapala », ou chef. Je lui ai fait savoir que je voulais rester quelques jours dans la maison du palier et je l'ai prié de me la faire préparer. Il s'est montré très courtois et est descendu immédiatement pour obtenir l'autorisation, lorsque nous avons constaté que les commerçants étaient déjà partis, en apprenant que j'en avais besoin. Il n'y avait pas de portes, j'ai donc obtenu le prêt de quelques haies pour empêcher les chiens et autres animaux d'entrer. Les terres ici s'enfonçaient manifestement rapidement, comme le montrait le nombre d'arbres morts et mourants debout dans l'eau salée. Après le petit-déjeuner, j'ai commencé une promenade vers la colline couverte de forêt au-dessus du village, avec quelques garçons comme guides. Il faisait extrêmement chaud et sec, aucune pluie n'étant tombée depuis deux mois. Lorsque nous atteignîmes une altitude d'environ deux cents pieds, à la roche corallienne qui borde le rivage succéda une roche cristalline dure, sorte de grès métamorphique. Cela indiquerait qu'il y a eu récemment une élévation de plus de deux cents pieds, qui s'est transformée plus récemment encore en un mouvement d'affaissement. La colline était très accidentée, mais parmi les branches sèches et les arbres tombés, j'ai trouvé quelques bons insectes, pour la plupart de formes et d'espèces que je connaissais déjà à Ternate et Gilolo . Ne trouvant aucun bon chemin, je revins et explorai les terres basses à l'est du village, traversant une longue chaîne de terrains de plantain et de tabac, encombrés de bûches abattues et brûlées, sur lesquelles je trouvai des quantités de coléoptères de la famille des Buprestidae de six espèces différentes . , dont l'un était nouveau pour moi. J'ai ensuite atteint un chemin dans la forêt marécageuse où j'espérais trouver quelques papillons, mais j'ai été déçu. Étant maintenant assez épuisé par la chaleur intense, j'ai pensé qu'il était sage de revenir et de réserver une exploration plus approfondie pour le lendemain.

Quand je m'asseyais l'après-midi pour ranger mes insectes, le pou était entouré d'hommes, de femmes et d'enfants, stupéfaits de mes démarches inexplicables ; et quand, après avoir épinglé les spécimens, je me mis à écrire le nom du lieu sur de petits billets circulaires et à en attacher un à chacun, même le vieux Kapala , le prêtre mahométan et quelques commerçants malais ne purent réprimer des signes d'étonnement. S'ils en avaient connu un peu plus sur les mœurs et les opinions des hommes blancs, ils m'auraient probablement considéré comme un imbécile ou un fou, mais dans leur ignorance , ils ont accepté mes opérations comme dignes de tout respect, bien que totalement au-delà de leur compréhension.

Le lendemain (16 octobre), je dépassai le marais et trouvai un endroit où une nouvelle clairière était en train de se faire dans la forêt vierge. Ce fut une marche longue et chaude, et la recherche parmi les troncs et les branches tombés fut très fatigante, mais je fus récompensé par l'obtention d'environ soixante-dix espèces distinctes de coléoptères, dont au moins une douzaine étaient nouvelles pour moi, et bien d'autres rares et intéressant. Je n'ai jamais vu de ma vie des coléoptères aussi abondants qu'à cet endroit. Une douzaine d'espèces de Buprestidae dorés de bonne taille , de hannetons verts (Lomaptera) et de charançons à longues cornes (Anthribidae) étaient si abondantes qu'elles se dressaient en essaims pendant que je marchais, remplissant l'air d'un fort bourdonnement. A côté de ceux-ci, plusieurs beaux Longicorns étaient presque également communs, formant un assemblage tel qu'il permettait pour une fois de réaliser cette idée de luxuriance tropicale que l'on obtient en regardant les tiroirs d'un meuble bien rempli. Sur le dessous des troncs s'accrochaient un grand nombre de Longicornes plus petits ou plus lents , tandis que sur les branches au bord de la clairière, on en détectait d'autres assis, l'antenne déployée, prêts à prendre leur envol à la moindre alarme. C'était un endroit magnifique et qui restera toujours dans ma mémoire comme présentant la vie des insectes des tropiques dans une luxuriance sans exemple. Pendant les trois jours suivants, je continuai à visiter cette localité, ajoutant chaque fois à ma collection de nombreuses espèces nouvelles, dont les notes suivantes pourront intéresser les entomologistes. le

15 octobre, 33 espèces de coléoptères ; 16ème, 70 espèces ; 17ème, 47 espèces ; 18ème, 40 espèces ; 19e, 56 espèces, soit en tout une centaine d'espèces, dont quarante étaient nouvelles pour moi. Il y avait parmi eux quarante-quatre espèces de Longicornes , et le dernier jour j'ai pris vingt-huit espèces de Longicornes , dont cinq étaient nouvelles pour moi.

Mes garçons ont eu moins de chance au tir. Les seuls oiseaux communs étaient le grand perroquet rouge (Eclectus grandis), que l'on trouve dans la plupart des Moluques, un corbeau et un mégapode, ou faiseur de monticules. Quelques jolis martins-pêcheurs à queue de raquette ont également été capturés, mais en très mauvais plumage. Ils se sont cependant avérés être d'une espèce différente de celles trouvées dans les autres îles et se rapprochent le plus de l'oiseau initialement décrit par Linné sous le nom d' Alcedo. dea , et qui venait de Ternate. Cela indiquerait que la petite chaîne d'îles parallèles à Gilolo a en commun quelques espèces particulières, ce qui se produit certainement chez les insectes.

Les habitants de Kaioa m'intéressaient beaucoup. Ils sont évidemment métis, ayant des affinités malaises et papoues, et sont alliés aux peuples de Ternate et de Gilolo . Ils possèdent une langue particulière, ressemblant un peu à celle des îles environnantes, mais tout à fait distincte. Ils sont maintenant mahométans et sont soumis à Ternate. Les seuls fruits vus ici étaient des papayes et des ananas, le sol rocheux et le climat sec étant défavorables . Le riz, le maïs et les plantains prospèrent bien, sauf qu'ils souffrent de saisons sèches occasionnelles comme celle-ci. Il y a un peu de coton cultivé, à partir duquel les femmes tissent des sarongs (jupons malais). Il n'y a qu'un seul puits de bonne eau sur les îles, situé près du débarcadère, où tous les habitants viennent chercher de l'eau potable. Les hommes sont de bons constructeurs de bateaux, ils en font un commerce régulier et semblent très aisés.

Après cinq jours à Kaióa , nous continuâmes notre voyage et arrivâmes bientôt parmi les détroits et les îles étroites qui mènent à la ville de Batchian . Le soir, nous sommes restés dans un campement d' hommes Galela . Ce sont des indigènes d'un district situé à l'extrême nord de Gilolo et ils sont de grands vagabonds dans cette partie de l'archipel. Ils construisent de grands praus spacieux avec des stabilisateurs et s'installent sur n'importe quelle côte ou île qui leur plaît. Ils chassent le cerf et le cochon sauvage, séchant la viande ; ils attrapent des tortues et des tripangs ; ils coupent la forêt et plantent du riz ou du maïs, et sont dans l'ensemble remarquablement énergiques et industrieux. Ce sont des gens très ligneux, au teint clair, grands et aux traits papous, se rapprochant plus des dessins et des descriptions des vrais Polynésiens de Tahiti et d'Owyhee que tous ceux que j'ai vus.

Au cours de ce voyage, j'avais eu plusieurs fois l'occasion de voir mes hommes prendre feu par friction. Un morceau de bambou aux arêtes vives est frotté sur la surface convexe d'un autre morceau, sur lequel une petite encoche est d'abord découpée. Le frottement est d'abord lent et graduellement plus rapide, jusqu'à ce qu'il devienne très rapide, et la fine poudre frottée s'enflamme et tombe à travers le trou que le frottement a creusé dans le bambou. Cela se fait avec une grande rapidité et certitude. Chez les Ternate, les gens utilisent le bambou d'une autre manière. Ils frappent sa surface silex avec un morceau de porcelaine brisée et produisent une étincelle qu'ils captent dans une sorte d'amadou.

Le soir du 21 octobre , nous arrivâmes à destination après douze jours de voyage. Il avait toujours fait beau temps et, bien qu'il faisait très chaud, je m'étais extrêmement amusé et j'avais en outre acquis une certaine expérience du travail en bateau parmi les îles et les récifs coralliens, ce qui m'a permis par la suite d'entreprendre des voyages beaucoup plus longs du même genre. Le village ou ville de Batchian est situé au fond d'une baie large et profonde, où un isthme bas relie les parties montagneuses du nord et du sud de l'île. Au sud se trouve une belle chaîne de montagnes, et j'avais remarqué à plusieurs de nos débarcadères que la formation géologique de l'île était très différente de celles qui l'entouraient. Chaque fois que la roche était visible, il s'agissait soit de grès en fines couches, plongeant vers le sud, soit d'un conglomérat de galets. Parfois il y avait un peu de calcaire corallien, mais pas de roches volcaniques. La forêt avait une luxuriance et une hauteur denses rarement trouvées sur les laves sèches et poreuses et les récifs coralliens surélevés de Ternate et Gilolo ; et dans l'espoir d'une richesse correspondante en oiseaux et en insectes, c'est avec beaucoup de satisfaction et avec une attente considérable que j'ai commencé mes explorations dans l'île jusqu'alors inconnue de Batchian .

CHAPITRE XXIV.
BATCHIEN.

(OCTOBRE 1858 à AVRIL 1859.)

J'ai atterri en face de la maison réservée à l'usage du résident de Ternate et j'ai été accueilli par un respectable Malais d'âge moyen, qui m'a dit qu'il était secrétaire du sultan et qu'il recevrait la lettre officielle qui m'avait été fournie. En le lui donnant, il m'informa aussitôt que je pourrais bénéficier de la résidence officielle qui était vide. J'ai rapidement déposé mes affaires à terre, mais en regardant autour de moi, j'ai constaté que la maison ne suffirait jamais à rester longtemps à l'intérieur. Il n'y avait d'eau qu'à une distance considérable, et l'un de mes hommes était presque entièrement occupé à chercher de l'eau et du bois de chauffage. et je devrais moi-même traverser le village chaque jour jusqu'à la forêt et vivre presque en public, chose que je n'aime pas beaucoup. Les chambres étaient toutes couvertes de planches et avaient des plafonds, ce qui est très gênant, car il n'y a aucun moyen de suspendre quoi que ce soit sauf en enfonçant des clous, et pas la moitié des commodités d'une chaumière indigène en bambou et en chaume. Je demandai donc une maison en dehors du village, sur la route des mines de charbon, et le secrétaire m'informa qu'il y en avait une petite appartenant au sultan et qu'il m'accompagnerait tôt le lendemain matin pour la voir.

Nous devions traverser une grande rivière, par un pont grossier mais solide, et traverser à gué un autre beau ruisseau caillouteux d'eau claire, juste au-delà duquel se trouvait le petit mais. Il était très petit, non pas élevé sur des poteaux, mais avec de la terre pour plancher, et était construit presque entièrement avec les tiges des feuilles du sagoutier, appelé ici « gaba-gaba ». De l'autre côté de la rivière s'élevait une berge recouverte de forêt, et une bonne route, proche devant le cheval, menait à travers des terrains cultivés jusqu'à la forêt environ un demi-mile plus loin, et de là jusqu'aux mines de charbon, faisant des kilomètres plus loin. Ces avantages me décidèrent aussitôt, et je dis au secrétaire que je serais très heureux d'occuper la maison. J'envoyai donc immédiatement mes deux hommes acheter des « ataps » (chaume de feuilles de palmier) pour réparer le toit, et le lendemain, avec l'aide de huit hommes du sultan, je fis transporter et ranger assez confortablement tous mes magasins et mes meubles. . Un cadre de lit en bambou grossier fut bientôt construit, et une table faite de planches que j'avais emportées avec moi, fut fixée sous la fenêtre. Deux chaises en bambou, un fauteuil en rotin et des étagères suspendues avec des coupelles à huile isolantes, afin d'être à l'abri des fourmis, complétaient mon aménagement.

Dans l'après-midi suivant mon arrivée, le secrétaire m'accompagna chez le sultan. Nous avons dû attendre quelques minutes dans une guérite extérieure, puis nous avons été conduits à la porte d'une maison rustique, à moitié fortifiée et blanchie à la chaux. Une petite table et trois chaises étaient placées dans un grand couloir extérieur, et un vieil homme au visage sale, aux cheveux gris et à la barbe crasseuse, vêtu d'une veste de coton bleu moucheté et d'un pantalon rouge ample, s'avança, me serra la main et me demanda : à revêtir. Après un quart d'heure de conversation sur mes occupations, à laquelle Sa Majesté semblait prendre un grand intérêt, du thé et des gâteaux, d'une qualité un peu meilleure que d'habitude en pareille occasion, furent apportés. Je le remerciai pour la maison et lui proposai de lui montrer lui mes collections, qu'il a promis de venir voir. Il m'a alors demandé de lui apprendre à prendre des vues, à faire des cartes, à lui procurer un petit fusil d'Angleterre et une chèvre laitière du Bengale ; J'ai éludé toutes ces demandes aussi adroitement que possible, et nous nous sommes quittés en très bons amis. Il semblait être un vieil homme sensé et déplorait la petite population de l'île, dont il m'assura qu'elle était riche en nombreux minéraux précieux, y compris l'or ; mais il n'y avait pas assez de monde pour s'occuper d'eux et les faire travailler. Je lui décrivis la grande ruée de la population vers la découverte des mines d'or australiennes et des énormes pépites qui s'y trouvaient, qui l'intéressaient beaucoup, et je m'exclamai : « Oh ? si nous avions des gens comme ça, mon pays serait tout aussi riche. »

Le lendemain de mon arrivée dans ma nouvelle maison, j'envoyai mes garçons tirer et j'allai moi-même explorer la route des mines de charbon. En moins d'un demi-mille, on pénétrait dans la forêt vierge, à un endroit où des arbres magnifiques formaient une sorte d'allée naturelle. La première partie était plate et marécageuse, mais elle s'élevait bientôt un peu et longeait le beau ruisseau qui passait derrière ma maison, et qui ici se précipitait et gargouillait sur un lit de rochers ou de galets, laissant parfois de larges bancs de sable sur ses bords, et à d'autres lieux coulent entre de hautes berges couronnées d'une végétation forestière variée et magnifique. Après environ deux milles, la vallée se rétrécit et la route longea le flanc d'une colline escarpée qui s'élevait brusquement du bord de l'eau. Par endroits, la roche avait été taillée, mais sa surface était déjà couverte d'élégantes fougères et plantes grimpantes. Les fougères arborescentes gigantesques étaient abondantes, et la forêt entière avait un air de luxuriance et de riche variété qu'elle n'atteint jamais dans le sol volcanique sec auquel j'avais été récemment accoutumé. Un peu plus loin, la route passait de l'autre côté de la vallée par un pont traversant le ruisseau à un endroit où une grande masse de roche au milieu offrait un excellent support pour le ruisseau, et deux milles supplémentaires de route des plus pittoresques et des plus intéressantes m'amenèrent. à l'établissement minier.

Celui-ci est situé dans un grand espace ouvert, à un endroit où deux affluents se jettent dans le cours d'eau principal. Plusieurs sentiers forestiers et de nouvelles clairières offraient de beaux terrains de collecte, et j'ai capturé quelques insectes nouveaux et intéressants ; mais comme il se faisait tard , je dus réserver une exploration plus approfondie pour des occasions futures. Du charbon avait été découvert ici quelques années auparavant, et la route avait été tracée afin d'en amener une quantité suffisante pour un essai équitable sur les paquebots hollandais. Cependant, la qualité n'a pas été jugée suffisamment bonne et les mines ont été abandonnées. Tout récemment, des travaux avaient commencé dans un autre endroit, dans l'espoir de trouver une meilleure veine. Il y avait environ quatre-vingts hommes employés, principalement des forçats ; mais c'était un nombre beaucoup trop petit pour l'exploitation minière dans un tel pays, où le simple entretien de quelques kilomètres de route en réparation nécessite le travail constant de plusieurs hommes. Si l'on trouvait du charbon d'assez bonne qualité, un chemin de tramway serait construit et serait très facile à exploiter, grâce à la descente régulière de la vallée.

Au moment de rentrer chez moi , je rattrapai Ali qui revenait du tir avec un bouleau accroché à sa ceinture. Il parut très content et dit : « Regardez ici, monsieur, quel oiseau curieux », me tendant ce qui m'a d'abord complètement intrigué. J'ai vu un oiseau avec une masse de splendides plumes vertes sur la poitrine, allongées en deux touffes scintillantes ; mais ce que je ne comprenais pas, c'était une paire de longues plumes blanches qui sortaient tout droit de chaque épaule. Ali m'a assuré que l'oiseau les sortait lui-même ainsi, en battant des ailes, et qu'ils étaient restés ainsi sans qu'il les touche. Je vis maintenant que j'avais reçu un grand prix, rien de moins qu'une forme complètement nouvelle de l'Oiseau du Paradis, différant très remarquablement de tous les autres oiseaux connus. Le plumage général est très sobre, étant d'un vert olive cendré pur, avec une teinte violacée sur le dos ; le sommet de la tête est magnifiquement brillant d'un violet métallique pâle, et les plumes du devant s'étendent autant sur le bec qu'à l' intérieur de la famille. Le cou et la poitrine sont écaillés d'un fin vert métallique, et les plumes de la partie inférieure sont allongées de chaque côté, de manière à former un gorgerin à deux pointes, qui peut être replié sous les ailes, ou partiellement dressé et étalé dans le sens de la longueur. de la même manière que les panaches latéraux de la plupart des oiseaux de paradis. Les quatre longues plumes blanches qui donnent à l'oiseau son caractère tout à fait unique, naissent de petits tubercules proches du bord supérieur de l'épaule ou du pli de l'aile ; ils sont étroits, légèrement courbés et également palmés des deux côtés, d'une couleur blanc crème pure . Ils mesurent environ six pouces de long, soit l'équivalent de l'aile, et peuvent être élevés à angle droit par rapport à celle-ci, ou posés le long du corps au gré de l'oiseau. Le bec est couleur corne , les pattes jaunes et l'iris olive pâle. Cette nouveauté frappante a été nommée par MGR Gray du British Museum, Semioptera Wallacei , ou « l'aile standard de Wallace ».

Quelques jours plus tard, j'obtins un nouveau papillon extrêmement beau, allié au beau Papilio Ulysse bleu, mais qui en différait par sa couleur plus intense et par une rangée de rayures bleues autour du bord des ailes inférieures. Ce bon début fut cependant plutôt trompeur, et je m'aperçus bientôt que les insectes, et surtout les papillons, étaient un peu rares, et que les oiseaux dans le goudron étaient moins variés que je ne l'avais prévu. Plusieurs des belles espèces des Moluques ont cependant été obtenues. Le beau lory rouge avec des ailes vertes et une tache jaune dans le dos (Lorius garrulus), n'était pas rare. Lorsque le Jambu , ou pomme rose (Eugenic sp.), était en fleur dans le village, des troupeaux de petits loriquets (Charmosyna placentis), déjà rencontrés à Gilolo , sont venus se nourrir du nectar, et j'ai obtenu autant d'exemplaires que je désirais. Un autre bel oiseau de la tribu des perroquets était le Geoffroyus cyanicollis , un perroquet vert avec un bec et une tête rouges, dont la couleur est ombrée sur la couronne en bleu azur, et de là en bleu vert et en vert du dos. Deux grands et beaux pigeons fruitiers, au plumage vert métallique, cendré et roux, n'étaient pas rares ; et j'ai été récompensé en trouvant un splendide rouleau d'un bleu profond (Eurystomus azur); un joli sunbird à tête dorée (Nectarinea auriceps), et un fin martin-pêcheur à queue de raquette (Tanysiptera isis), qui étaient tous entièrement nouveaux pour les ornithologues. Parmi les insectes, j'ai obtenu un nombre considérable de coléoptères intéressants, y compris de nombreux beaux longicornes , parmi lesquels se trouvait la plus grande et la plus belle espèce du genre Glenea jamais découverte. Parmi les papillons le beau petit Danis le sebae était abondant, rendant les forêts gaies avec ses ailes délicates blanches et le bleu métallique le plus riche ; tandis que les Papilios voyants , les jolis Pieridae et les Euphaeas sombres et riches , dont beaucoup étaient nouveaux, fournissaient une source constante d'intérêt et d'occupation agréable.

L'île de Batchian ne possède pas d'habitants vraiment indigènes, l'intérieur étant entièrement inhabité ; et il n'y a que quelques petits villages sur diverses parties de la côte ; pourtant j'ai trouvé ici quatre races distinctes, ce qui tromperait terriblement un voyageur ethnologue incapable d'obtenir des informations sur leur origine. Il y a d'abord les Malais batchiens , probablement les premiers colons, qui diffèrent très peu de ceux de Ternate. Leur langue, cependant, semble avoir davantage d'éléments papous, avec un mélange de malais pur, ce qui montre que l'établissement est constitué de traînards de races diverses, bien que maintenant suffisamment homogène. Il y a ensuite les « Orang Sirani », comme à Ternate et Amboyna. Beaucoup d'entre eux ont la physionomie portugaise étonnamment préservée, mais combinée à une peau généralement plus foncée que celle des Malais.

Certaines coutumes nationales sont conservées et le malais, qui est leur seule langue, contient un grand nombre de mots et d'idiomes portugais. La troisième race est constituée des hommes Galela du nord de Gilolo , peuple singulier, que j'ai déjà décrit ; et la quatrième est une colonie de Tomóre , dans la péninsule orientale de Célèbes. Ces personnes ont été amenées ici à leur propre demande il y a quelques années, pour éviter d'être exterminées par une autre tribu. Ils ont un teint très clair, une physionomie tartare ouverte, une petite taille et un langage de type Bugis. Ce sont des agriculteurs industrieux et approvisionnent la ville en légumes. Ils fabriquent une grande quantité de tissu d'écorce, semblable au tapa des Polynésiens, en coupant les arbres appropriés et en attachant de gros cylindres d'écorce, qui sont battus avec des maillets jusqu'à ce qu'ils se séparent du bois. Il est ensuite trempé, puis battu si continuellement et régulièrement qu'il devient aussi fin et aussi résistant que du parchemin. Dans cette mousse, on l'utilise beaucoup pour envelopper les vêtements ; et ils en font aussi des vestes, soigneusement cousues ensemble et teintées avec le jus d'une autre espèce d'écorce, qui lui donne une couleur rouge foncé et la rend presque imperméable.

Voici quatre types de personnes très distinctes qui peuvent toutes être vues à tout moment dans et autour de la ville de Batchian . Or, si nous supposons un voyageur ignorant le malais, apprenant ici et là un mot ou deux de la « langue batchienne », et notant « les particularités physiques et morales, les mœurs et les coutumes du peuple batchien » (car il y a voyageurs qui font tout cela en vingt-quatre heures) - quel chapitre précis et instructif nous devrions avoir ! quelles transitions seraient signalées, quelles théories sur l'origine des races seraient développées tandis que le prochain voyageur pourrait carrément contredire chaque affirmation et arrivent à des conclusions exactement opposées.

Peu de temps après mon arrivée ici, le gouvernement néerlandais a introduit une nouvelle monnaie en cuivre de cents au lieu de doits (la 100e au lieu de la 120e partie d'un florin), et toutes les anciennes pièces ont reçu l'ordre d'être envoyées à Ternate pour y être changées. J'ai envoyé un sac contenant 6 000 doits, et j'ai dûment reçu le nouvel argent au retour du bateau. Alors Ali alla le chercher, mais le capitaine exigea un ordre écrit ; j'ai donc attendu pour renvoyer le lendemain, et j'ai eu de la chance, car cette nuit-là, ma maison a été pénétrée, tous mes cartons emportés et fouillés, et les divers objets laissés sur la route à une vingtaine de mètres de là, où nous avons trouvé à cinq heures du matin, quand, en nous levant et trouvant la maison vide, nous nous précipitâmes dehors pour découvrir les traces des voleurs. Ne pouvant retrouver l'argent en cuivre qu'ils croyaient que je venais de recevoir, ils décampèrent, n'emportant que quelques mètres de drap de coton et un habit et un pantalon noirs , qui furent ramassés quelques jours après cachés dans l'herbe. Il n'y avait aucun doute sur l'identité des voleurs.

Des condamnés sont employés pour garder les magasins du gouvernement lorsque le bateau arrive de Ternate. Deux d'entre eux veillent toute la nuit et en profitent souvent pour se promener et commettre des vols.

Le lendemain, j'ai reçu mon argent et je l'ai bien mis en sécurité dans un coffre-fort fermé sous mon lit. J'en prenais cinq ou six cents pour mes dépenses quotidiennes, et je les mettais dans une petite boîte en papier peint qui se trouvait toujours sur ma table. Dans l'après-midi, je fis une petite promenade et, à mon retour, cette boîte et mes clés, que j'avais négligemment laissées sur la table, avaient disparu. Deux de mes garçons étaient dans la maison, mais n'avaient rien entendu. J'ai immédiatement informé des deux vols le directeur des mines et le commandant du fort, et j'ai obtenu pour réponse que si je surprenais le voleur en flagrant délit, je pourrais le fusiller. En enquêtant dans le village, nous avons découvert par la suite qu'un des forçats qui étaient de garde au magasin de riz du gouvernement dans le village avait quitté sa garde, avait été vu passer sur le pont en direction de ma maison, et avait été revu à moins de deux cents mètres. de ma maison, et en revenant au village par le pont, il portait quelque chose sous le bras, soigneusement recouvert de son paréo. Ma boîte a été volée entre les heures où il a été vu partir et revenir, et elle était si petite qu'elle pouvait être facilement transportée de la manière décrite. Cela semblait être une preuve circonstancielle assez claire. J'ai accusé l'homme et j'ai amené les témoins au commandant. L'homme a été examiné et a avoué être allé se baigner à la rivière proche de chez moi ; mais il dit qu'il n'était pas allé plus loin, qu'il avait grimpé sur un cocotier et qu'il avait rapporté deux noix qu'il avait recouvertes, *parce qu'il avait honte d'être vu les porter !* Cette explication fut jugée satisfaisante et il fut acquitté. J'ai perdu mon argent et ma boîte, un sceau que j'appréciais beaucoup, avec d'autres petits objets et toutes mes clés - la perte de loin la plus grave. Heureusement, ma grande caisse était restée verrouillée, tout comme d'autres que je devais ouvrir immédiatement. Il y avait cependant un forgeron très habile employé pour faire le ferronnerie pour les mines, et il choisissait mes serrures pour moi quand j'en avais besoin, et en quelques jours il me fabriquait de nouvelles clés, dont j'utilisais tout le temps que j'étais à l'étranger.

Vers la fin novembre , la saison des pluies s'est installée et nous avons eu des pluies quotidiennes et presque incessantes, avec seulement environ une ou deux heures de soleil le matin. Les parties plates de la forêt furent inondées, les routes remplies de boue et les insectes et les oiseaux furent plus rares que jamais. Le Lath de décembre, dans l'après-midi, nous avons eu un violent tremblement de terre, qui a fait trembler et trembler la maison et les meubles pendant cinq minutes, et les arbres et les arbustes ondulaient comme si une rafale de vent les avait balayés. Vers le milieu de décembre , je m'éloignai du village, afin d'explorer plus facilement la région située à l'ouest de celui-ci, et d'être près de la mer lorsque je souhaiterais retourner à Ternate. J'ai obtenu l'usage d'une maison de bonne taille dans le Campong Sirani (ou village chrétien) et, à Noël et au Nouvel An, j'ai dû endurer les coups de feu, les battements de tambours et les violons incessants des habitants.

Ces gens aiment beaucoup la musique et la danse, et un Européen serait étonné de visiter une de leurs assemblées. Nous entrons dans une sombre cabane en feuilles de palmier, dans laquelle deux ou trois lampes très tamisées laissent à peine voir l'obscurité. Le sol est en terre de sable noir, le toit se cache dans une noirceur impénétrable et enfumée ; deux ou trois bancs sont adossés aux murs, et l'orchestre se compose d'un violon, d'un fifre, d'un tambour et d'un triangle. Il y a beaucoup de monde, composé de jeunes hommes et femmes, tous très soigneusement vêtus de blanc et de noir – une véritable habitude portugaise. Les quadrilles, valses, polkas et mazurkas sont dansés avec une grande vigueur et beaucoup d'habileté. Les rafraîchissements sont du café boueux et quelques friandises. La danse dure des heures et tout se déroule avec beaucoup de décorum et de convenance. Une fête de ce genre se réunit environ une fois par semaine, les principaux habitants se relayant, et tous ceux qui le souhaitent entrent sans grande cérémonie.

Il est étonnant de constater à quel point ces gens ont peu changé en trois cents ans, bien qu'ils aient pendant ce temps changé de langue et perdu toute connaissance de leur propre nationalité. Ils sont encore par leurs mœurs et leur apparence presque purement portugais, très semblables à ceux que j'avais connus sur les bords de l'Amazone. Ils vivent très mal en ce qui concerne leur maison et leurs meubles, mais conservent un costume semi-européen et portent presque tous des complets noirs pour le dimanche. Ils sont nominalement protestants, mais le dimanche soir est leur grand jour de musique et de danse. Les hommes sont souvent de bons chasseurs ; et deux ou trois fois par semaine, on amène au village des cerfs ou des cochons sauvages, ce qui, avec les poissons et les volailles, leur permet de bien vivre. Ce sont presque les seuls habitants de l'archipel à se nourrir des grandes chauves-souris frugivores que nous appelons « renards volants ». Ces créatures laides sont considérées comme un mets délicat et sont très recherchées. Vers le début de l'année, ils viennent en grands groupes pour manger des fruits et se rassemblent pendant la journée sur quelques petites îles de la baie, suspendus par milliers aux arbres, surtout aux arbres morts. Ils peuvent alors être facilement attrapés ou renversés avec des bâtons, et sont ramenés à la maison par paniers pleins . Ils nécessitent d'être soigneusement préparés, car la peau et le pelage dégagent une odeur fétide et puissante de renard ; mais ils sont généralement cuisinés avec abondance d'épices et de condiments, et sont vraiment très bons à manger, un peu comme le lièvre. Les Orang Sirani sont de bons cuisiniers et proposent une bien plus grande variété de plats salés que les Malais. Ici, ils vivent principalement de sagou comme pain, avec un peu de riz de temps en temps et une abondance de légumes et de fruits.

C'est un fait curieux que partout dans le passé où les Portugais se sont mêlés aux races indigènes , ils sont devenus de couleur plus foncée que l'une ou l'autre des souches parentales. C'est le cas presque toujours de ces « Orang Sirani » des Moluques, et des Portugais de Malacca. L'inverse est le cas en Amérique du Sud, où le mélange du Portugais ou du Brésilien avec l'Indien produit le « Mameluco », qui est souvent plus léger que l'un ou l'autre de ses parents, et toujours plus léger que l'Indien. Les femmes de Batchian , bien que généralement plus belles que les hommes, ont des traits grossiers et une beauté très inférieure aux filles mixtes hollandaises-malaises, ou même à de nombreux Malais purs.

La partie du village dans laquelle je résidais était un bosquet de cocotiers, et la nuit, quand les feuilles mortes étaient parfois rassemblées et brûlées, l'effet était des plus magnifiques : les hautes tiges, les fines couronnes de feuillage et les immenses grappes de fruits, brillamment éclairées sur un ciel sombre, et ressemblant à un palais de fée soutenu par cent colonnes et surmonté d'arcs feuillus. Le cocotier, lorsqu'il est bien cultivé, est certainement le prince des palmiers tant par sa beauté que par son utilité.

Lors de ma toute première promenade dans la forêt de Batchian , j'avais aperçu assis sur une feuille hors de portée, un immense papillon d'une couleur sombre marquée de taches blanches et jaunes. Je n'ai pas pu le capturer alors qu'il s'envolait en hauteur dans la forêt, mais j'ai tout de suite vu qu'il s'agissait d'une femelle d'une nouvelle espèce d' Ornithoptères ou "papillon aux ailes d'oiseau", la fierté des tropiques orientaux. J'avais très hâte de l'obtenir et de retrouver le mâle, qui dans ce genre est toujours d'une extrême beauté. Au cours des deux mois suivants, je ne l'ai revu qu'une seule fois, et peu de temps après, j'ai vu le mâle voler haut dans les airs au village minier. J'avais commencé à désespérer de jamais obtenir un spécimen, tant il semblait si rare et sauvage ; jusqu'au jour où, vers le début de janvier, je trouvai un bel arbuste avec de grandes bractées de feuilles blanches et des fleurs jaunes, une espèce de Mussaenda , et vis un de ces nobles insectes planer au-dessus de lui, mais il était trop rapide pour moi et volai. loin. L'argile suivante, je retournai vers le même arbuste et réussis à attraper une femelle, et le lendemain un beau mâle. J'ai trouvé que c'était comme je m'y attendais, une espèce parfaitement nouvelle et des plus magnifiques, et l'un des papillons les plus magnifiquement colorés au monde. Les beaux spécimens du mâle mesurent plus de sept pouces de diamètre sur les ailes, qui sont d'un noir velouté et d'un orange ardent, cette dernière couleur remplaçant le vert des espèces alliées. La beauté et l'éclat de cet insecte sont indescriptibles, et seul un naturaliste peut comprendre l'intense excitation que j'ai éprouvée lorsque je l'ai enfin capturé. En le retirant de mon filet et en ouvrant les glorieuses ailes, mon cœur se mit à battre violemment, le sang me monta à la tête, et j'eus bien plus envie de m'évanouir que lorsque je craignais une mort immédiate. J'ai eu mal à la tête le reste de la journée, tant était grande l'excitation produite par ce qui paraîtra à la plupart des gens une cause très insuffisante.

J'avais décidé de retourner à Ternate dans une semaine ou deux de plus, mais cette grande capture m'a déterminé à rester jusqu'à ce que j'obtienne une bonne série du nouveau papillon, que j'ai depuis nommé Ornithoptères . Crésus . La brousse de Mussaenda était un endroit admirable, que je pouvais visiter chaque jour en allant vers la forêt ; et comme il était situé dans un fourré dense d'arbustes et de plantes grimpantes, je chargeai mon homme Lahi de dégager un espace tout autour, afin de pouvoir facilement atteindre tout insecte qui pourrait le visiter. Ensuite, constatant qu'il fallait souvent y attendre quelque temps, je me fis installer sous un arbre à côté de celui-ci un petit siège où je venais chaque jour déjeuner, et j'avais ainsi une demi-heure de garde vers midi. en plus une chance puisque je l'ai passée le matin. De cette façon, j'obtenais en moyenne un spécimen par jour pendant une longue période, mais plus de la moitié d'entre eux étaient des femelles, et plus de la moitié des spécimens restants étaient usés ou cassés, de sorte que je n'aurais pas obtenu beaucoup de mâles parfaits si je n'avais pas leur trouva une autre station.

Dès que je les ai vu fleurir, j'ai envoyé exprès mon homme Lahi avec un filet pour les chercher, car ils avaient également été vus près de quelques arbres en fleurs sur la plage, et je lui ai promis une demi-journée de salaire supplémentaire pour tous les bons spécimens qu'il pouvait attraper. Au bout d'un jour ou deux, il m'apporta deux spécimens très beaux et me dit qu'il les avait capturés dans le lit d'un grand ruisseau rocheux qui descend des montagnes jusqu'à la mer, à un mille en aval du village. Ils descendaient cette rivière en courant, s'arrêtant de temps en temps sur des pierres et des rochers dans l'eau, et il était obligé de la remonter à gué ou de sauter de rocher en rocher pour les atteindre. Je suis allé avec lui un jour, mais j'ai trouvé que le ruisseau était beaucoup trop rapide et les pierres trop glissantes pour que je puisse faire quoi que ce soit, alors je lui ai laissé tout le soin, et tout le reste du temps où nous sommes restés à Batchian, il était dehors toute la journée, m'en rapportant généralement un, et les bons jours deux ou trois spécimens. Je pus ainsi emmener avec moi plus d'une centaine des deux sexes, dont peut-être vingt mâles très beaux, mais pas plus de cinq ou six absolument parfaits.

Ma marche quotidienne me conduisait maintenant, d'abord environ un demi-mile le long de la plage de sable, puis à travers un marais de sagoutiers sur une chaussée de poteaux très fragiles jusqu'au village du peuple Tomore . Au-delà se trouvait la forêt avec des parcelles de nouvelles clairières, des sentiers ombragés et une quantité considérable de bois abattu. J'ai trouvé que c'était un terrain de collecte très équitable, surtout pour les coléoptères. Les troncs tombés dans les clairières regorgeaient de Buprestidae dorés, de Brenthidae curieux et de longicornes , tandis que dans la forêt, j'ai trouvé une abondance de Curculionidae plus petits, de nombreux longicornes et quelques beaux Carabidae verts .

Les papillons n'étaient pas abondants, mais j'ai obtenu quelques autres beaux Papilio bleus et un certain nombre de beaux petits Lycaenidae , ainsi qu'un seul spécimen du très rare Papilio . Wallacei , dont j'avais pris le spécimen jusqu'alors unique dans les îles Aru.

Les oiseaux les plus intéressants que j'ai obtenus ici étaient le magnifique martin-pêcheur bleu, Todiramphus. diops ; les fines colombes vertes et violettes, Ptilonopus superbus et P. iogaster , ainsi que plusieurs nouveaux oiseaux de petite taille. Mes tireurs m'ont quand même ramené des spécimens de Semioptera Wallacei , et moi avons été très enthousiasmés par les déclarations positives de plusieurs chasseurs indigènes selon lesquelles il existait une autre espèce de cet oiseau, beaucoup plus belle et plus remarquable. Ils ont déclaré que le plumage était noir brillant, avec une poitrine vert métallique comme chez mon espèce, mais que les plumes blanches des épaules étaient deux fois plus longues et pendaient bien en dessous du corps de l'oiseau. Ils déclarèrent que lorsqu'ils chassaient des cochons ou des cerfs loin dans la forêt, ils apercevaient occasionnellement cet oiseau, mais qu'il était rare. J'ai immédiatement offert douze florins (une livre) pour un spécimen ; mais tout cela en vain, et je ne suis toujours pas sûr qu'un tel oiseau existe. Depuis mon départ, le naturaliste allemand, le Dr Bernstein, est resté plusieurs mois dans l'île avec une importante équipe de chasseurs collectant pour le musée de Leyde ; et comme il n'a pas eu plus de succès que moi, il faut considérer soit que l'oiseau est très rare, soit qu'il s'agit tout à fait d'un mythe.

Batchian est remarquable car c'est le point le plus oriental du globe habité par l'un des Quadrumana . Un grand singe-babouin noir (Cynopithecus nigrescens) est abondant dans certaines parties de la forêt. Cet animal a des callosités rouges nues et une queue rudimentaire d'environ un pouce de long, un simple tubercule charnu qui peut être très facilement négligé. C'est la même espèce que l'on trouve dans toutes les forêts de Célèbes, et comme aucun des autres mammifères de cette île ne s'étend jusqu'au Batchian , je suis enclin à supposer que cette espèce a été introduite accidentellement par les Malais errants, qui transportent souvent avec eux ils apprivoisent les singes et autres animaux. Ceci est rendu plus probable par le fait que l'animal ne se trouve pas à Gilolo , qui n'est séparé du Batchian que par un détroit très étroit. L' introduction a peut-être été très récente, car sur une île fertile et inoccupée, un tel animal se multiplierait rapidement. Les seuls autres mammifères obtenus étaient un opossum oriental, que le Dr Gray a décrit sous le nom de Cuscus ornatus ; le petit opossum volant, Belideus ariel ; un chat civette, Viverra zébéthe ; et de belles espèces de chauves-souris, la plupart des plus petites étant capturées au crépuscule avec mon filet à papillons alors qu'elles volaient devant la maison.

Après beaucoup de retard, à cause du mauvais temps et de la maladie d'un de mes hommes, je résolus de visiter Kasserota (anciennement le chef du village), situé en amont d'un petit ruisseau, sur une île voisine de la côte nord de Batchian ; où on m'a dit que de nombreux oiseaux rares avaient été trouvés. Une fois mon bateau chargé et tout prêt, trois jours de grosses rafales nous empêchèrent de partir, et ce ne fut que le 21 mars que nous partîmes. Le lendemain matin, de bonne heure, nous entrâmes dans la petite rivière et, au bout d'une heure environ, nous atteignîmes la maison du sultan, dont j'avais obtenu la permission d'utiliser. Il était situé au bord de la rivière et entouré d'une forêt d'arbres fruitiers, parmi lesquels se trouvaient quelques-uns des cocotiers les plus hauts et les plus gracieux que j'aie jamais vus. Il a plu presque toute la journée et je ne pouvais rien faire d'autre que décharger et déballer mes bagages. Vers l'après-midi, la situation s'est éclaircie et j'ai tenté d'explorer dans diverses directions, mais j'ai découvert, à mon grand dégoût, que le seul chemin était un parfait marécage de boue, le long duquel il était presque impossible de marcher, et la forêt environnante si humide et sombre qu'elle était si sombre qu'elle était si humide et si sombre qu'elle était si sombre qu'elle était si humide et si sombre qu'elle était si sombre qu'elle était si humide et si sombre qu'elle était si sombre qu'elle était si humide et si sombre qu'elle était si sombre qu'elle était presque impossible à parcourir. promettent peu en termes d'insectes. J'ai également découvert après enquête que les gens d'ici ne faisaient pas de clairières, vivant entièrement de sagou, de fruits, de poisson et de gibier ; et le chemin ne menait qu'à une montagne rocheuse escarpée, également impraticable et improductive. Le lendemain, j'envoyai mes hommes sur cette colline, espérant qu'elle pourrait produire de bons oiseaux ; mais ils revinrent avec seulement deux espèces communes, et moi-même je n'avais rien pu obtenir ; chaque petite piste que j'avais tenté de suivre menant à un marais de sagoutiers dense. J'ai vu que je devrais perdre du temps en restant ici et j'ai décidé de partir le lendemain.

C'est un de ces endroits si difficiles à concevoir pour le naturaliste européen, où, malgré toutes les richesses d'une végétation tropicale, et en partie peut-être à cause de la luxuriance même de cette végétation, les insectes sont aussi rares que dans les régions les plus arides de l'Europe, et à peine plus visible. Dans les climats tempérés, il existe une uniformité tolérable dans la répartition des insectes dans les parties d'un pays où il existe une similitude dans la végétation, toute déficience s'expliquant facilement par l'absence de bois ou l'uniformité de la surface. Le voyageur qui traverse à la hâte un tel pays peut immédiatement repérer un terrain de collecte qui lui donnera une bonne idée de son entomologie. Ici, le cas est différent. Il existe certaines conditions nécessaires à un bon terrain de collecte dont on ne peut s'assurer de l'existence qu'en effectuant quelques jours de recherche dans les environs de chaque village. Dans certains endroits, il n'y a pas de forêt vierge, comme à Djilolo et à Sahoe ; dans d'autres, il n'y a pas de sentiers ouverts ni de clairières, comme ici. A Batchian, il n'y a que deux lieux de collecte tolérables : la route qui mène aux mines de charbon et les nouveaux défrichements faits par les Tomóre , ces derniers étant de loin les plus productifs. Je crois que le fait est que les insectes sont répartis assez uniformément dans ces pays (où les forêts n'ont pas été défrichées) et sont si rares en un seul endroit que leur recherche est presque inutile. Si la forêt est entièrement rasée, presque tous les insectes disparaissent avec elle ; mais lorsque de petites clairières et des sentiers sont aménagés, les arbres tombés à divers stades de dessèchement et de décomposition, les feuilles pourries, l'écorce qui se détache et les excroissances fongoïdes qui s'y trouvent, ainsi que les fleurs qui apparaissent en bien plus grande abondance là où la lumière est admise, sont autant d'attractions pour les insectes à des kilomètres à la ronde, et provoquent une merveilleuse accumulation d'espèces et d'individus. Lorsque l'entomologiste peut découvrir un tel endroit, il fait plus dans une bouche que ce qu'il pourrait faire en une année de recherche dans les profondeurs d'une forêt intacte.

Le lendemain matin , nous partîmes de bonne heure et atteignîmes l'embouchure de la petite rivière en une heure environ. Il coule à travers une plaine alluviale parfaitement plate, mais des collines s'en approchent près de l'embouchure. Vers la partie inférieure, dans un marécage où l'eau salée doit entrer à marée haute, se trouvaient un certain nombre d'élégantes fougères arborescentes de huit à quinze pieds de hauteur. Celles-ci sont généralement considérées comme des plantes de montagne et sont rarement présentes sur l'équateur à une altitude inférieure à mille ou deux mille pieds. A Bornéo, dans les îles Aru et sur les bords de l'Amazone, je les ai observés au niveau de la mer, et je crois probable que l'altitude supposée leur être requise ait pu être déduite de faits observés dans les pays où les plaines et les basses terres sont en grande partie cultivées et la majeure partie de la végétation indigène est détruite. C'est le cas dans la plupart des régions de Java, de l'Inde, de la Jamaïque et du Brésil, où la végétation des tropiques a été le plus étudiée.

En reprenant la mer, nous tournâmes vers le nord et, après environ deux heures de navigation, nous atteignîmes quelques cabanes appelées Langundi , où des hommes Galela s'étaient établis comme ramasseurs de gomme-dammar, avec lesquels ils fabriquaient des torches pour l'approvisionnement du marché de Ternate. A une centaine de mètres en arrière s'élève une colline assez raide, et une courte marche m'ayant montré qu'il y avait un chemin supportable pour y monter, j'ai décidé de rester ici pendant quelques jours. En face de nous, et tout le long de cette côte du Batchian , s'étend une rangée de belles îles complètement inhabitées. Chaque fois que je demandais la raison pour laquelle personne ne venait y vivre, la réponse était toujours : « Par peur des pirates de Magindano ». Chaque année, ces fléaux de l'archipel errent dans un sens ou dans un autre, prenant rendez-vous sur quelque île inhabitée et apportant la dévastation à tous les petits établissements alentour ; voler, détruire, tuer ou capturer tout ce dont ils ont besoin. Leurs longs praus bien équipés échappent à la poursuite de tout voilier en s'éloignant face au vent, et la fumée d'avertissement d'un bateau à vapeur leur permet généralement de se cacher dans une baie peu profonde, une rivière étroite ou une crique couverte de forêt. jusqu'à ce que le danger soit passé. Le seul moyen efficace de mettre un terme à leurs déprédations serait de les attaquer dans leurs places fortes et leurs villages, et de les contraindre à renoncer à la piraterie et à se soumettre à une surveillance stricte. Sir James Brooke l'a fait avec les pirates de la côte nord-ouest de Bornéo, et mérite les remerciements de toute la population de l'archipel pour les avoir débarrassés de la moitié de leurs ennemis.

Tout le long de la plage, ainsi que dans la bande adjacente de plaine sablonneuse, se trouve une remarquable exposition de Pandanacées ou pins à vis. Certains ressemblent à d'énormes candélabres ramifiés, hauts de quarante ou cinquante pieds, et portant au bout de chaque branche une touffe d'immenses feuilles en forme d'épée, larges de six ou huit pouces et longues de autant de pieds. D'autres ont une seule tige non ramifiée, haute de six ou sept pieds, dont la partie supérieure est recouverte de feuilles disposées en spirale et portant un seul fruit terminal aussi gros qu'un œuf de cygne. D'autres, de taille intermédiaire, présentent des grappes irrégulières de fruits rouges rugueux, et tous ont des feuilles plus ou moins épineuses et des tiges annelées. Les jeunes plantes des espèces plus grandes ont des feuilles épaisses, lisses et brillantes, parfois de dix pieds de long et huit pouces de large, qui sont utilisées partout dans les Moluques et en Nouvelle-Guinée, pour fabriquer des « cocoyas » ou nattes de couchage, qui sont souvent très joliment ornées de couleurs colorées . motifs. Plus haut sur la facture se trouve une forêt d'arbres immenses, parmi lesquels abondent ceux qui produisent la résine appelée dammar (Dammara sp.). Les habitants de plusieurs petits villages du Batchian sont entièrement occupés à rechercher ce produit et à en faire des torches en le pilant et en le remplissant dans des tubes de feuilles de palmier d'environ un mètre de long, qui sont les seules lumières utilisées par beaucoup d'indigènes. Quelquefois le dammar s'accumule en grosses masses pesant dix ou vingt livres , soit attachées au tronc, soit trouvées enfouies dans le sol, au pied des arbres. Les arbres les plus extraordinaires de la forêt sont cependant une espèce de figuier dont les racines aériennes forment une pyramide de près de cent pieds de haut, se terminant là où l'arbre se ramifie au-dessus, de sorte qu'il n'y a pas de véritable tronc. Cette pyramide ou cône est formé de racines de toutes tailles, descendant pour la plupart en lignes droites, mais plus ou moins obliquement, et se croisant ainsi, et reliées par des branches transversales qui grandissent les unes aux autres ; de manière à former un réseau dense et compliqué, auquel seule une photographie pourrait rendre justice (voir illustration au Vol. I. page 130). Le Kanary est également abondant dans cette forêt, dont la noix a une saveur très agréable et produit une excellente huile. L'enveloppe extérieure charnue de la noix est la nourriture préférée des grands pigeons verts de ces îles (Carpophaga , perspicillata), et leurs chaperons rauques et leurs lourds battements parmi les branches peuvent être presque continuellement entendus.

Après dix jours à Langundi , ne trouvant pas l'oiseau que je recherchais particulièrement (le pigeon Nicobar, ou une nouvelle espèce qui lui est apparentée), et ne trouvant aucun nouvel oiseau, et très peu d'insectes, je suis parti tôt le matin. du 1er avril, et entra dans la soirée dans une rivière sur l'île principale de Batchian (Langundi , comme Kasserota , étant sur une île distincte), où quelques Malais et hommes Galela ont un petit village, et ont aménagé de vastes rizières et plantains. terrains. Ici, nous avons trouvé une bonne maison près de la rive de la rivière, où l'eau était fraîche et claire, et le propriétaire, un respectable Malais batchien , m'a offert une chambre à coucher et l'utilisation de la véranda si j'aimais rester. Voyant la forêt tout autour à une courte distance, j'ai accepté son offre et le lendemain matin, avant le petit-déjeuner, je suis parti explorer et j'ai capturé quelques insectes intéressants aux lisières de la forêt.

Ensuite, j'ai trouvé un sentier qui menait pendant un mile ou plus à travers une très belle forêt, plus riche en palmiers que toutes celles que j'avais vues dans les Moluques. L'un d'eux a particulièrement attiré mon attention par son élégance. La chope n'était pas plus épaisse que mon poignet, mais elle était très haute et portait des grappes de fruits rouge vif. Il s'agissait apparemment d'une espèce d'Areca. Un autre, d'une hauteur immense, ressemblait beaucoup en apparence aux Euterpes de l'Amérique du Sud. Ici poussait également le palmier à feuilles en éventail, dont les petites feuilles presque entières sont utilisées pour fabriquer les torches dammar et pour former les seaux d'eau d'usage universel. Durant cette promenade j'ai vu près d'une douzaine d'espèces de palmiers, ainsi que deux ou trois Pandani différents de ceux de Langundi . Il y avait aussi de très belles fougères grimpantes et de vrais plantains sauvages (Musa), portant un fruit comestible pas aussi gros que le pouce, et consistant en une masse de graines juste recouvertes de pulpe et de peau. Les gens m'ont assuré qu'ils avaient tenté l'expérience de semer et de cultiver cette espèce, mais qu'ils n'avaient pas pu l'améliorer. Ils n'en ont probablement pas cultivé en quantité suffisante et n'ont pas persévéré suffisamment longtemps.

Batchian est une île qui récompenserait peut-être mieux que toute autre les recherches d'un botaniste dans tout l'archipel. Il contient une grande variété de surfaces et de sols, une abondance de petits et grands ruisseaux, dont beaucoup sont navigables sur une certaine distance, et n'ayant pas d'habitants sauvages, chaque partie peut être visitée en parfaite sécurité. Il possède de l'or, du cuivre et du charbon, des sources chaudes et des geysers, des roches sédimentaires et volcaniques et du calcaire corallien, des plaines alluviales, des collines abruptes et de hautes montagnes, un climat humide et une végétation forestière grandiose et luxuriante.

Les quelques jours que je suis resté ici m'ont produit plusieurs nouveaux insectes, mais presque aucun oiseau. Les papillons et les oiseaux sont en effet remarquablement rares dans ces forêts. On peut marcher toute une journée sans voir plus de deux ou trois espèces de l'une ou l'autre. En tout, sauf en coléoptères, ces îles orientales manquent beaucoup à celles de l'ouest (Java, Bornéo, etc.), et bien plus encore si on les compare aux forêts de l'Amérique du Sud, où l'on peut capturer chaque jour vingt ou trente espèces de papillons. et les très bons jours, une centaine, un nombre que nous pouvons difficilement atteindre ici après des mois de recherche incessante. Chez les oiseaux, la même différence existe. Dans la plupart des régions d' Amérique tropicale , nous pouvons toujours trouver certaines espèces de tangara pic, de pie-grièche, de bavard, de trogon, de toucan, de coucou et de tyran-moucherolle ; et quelques jours de recherche active produiront plus de variété qu'on ne peut en rencontrer ici en autant de mois. Pourtant, à côté de cette pauvreté d'individus et d'espèces, il existe dans presque toutes les classes et tous les ordres, une ou deux espèces d'une beauté ou d'une singularité si extrême qu'elles peuvent rivaliser, voire surpasser, tout ce que même l'Amérique du Sud peut produire. .

Un après-midi, alors que je disposais mes insectes, et entouré d'une foule de spectateurs émerveillés, je montrai à l'un d'eux comment regarder un petit insecte avec une loupe, ce qui provoqua un émerveillement si évident que tous les autres voulurent le voir aussi. . J'ai donc fixé fermement le verre sur un morceau de bois tendre au foyer approprié, et j'ai placé en dessous un petit coléoptère épineux du genre Hispa , puis je l'ai fait circuler pour examen. L'excitation était immense. Certains ont déclaré qu'il faisait un mètre de long ; d'autres furent effrayés et le lâchèrent aussitôt, et tous furent aussi étonnés et poussèrent autant de cris et de gesticulations que les enfants lors d'une pantomime ou lors d'une exposition de Noël du microscope oxhydrique. Et toute cette excitation était produite par une petite lentille de poche, d'un pouce et demi de mise au point, et donc grossissant seulement quatre ou cinq fois, mais qui, à leurs yeux inhabituels, semblait s'agrandir cent fois .

Le dernier jour de mon séjour ici, un de mes chasseurs réussit à trouver et à abattre le beau pigeon Nicobar, que j'avais si longtemps recherché. Aucun des habitants ne l'a jamais vu, ce qui montre qu'il est rare et mortel. Mon spécimen était une femelle en bel état, et le verre cuivré et vert de son plumage, la queue blanche comme neige et les belles plumes pendantes du cou, étaient grandement admirés. J'ai ensuite obtenu un spécimen en Nouvelle-Guinée ; et je l'ai vu une fois dans les îles Kaióa . On le trouve également dans quelques petites îles près de Macassar, dans d'autres près de Bornéo ; et dans les îles Nicobar , d'où il tire son nom. Il se nourrit au sol, ne se perche que sur les arbres et est un oiseau charnu très lourd. Cela peut expliquer dans une large mesure le fait qu'on le trouve principalement sur de très petites îles, tandis que dans la moitié occidentale de l'archipel, il semble totalement absent des plus grandes. Se nourrissant au sol, il est soumis aux attaques des quadrupèdes carnivores, que l'on ne trouve pas dans les très petites îles. Sa large répartition sur toute la longueur de l'Archipel ; de l'extrême ouest à l'est, est cependant très extraordinaire, car, à l'exception de quelques oiseaux de proie, aucun oiseau terrestre n'a une distribution aussi étendue. Les oiseaux qui se nourrissent au sol sont généralement déficients en puissance de vol prolongé, et cette espèce est si volumineuse et lourde qu'elle semble à première vue tout à fait incapable de parcourir un mile. Un examen plus approfondi montre cependant que ses ailes sont remarquablement grandes, peut-être en proportion de sa taille supérieure à celles de tout autre pigeon, et que ses muscles pectoraux sont immenses. Un fait qui m'a été communiqué par le fils de mon ami M. Duivenboden de Ternate, montrerait que, conformément à ces particularités de structure, il possède le pouvoir de voler sur de longues distances. M. D. a établi une usine pétrolière sur une petite île corallienne, à cent milles au nord de la Nouvelle-Guinée, sans terre intermédiaire. Après un an que l'île fut colonisée et parcourue dans toutes les directions, son fils lui rendit visite ; et juste au moment où la goélette arrivait à l'ancre, on vit un oiseau voler du côté de la mer et tomba à l'eau épuisé avant d'avoir pu atteindre le rivage. Un bateau fut envoyé pour le récupérer, et il s'avéra qu'il s'agissait d'un pigeon Nicobar, qui devait venir de Nouvelle-Guinée et qui avait parcouru cent milles, car aucun oiseau de ce type n'habitait auparavant l'île.

Il s'agit là certainement d'un cas très curieux d'adaptation à une nécessité insolite et exceptionnelle. L'oiseau n'a généralement pas besoin de grandes capacités de vol, car il vit dans la forêt, se nourrit de fruits tombés et se perche dans les arbres bas comme les autres pigeons terrestres. La majorité des individus ne peuvent donc jamais utiliser pleinement leurs ailes extrêmement puissantes, jusqu'à ce que le cas exceptionnel se produise où un individu est emporté par le vent ou poussé à émigrer par l'incursion d'un animal carnivore ou par la pression de la pénurie. de nourriture. Une modification exactement opposée à celle qui a produit les oiseaux sans ailes (l'Apteryx, le Casoar et le Dodo) semble s'être produite ici ; et il est curieux que dans les deux cas, un habitat insulaire ait été la cause du déplacement. L'explication est probablement la même que celle appliquée par M. Darwin au cas des coléoptères de Madère, dont beaucoup sont sans ailes, tandis que certains ailés ont des ailes mieux développées que les mêmes espèces du continent. Il était avantageux pour ces insectes soit de ne jamais voler du tout, et ainsi de ne pas courir le risque d'être emportés par le vent vers la mer, soit de voler si bien qu'ils pouvaient soit retourner à terre, soit migrer en toute sécurité vers le continent. Voler sur un pad était pire que ne pas voler du tout. Ainsi, alors que dans des îles comme la Nouvelle-Zélande et l'île Maurice, loin de toute terre, il était plus sûr pour un oiseau se nourrissant au sol de ne pas voler du tout, et les individus aux ailes courtes qui survivaient continuellement préparaient la voie à un groupe d'oiseaux sans ailes ; dans un vaste archipel parsemé d'îles et d'îlots, il était avantageux de pouvoir migrer occasionnellement, et ainsi les variétés aux ailes longues et fortes maintinrent leur existence le plus longtemps, et finalement supplantèrent toutes les autres, et répartirent la race sur tout l'archipel.

Outre ce pigeon, le seul nouvel oiseau que j'ai obtenu au cours du voyage était un meunier rare (Batrachostomus crinifrons), la seule espèce du genre encore présente aux Moluques. Parmi mes insectes, les meilleurs étaient le rare Pieris arum, d'une riche couleur jaune chrome , avec une bordure noire et une antenne blanche remarquable, peut-être le plus beau papillon du genre ; et un grand insecte noir ressemblant à une guêpe, avec d'immenses mâchoires comme un cerf-volant, qui a été nommé Megachile Pluto par M. B. Smith. J'ai collecté une centaine d'espèces de coléoptères toutes nouvelles pour moi, mais pour la plupart très petites, ainsi que de nombreuses espèces rares et belles que j'avais déjà trouvées à Batchian . Dans l'ensemble, je fus assez satisfait de mes dix-sept jours d'excursion, qui furent très agréables et me permirent de parcourir une bonne partie de l'île. J'avais loué un bateau spacieux et j'avais apporté avec moi une petite table et ma chaise en rotin. C'était un grand confort, car partout où il y avait un toit, je pouvais immédiatement m'installer , travailler et manger à mon aise. Quand je ne trouvais pas de logement à terre, je dormais dans le bateau, qui était toujours stationné sur la plage si nous restions quelques jours au même endroit.

À mon retour à Batchian , j'ai emballé mes collections et préparé mon retour à Ternate. Quand je suis arrivé , j'avais renvoyé mon bateau par le pilote, avec deux ou trois autres hommes qui avaient été heureux de cette opportunité. J'ai maintenant profité d'un bateau du gouvernement qui venait d'arriver avec du riz pour les troupes, et j'ai obtenu la permission d'y retourner, et je suis donc parti le 13 avril, après avoir résidé seulement une semaine à moins de six mois sur l'île de Batchian . Le bateau était du genre appelé « Kora-kora », assez ouvert, très bas et pesant environ quatre tonnes. Il avait des stabilisateurs en bambou d'environ cinq pieds de chaque côté, qui soutenaient une plate-forme en bambou s'étendant sur toute la longueur du navire. À l'extrême extérieur de cette enceinte étaient assis les vingt rameurs, tandis qu'à l'intérieur se trouvait un passage commode d'avant en arrière. La partie médiane du bateau était recouverte d'une chaumière dans laquelle sont arrimés les bagages et les passagers ; le plat-bord n'était pas à plus d'un pied au-dessus de l'eau, et à cause de leur grand poids sur le dessus et sur les côtés, ainsi que de leur maladresse générale, ces bateaux sont dangereux par gros temps et se perdent souvent. Un mât triangulaire et une voile à mats nous transportaient lorsque le vent était favorable , ce qui (comme d'habitude) ne l'a jamais été, bien que, d'après la mousson, cela aurait dû l'être. Notre eau, transportée dans des bambous, ne durait que deux jours, et comme le voyage en durait sept, nous avions à toucher à un grand nombre d'endroits. Le capitaine n'était pas très énergique, et les hommes ramaient aussi peu qu'ils voulaient, sinon nous aurions pu atteindre Ternate en trois jours, après avoir eu du beau temps et peu de vent pendant tout le trajet.

Il y avait plusieurs passagers outre moi : trois ou quatre soldats javanais, deux forçats dont la peine était expirée (dont l'un, curieusement, était l'homme qui avait volé ma caisse et mes clés), la femme du maître d'école et un domestique allant en visite à Ternate et un commerçant chinois qui vont acheter des marchandises. Nous avons dû dormir tous ensemble dans la cabine, assez serrés ; mais ils m'ont très poliment laissé beaucoup de place pour mon matelas, et nous nous entendions très bien. Il y avait une petite cuisine à l'avant, où nous pouvions faire bouillir notre riz et préparer notre café, chacun apportant bien sûr ses propres provisions et arrangeant ses repas comme il le jugeait le plus pratique. Le passage aurait été assez agréable sans les terribles « tam-tams » ou tambours de bois, qui battent sans cesse pendant que les hommes rament. Deux hommes s'y livraient constamment, faisant un vacarme épouvantable pendant tout le voyage. Les rameurs sont des hommes envoyés par le sultan de Ternate. Ils gagnent environ trois pence par jour et trouvent leurs propres provisions. Chaque homme avait une solide boîte à bétel en bois sur laquelle il s'asseyait généralement, un matelas et des vêtements de rechange — il ramait nu, avec seulement un paréo ou un gilet. Ils dorment à leur place, recouverts de leur natte, ce qui les protège assez bien de la pluie. Ils mâchent du bétel ou fument des cigarettes sans arrêt ; mangez du sagou sec et un peu de poisson salé ; chante rarement en ramant, sauf lorsqu'il est excité et veut atteindre une halte, et ne parle pas beaucoup. Ce sont pour la plupart des Malais, avec une pincée d' Alfuros de Gilolo et de Papous de Guebe ou Waigiou .

Un après-midi, nous sommes restés à Makian ; beaucoup d'hommes débarquèrent et une grande quantité de plantains, de bananes et d'autres fruits furent embarqués. Nous avons ensuite continué un peu de chemin et, le soir, nous avons jeté l'ancre de nouveau. En me couchant pour la nuit, j'ai éteint ma bougie, alors qu'une lampe brillait encore, et, manquant mon mouchoir, j'ai cru le voir sur une boîte qui formait un côté de mon lit, et j'ai tendu la main pour prendre il. J'ai rapidement repensé à la sensation de quelque chose de frais et de très doux, qui bougeait lorsque je le touchais. "Apportez la lumière, vite", m'écriai-je; "voici un serpent." Et il était là, bien sûr, bien lové, la tête juste relevée pour savoir qui l'avait dérangé. Il fallait absolument l'attraper ou le tuer proprement, sinon il s'échapperait parmi les tas de bagages divers et nous ne dormirions guère confortablement. L'un des anciens détenus s'est porté volontaire pour l'attraper avec la main enveloppée dans un tissu, mais à la manière dont il s'y est pris, j'ai vu qu'il était nerveux et qu'il laisserait tomber l'affaire, alors je ne lui ai pas permis de faire cette tentative . Je leur ai pris un couteau et, déplaçant avec précaution mes filets anti-insectes, qui pendaient juste au-dessus du serpent et m'empêchaient de recevoir un coup franc, je l'ai coupé doucement dans le dos, le maintenant au sol pendant que mon garçon, avec un autre couteau, lui écrasait la tête. À l'examen, j'ai découvert qu'il avait de gros crocs venimeux, et c'est étonnant qu'il ne m'ait pas mordu lorsque je l'ai touché pour la première fois.

Pensant qu'il était très improbable que deux serpents soient montés à bord en même temps, je me suis retourné et je me suis endormi ; mais ayant tout le temps une vague idée rêveuse que je pourrais poser la main sur une autre, je restai merveilleusement immobile, ne me retournant pas une seule fois de la nuit, tout à fait le contraire de mes habitudes habituelles. Le lendemain, nous atteignîmes Ternate, et je m'installai dans ma confortable maison pour examiner tous mes trésors et les emballer en toute sécurité pour le voyage de retour.

CHAPITRE XXV.
CERAM, GORAM ET LES ÎLES MATABELLO.

(OCTOBRE 1859 à JUIN 1860.)

J'ai quitté Amboyna pour ma première visite à Ceram à trois heures du matin le 29 octobre, après avoir été retardé de plusieurs jours par l'équipage du bateau qui n'a pas pu être réuni. Le capitaine Van der Beck, qui m'avait donné passage dans son bateau, avait couru après eux toute la journée, et à minuit nous avons dû rechercher deux de mes hommes qui avaient disparu au dernier moment. Nous en trouvâmes un qui dînait dans sa propre maison, et plutôt ivre de ses libations d'arack d'adieu, mais l'autre traversa la baie, et nous fûmes obligés de partir sans lui. Nous restâmes quelques heures dans deux villages proches de l'extrémité est d'Amboyna, dans l'un desquels nous devions décharger du bois pour la maison des missionnaires, et le troisième après-midi nous atteignîmes la plantation du capitaine Van der Beck, située à Hatosua, dans cette partie de l' Amboyna . Ceram en face de l'île d'Amboyne. C'était une clairière dans une forêt plate et plutôt marécageuse, d'une superficie d'environ vingt acres, et principalement plantée de cacao et de tabac. Outre une petite chaumière occupée par les ouvriers, il y avait un grand hangar pour le séchage du tabac, dont un coin m'a été offert ; et pensant, d'après l'aspect de l'endroit, que je trouverais ici un bon terrain de rassemblement, j'installai des tables, des bancs et des lits temporaires, et fis tous les préparatifs pour un séjour de quelques semaines. Quelques jours pourtant me montrèrent que je devais être déçu. Les coléoptères étaient assez abondants et j'ai obtenu beaucoup de beaux Anthribidae à longues cornes et de jolis Longicorns , mais il s'agissait pour la plupart des mêmes espèces que celles que j'avais trouvées lors de ma première courte visite à Amboyna. Il y avait très peu de sentiers dans la forêt ; qui semblait pauvre en oiseaux et en papillons, et jour après jour mes hommes ne m'apportaient rien qui valait la peine d'être remarqué. Je fus donc bientôt obligé de songer à changer de localité, car je ne pouvais évidemment me faire une idée précise des productions de l'île presque entièrement inexplorée de Ceram en séjournant dans cet endroit.

Je regrettais un peu mon départ, car mon hôte était l'un des hommes les plus remarquables et des compagnons les plus divertissants que j'aie jamais rencontrés. Il était un éphémère de naissance et, comme tant de ses compatriotes, avait un merveilleux talent pour les langues. Lorsqu'il était très jeune, il avait accompagné un fonctionnaire du gouvernement envoyé pour rendre compte du commerce de la Méditerranée et avait acquis la langue familière de chaque endroit où ils séjournaient quelques semaines. Il avait ensuite fait des voyages à Saint-Pétersbourg et dans d'autres parties de l'Europe, y compris quelques semaines à Londres, puis il était revenu dans le passé, où il avait fait du commerce et spéculé pendant quelques années dans les différentes îles. Il parlait désormais néerlandais, français, malais et javanais, tous également bien ; L'anglais avec un très léger accent, mais avec une parfaite maîtrise, renfermait une connaissance très complète de l'idiome, dans lequel j'essayais souvent de l'intriguer en vain. L'allemand et l'italien lui étaient également très familiers, et sa connaissance des langues européennes comprenait le grec moderne, le turc, le russe ainsi que l'hébreu et le latin familiers. Pour tester sa puissance, je peux mentionner qu'il avait fait un voyage vers l'île isolée de Salibaboo et qu'il y était resté quelques semaines pour faire du commerce. Alors que je collectais des vocabulaires, il m'a dit qu'il pensait pouvoir se souvenir de certains mots et en a dicté un nombre considérable. Quelque temps après, j'ai rencontré une courte liste de mots notés dans ces îles, et dans tous les cas , ils étaient d'accord avec ceux qu'il m'avait donnés. Il avait l'habitude de chanter une chanson à boire en hébreu, qu'il avait apprise de certains Juifs avec lesquels il avait voyagé autrefois, et qu'il étonnait en se joignant à leur conversation. les lieux qu'il avait visités.

Dans la plupart des villages de cette partie du Ceram se trouvent des écoles et des maîtres d'école indigènes, et les habitants sont depuis longtemps convertis au christianisme. Dans les plus grands villages il y a des missionnaires européens ; mais il y a peu ou pas de différence extérieure entre les villages chrétiens et alfuro , ni, autant que je l'ai vu, entre leurs habitants. Les gens semblent plus résolument papous que ceux de Gilolo . Ils sont de couleur plus foncée et un certain nombre d'entre eux ont les cheveux crépus papous ; leurs traits sont également durs et saillants, et les femmes en particulier sont beaucoup moins engageantes que celles de la race malaise. Le capitaine Van der Beck ne se lassait pas de traiter les habitants de ces villages chrétiens de voleurs, de menteurs et d'ivrognes, en plus d'être d'une paresse incorrigible. Dans la ville d'Amboyna, mes amis les docteurs Mohnike et Doleschall , ainsi que la plupart des résidents et commerçants européens, ont formulé exactement la même plainte et préféreraient avoir des mahométans pour serviteurs, même s'ils étaient des condamnés, plutôt que n'importe lequel des chrétiens indigènes. Une grande cause en est que, chez les mahométans , la tempérance fait partie de leur religion et est devenue une telle habitude que pratiquement la règle n'est jamais transgressée. Une source fertile de besoin et une grande incitation à l'oisiveté et au crime sont donc présentes dans une classe, mais absentes dans l'autre ; mais en plus de cela, les chrétiens se considèrent comme presque égaux aux Européens, qui professent la même religion, et de loin supérieurs aux adeptes de l'Islam, et sont donc enclins à mépriser le travail et à s'efforcer de vivre du commerce ou de cultiver leur propre terre. Il est à peine besoin de dire que chez les gens dans ce bas état de civilisation, la religion est presque entièrement cérémoniale et que ni les doctrines du christianisme ne sont comprises, ni ses préceptes moraux ne sont respectés. En même temps, d'après ma propre expérience, j'ai trouvé la meilleure classe d'« Orang Sirani » aussi civile, obligeante et travailleuse que les Malais, et seulement inférieure à eux par leur tendance à s'enivrer.

Ayant écrit au résident adjoint de Saparua (qui a juridiction sur la partie opposée de la côte de Ceram) pour obtenir un bateau pour poursuivre mon voyage, j'en reçus un un peu plus grand que nécessaire avec un équipage de vingt hommes. Je fis donc adieu à mon aimable ami le capitaine Van der Beck, et partis le soir après son arrivée pour le village d' Elpiputi , que nous atteignîmes en deux jours. J'avais l'intention de rester ici, mais n'aimant pas l'apparence de l'endroit, qui semblait n'avoir aucune forêt vierge à proximité, j'ai décidé de continuer environ douze milles plus loin dans la baie d'Amahay, jusqu'à un village récemment formé et habité par des indigènes. de l'intérieur, et où de vastes plantations de cacao étaient en cours de réalisation par quelques messieurs d'Amboyna. J'atteignis l'endroit (appelé Awaiya) le même après-midi et, avec l'aide de M. Peters (le directeur des plantations) et du chef indigène, j'obtins une petite maison, déposai toutes mes affaires à terre et payai et déchargeai mes vingt dollars. des bateliers, dont deux m'avaient presque rendu fou en battant des tam-tams pendant tout le voyage.

J'ai trouvé ici les gens à peu près dans l'état de nature et marchant presque nus. Les hommes portent leurs cheveux crépus rassemblés en un nœud circulaire plat sur la tempe gauche, qui a un air très complice, et dans leurs oreilles des cylindres de bois épais comme le doigt, et colorés de rouge aux extrémités. Des brassards et des bracelets de cheville en herbe tressée ou en argent, avec des colliers de perles ou de petits fruits, complètent leur tenue. Les femmes portent des ornements similaires, mais ont les cheveux détachés. Tous sont grands, avec une peau brun foncé et une physionomie papoue bien marquée . Il y a un maître d'école d'Amboyna dans le village et un bon nombre d'enfants vont à l'école chaque matin. Ceux des habitants qui sont devenus chrétiens peuvent être reconnus par le fait qu'ils portent leurs cheveux détachés et adoptent dans une certaine mesure le pantalon de costume chrétien indigène et une chemise ample. Très peu parlent le malais, tous ces villages côtiers ayant été formés récemment en incitant les indigènes à quitter l'intérieur inaccessible. Dans toute la partie centrale de Ceram, il ne reste qu'un seul village peuplé dans les montagnes. Vers l'est et l'extrême ouest se trouvent quelques autres, à l'exception desquels tous les habitants de Ceram sont rassemblés sur la côte. Dans les districts du nord et de l'est, ils sont pour la plupart mahométans , tandis que sur la côte sud-ouest, la plus proche d'Amboyna, ce sont des chrétiens de nom. Dans toute cette partie de l'archipel, les Hollandais font des efforts très louables pour améliorer la condition des aborigènes en établissant dans chaque village des maîtres d'école (qui sont pour la plupart originaires d'Amboyna ou de Saparua, qui ont été instruits par les missionnaires résidents) et en employant des maîtres d'école. vaccinateurs autochtones pour prévenir les ravages de la variole. Ils encouragent également l'installation des Européens et la formation de nouvelles plantations de cacao et de café, un des meilleurs moyens d'élever la condition des indigènes, qui obtiennent ainsi du travail à des salaires équitables et ont la possibilité d'acquérir quelque chose des goûts européens. et les habitudes.

Mes collections ici n'ont pas beaucoup mieux progressé qu'à mon ancienne station, sauf que les papillons étaient un peu plus nombreux, et de très belles espèces se trouvaient le matin sur la plage de la mer, assises si tranquillement sur le sable mouillé qu'elles pourrait être attrapé avec les doigts. C'est ainsi que mes enfants m'apportèrent de nombreux beaux spécimens de Papilios . Mais les coléoptères étaient rares, et les oiseaux encore plus, et je commençai à penser que les belles espèces que j'avais si souvent entendues trouver à Ceram devaient être entièrement confinées à l'extrémité orientale de l'île.

Quelques milles plus loin, au fond de la baie d' Amahay , se trouve le village de Makariki , d'où part un sentier indigène qui traverse toute l'île jusqu'à la côte nord. Mon ami M. Rosenberg, dont j'avais fait la connaissance en Nouvelle-Guinée, et qui était maintenant le surintendant du gouvernement de toute cette partie de Ceram, revint de Wahai , sur la côte nord, après avoir passé trois semaines à Awaiya , et me montra quelques beaux papillons qu'il avait obtenus sur les ruisseaux des montagnes de l'intérieur. Il m'indiqua un endroit vers le centre de l'île où il pensait que je pourrais avantageusement rester quelques jours. Je visitai donc Makariki avec lui le lendemain, et il chargea le chef du village de me fournir des hommes pour porter mes bagages et m'accompagner dans mon excursion. Comme les gens du village voulaient être chez eux le jour de Noël, il fallait commencer le plus tôt possible ; nous convînmes donc que les hommes seraient prêts dans deux jours, et je reviens prendre mes dispositions.

J'ai embarqué le moins de bagages possible pour un voyage de six jours, et le matin du 18 décembre nous avons quitté Makariki , avec six hommes portant mes bagages et leurs propres provisions, et un garçon d' Awaiya , qui avait l'habitude d'attraper des papillons. pour moi. J'ai laissé mes deux chasseurs d'Amboyna derrière moi pour tirer et écorcher tous les oiseaux qu'ils pouvaient pendant mon absence. En quittant le village, nous avons d'abord marché d'un bon pas pendant une heure à travers un sous-bois dense et enchevêtré, trempé par l'orage de la nuit précédente et plein de trous de boue. Après avoir traversé plusieurs petits ruisseaux, nous atteignîmes l'une des plus grandes rivières de Ceram, appelée Ruatan , qu'il fallut traverser. C'était à la fois profond et rapide. Les bagages furent d'abord pris en charge, colis par colis, sur la tête des hommes, l'eau arrivant presque jusqu'aux aisselles, puis deux hommes revinrent pour m'assister. L'eau était au-dessus de ma taille, et si forte que j'aurais certainement été emporté par les pieds si j'avais tenté de traverser seul ; et je fus étonné de voir comment les hommes purent me porter secours, puisque j'éprouvais la plus grande difficulté à redescendre mon pied une fois que je l'avais retiré du bas. La plus grande force et la plus grande puissance de préhension de leurs pieds, du fait qu'ils allaient toujours pieds nus, leur donnaient sans aucun doute une assise plus sûre dans l'eau rapide.

Après avoir bien essoré nos vêtements mouillés et les avoir enfilés, nous avons repris le long d'une étroite piste forestière semblable à celle d'avant, encombrée de feuilles pourries et d'arbres morts, et dans les parties les plus ouvertes envahies par une végétation enchevêtrée. Une autre heure nous amena à un petit ruisseau coulant dans un large lit de gravier, sur lequel se trouvait notre route. Nous restâmes là une demi-heure pour déjeuner, puis continuâmes notre route, traversant continuellement le ruisseau ou marchant sur ses rives pierreuses et graveleuses, jusqu'à environ midi, où il devint rocheux et entouré de collines basses. Un peu plus loin, nous entrâmes dans une gorge de montagne régulière, et nous devions escalader des rochers, et à chaque instant traverser et retraverser l'eau, ou prendre des raccourcis à travers la forêt. C'était un travail fatigant ; et vers trois heures de l'après-midi, le ciel étant couvert et le tonnerre dans les montagnes annonçant l'approche d'un orage, nous avons dû chercher un emplacement de camping et avons atteint peu après l'un des anciens emplacements de M. Rosenberg. Le squelette de sa petite cabane pour dormir est resté, et mes hommes ont coupé des feuilles et ont construit un toit en toute hâte au moment où la pluie commençait. Les bagages étaient recouverts de feuilles, et les hommes s'abritèrent autant qu'ils purent jusqu'à ce que la tempête soit passée, moment auquel une crue descendit la rivière, ce qui arrêta effectivement notre marche, même si nous voulions continuer. Nous allumâmes alors des feux ; J'ai préparé du café, mes hommes ont rôti leur poisson et leurs plantains, et dès la nuit tombée, nous nous sommes installés confortablement pour la nuit.

Le lendemain matin, à six heures, nous fîmes trois heures de marche du même genre, pendant lesquelles nous traversâmes la rivière au moins trente ou quarante fois, l'eau étant généralement jusqu'aux genoux. Cela nous a amenés à un endroit où la route quittait le ruisseau, et ici nous nous sommes arrêtés pour prendre le petit déjeuner. Nous fîmes ensuite une longue marche à travers la montagne, par un sentier assez convenable, qui atteignait une altitude d'environ quinze cents pieds au-dessus de la mer. Ici, j'ai remarqué l'une des fougères arborescentes les plus petites et les plus élégantes que j'aie jamais vues, la tige étant à peine plus épaisse que mon pouce, atteignant pourtant une hauteur de quinze ou vingt pieds. J'ai également capturé un nouveau papillon du genre Pieris, ainsi qu'un magnifique spécimen femelle de Papilio. gambrisius , dont je n'avais jusqu'ici trouvé que les mâles, plus petits et de couleur très différente . En descendant l'autre côté de la crête, par un sentier très-escarpé, nous atteignîmes une autre rivière à un endroit qui est à peu près au centre de l'île, et qui devait être notre lieu de repos pendant deux ou trois jours. En quelques heures , mes hommes m'avaient construit un petit hangar pour dormir, d'environ huit pieds sur quatre, avec un banc de poteaux fendus, eux-mêmes occupant deux ou trois plus petits, qui avaient été érigés par d'anciens passagers.

La rivière avait ici une vingtaine de mètres de large, coulait sur un lit de galets et parfois de rochers, et était bordée de collines escarpées avec des zones marécageuses parfois plates entre leur base et le ruisseau. Le pays tout entier était une forêt vierge dense, ininterrompue, très humide et sombre. Juste à notre lieu de repos, il y avait une petite île couverte de buissons au milieu du canal, de sorte que l'ouverture dans la forêt faite par la rivière était plus large que d'habitude et laissait pénétrer quelques lueurs de soleil. Ici volaient plusieurs beaux papillons, dont le plus beau m'a cependant échappé, et je ne l'ai jamais revu pendant mon séjour. Pendant les deux jours et demi que nous restâmes ici, j'errai presque toute la journée le long du ruisseau, à la recherche de papillons, dont j'obtins en tout cinquante ou soixante spécimens, avec plusieurs espèces toutes nouvelles pour moi. Il y en avait bien d'autres que je n'ai vu qu'une seule fois et que je n'ai pas capturés, me faisant regretter de n'avoir aucun village dans ces vallées intérieures où je puisse rester un mois. Au petit matin de chaque matin , je sortais avec mon fusil à la recherche d'oiseaux, et deux de mes hommes restaient dehors presque toute la journée après les cerfs ; mais nous avons tous également échoué, n'obtenant absolument rien pendant tout notre séjour dans la forêt. Le seul bon oiseau observé était le beau lory Amboyna, mais ceux-ci étaient toujours trop hauts pour être abattus ; en outre, le grand calao des Moluques, dont je ne voulais pas, était presque le seul oiseau rencontré. Je n'ai vu pas une seule grive terrestre, ni un seul martin-pêcheur, ni un seul pigeon ; et, en fait, je n'ai jamais été dans une forêt aussi complètement déserte de vie animale qu'elle le paraissait. Même chez tous les autres groupes d'insectes, à l'exception des papillons, la même pauvreté régnait. J'avais espéré trouver des cicindèles rares, comme je l'avais fait dans des situations similaires à Célèbes ; mais, bien que j'aie cherché de près dans la forêt, le lit des rivières et les ruisseaux de montagne, je n'ai pu trouver que les deux espèces communes d'Amboyna. Il n'y avait absolument aucun autre coléoptère.

La marche constante dans l'eau, sur les rochers et les cailloux, a complètement détruit les deux paires de chaussures que j'avais emportées avec moi, de sorte qu'à mon retour, elles sont tombées en morceaux, et le dernier jour j'ai dû marcher très péniblement avec mes bas. , et je suis rentré chez moi tout boiteux. Au retour de Makariki , comme à l'aller, nous avons eu de la tempête et de la pluie en mer, et nous sommes arrivés à Awaiya tard dans la soirée, avec tous nos bagages trempés et nous-mêmes complètement mal à l'aise. Tout le temps que j'étais à Ceram, j'avais beaucoup souffert des piqûres irritantes d'un acare invisible, qui est pire que les moustiques, les fourmis et tous les autres parasites, car il est impossible de s'en prémunir. Ce dernier voyage dans la forêt m'a laissé couvert de la tête aux pieds de bosses enflammées, qui, après mon retour à Amboyna, ont provoqué une maladie grave, me confinant à la maison pendant près de deux mois, souvenir peu agréable de ma première visite à Ceram, qui s'est terminé en 1859.

Ce n'est que le 24 février 1860 que je repartis, avec l'intention de passer de village en village le long de la côte, en restant là où je trouvais une localité convenable. J'avais une lettre du gouverneur des Moluques, demandant à tous les chefs de me fournir des bateaux et des hommes pour me transporter dans mon voyage. Le premier bateau m'a emmené en deux jours à Amahay , de l'autre côté de la baie d' Awaiya . Le chef ici, ce qui est merveilleux à raconter, ne trouva aucune excuse pour son retard, mais ordonna immédiatement au bateau qui devait me transporter, de mettre mes bagages en réserve, d'installer le mât et les voiles après la tombée de la nuit, et de préparer les hommes le plus près possible. ; de sorte que nous étions en fait en route à cinq heures du matin le lendemain, une démonstration d'énergie et d'activité que je n'avais presque jamais vue auparavant chez un chef indigène en pareille occasion. Nous avons touché à Cepa et avons passé la nuit à Tamilan , les deux premiers villages mahométans de la côte sud de Ceram. Le lendemain, vers midi, nous atteignîmes Hoya, qui se trouvait aussi loin que mon bateau et mon équipage actuels allaient m'emmener. Le mouillage se trouve à environ un mile à l'est du village, qui fait face à des récifs coralliens, et il a fallu attendre la marée du soir pour monter et décharger le bateau dans l'étrange pavillon en bois pourri réservé aux visiteurs.

Il n'y avait pas ici de bateau assez grand pour prendre mes bagages ; et bien que deux auraient très bien fait, le Rajah insista pour en envoyer quatre. La raison pour laquelle j'en ai découvert était qu'il y avait quatre petits villages sous son règne, et qu'en envoyant un bateau de chacun, il éviterait la tâche difficile d'en choisir deux et de laisser partir les autres. On m'a dit que dans le village voisin de Teluti , il y avait beaucoup d' Alfuros et que je pourrais trouver une abondance de Tories et d'autres oiseaux. Le Rajah déclara qu'on y trouvait des Tories noirs et jaunes et des cacatoès noirs ; mais j'incline à penser qu'il savait très bien qu'il me mentait et que ce n'était qu'un plan pour me satisfaire de son projet de m'emmener dans ce village, au lieu d'un jour de voyage plus loin, comme je le souhaitais. Ici, comme dans la plupart des villages, on m'a demandé des esprits, les gens n'étant que de simples mahométans de nom , qui confinent presque entièrement leur religion au dégoût du porc et à quelques autres aliments interdits. Le lendemain matin, après beaucoup de peine, nous chargeâmes nos cargaisons et fûmes une promenade délicieuse à travers la baie profonde de Teluti , avec vue sur la grande chaîne de montagnes centrale de Ceram. Nos quatre bateaux étaient ramés par soixante hommes, avec des drapeaux flottants et des tam-tams, ainsi que des cris et des chants très vigoureux pour garder le moral. La mer était douce, la matinée lumineuse et toute la scène très exaltante. Au débarquement, les Orang-kaya et plusieurs des chefs, vêtus de magnifiques vestes de soie, attendaient pour nous recevoir et me conduisirent dans une maison préparée pour ma réception, où je résolus de rester quelques jours et de voir si le pays la ronde a produit quelque chose de nouveau.

Mes premières demandes concernaient les loris, mais je n'ai pu obtenir que très peu d'informations satisfaisantes. Les seules espèces connues étaient le lori à collier et le loriquet rouge et vert commun, tous deux communs à Amboyna. Les conservateurs noirs et les cacatoès étaient assez inconnus. Les Alfuros résidaient dans les montagnes à cinq ou six jours de route, et il n'y avait qu'un ou deux oiseaux vivants dans le village, et ceux-ci ne valaient rien. Mes chasseurs ne purent attraper que quelques oiseaux communs ; et malgré de belles montagnes, des forêts luxuriantes et une localité située à cent milles à l'est, je n'ai pu trouver aucun nouvel insecte, et même un très petit nombre d'espèces communes d'Amboyna et de West Ceram. Il était évidemment inutile de s'arrêter à un tel endroit et j'étais déterminé à repartir le plus tôt possible.

Le village de Teluti est peuplé, mais dispersé et très sale. Les sagoutiers couvrent ici le flanc de la montagne, au lieu de pousser comme d'habitude dans les bas marécages ; mais un examen plus attentif montre qu'ils poussent dans des zones marécageuses, qui se sont formées parmi les roches meubles qui couvrent le sol, et qui sont constamment maintenues pleines d'humidité par les pluies et par l'abondance des ruisseaux qui coulent entre elles. Ce sagou constitue presque toute la subsistance des habitants, qui semblent ne cultiver que quelques petites parcelles de maïs et de patates douces. D'où, comme nous l'avons expliqué précédemment, la rareté des insectes. L'Orang-kaya a de beaux vêtements, de belles lampes et d'autres produits européens coûteux, mais vit chaque jour de sagou et de poisson aussi misérablement que les autres.

Après trois jours dans ce lieu aride , je partis le 6 mars au matin, dans deux bateaux de même taille que ceux qui m'avaient amené à Teluti . Avec quelques difficultés, j'avais obtenu la permission de conduire ces bateaux à Tobo , où j'avais l'intention de rester un certain temps, et je m'y mis donc assez rapidement, changeant d'homme au village de Laiemu et arrivant sous une forte pluie à Ahtiago . Comme il y avait beaucoup de vagues ici, et probablement davantage si le vent soufflait fort pendant la nuit, nos bateaux ont été arrêtés sur la plage ; et après avoir soupé chez les Orang-kaya et écrit un vocabulaire de la langue des Alfuros , qui vivent dans les montagnes de l'intérieur, je retournai dormir dans le bateau. Le lendemain matin , nous avons changé d'hommes à Warenama , puis de nouveau à Hatometen , où il y avait beaucoup de vagues et pas de port , de sorte que les hommes ont dû descendre à terre et monter à bord à la nage. Arrivé le 7 mars au soir à Batuassa , premier village appartenant au Rajah de Tobo , et sous le gouvernement de Banda, les vagues étaient très fortes, en raison d'une forte houle d'ouest. Nous contournâmes donc la pointe rocheuse sur laquelle était situé le village, mais ne trouvâmes guère mieux de l'autre côté. Nous fûmes cependant obligés de descendre à terre ici ; et attendant que les gens sur la plage aient fait leurs préparatifs, en plaçant une rangée de rondins du bord de l'eau sur lesquels hisser nos bateaux, nous avons ramé aussi vite que possible directement vers eux, après avoir observé jusqu'à ce que les vagues les plus fortes soient passées. . Au moment où nous avons touché terre, nos hommes ont tous sauté et, aidés par ceux à terre, ont tenté de hisser le bateau haut et au sec, mais n'ayant pas suffisamment de mains, les vagues se sont brisées à plusieurs reprises sur la poupe. Cependant, l'inclinaison de la plage empêchait tout dommage de se produire, et l'autre bateau, chargé des deux équipages, fut relevé sans difficulté.

Le lendemain matin, l'eau étant basse, les brisants étaient à une certaine distance du rivage, et nous avons dû guetter un moment calme après avoir amené les bateaux au bord de l'eau, et avons ainsi pris le large en toute sécurité. Dans les deux villages suivants, Tobo et Ossong , nous avons également accueilli des hommes frais, qui sont venus nager à travers les vagues ; et à ce dernier endroit le Rajah monta à bord et m'accompagna à Kissalaut , où il possède une maison qu'il m'a prêtée pendant mon séjour. Là encore, il y avait de fortes vagues, et ce fut avec beaucoup de difficulté que nous avons réussi à hisser les bateaux en toute sécurité. A Amboyna, on m'avait promis en cette saison une mer calme et du vent au large, mais dans ce cas, comme dans tout autre, je n'avais pu obtenir aucune information fiable sur les vents et les saisons des lieux éloignés de deux ou trois jours. ' voyage. Il semble cependant qu'en raison de la direction générale de l'île de Ceram (ESE et WNW), il y ait de fortes vagues et pratiquement aucun abri sur la côte sud pendant la mousson d'ouest, alors que seul un voyage vers l'est peut être effectué en toute sécurité. fait; tandis que pendant la mousson de l'Est, lorsque je proposais de retourner le long de la côte nord jusqu'à Wahai , je trouverais probablement cela tout aussi exposé et dangereux. Mais bien que la direction générale de la mousson d'ouest dans la mer de Banda provoque une forte houle, avec de mauvaises vagues sur la côte, nous n'avons cependant que peu d'avantages sur le vent ; car, en raison, je suppose, des nombreuses baies et promontoires, nous avions des vents contraires du sud-est ou même pleins est pendant tout le trajet, et nous avons dû parcourir presque toute la distance depuis Amboyna à force d'aviron. Nous avions donc tous les inconvénients, et aucun des avantages, de cette mousson d'ouest, dont on me disait qu'elle m'assurerait un voyage rapide et agréable.

Je n'ai été retenu à Kissa-laut que quatre semaines, bien qu'après les trois premiers jours j'ai vu qu'il serait tout à fait inutile pour moi de rester, et j'ai supplié le Rajah de me donner un prau et des hommes pour me transporter à Goram . Mais au lieu d'en avoir un à portée de main, il insista pour s'éloigner de plusieurs milles ; et quand, après bien des retards, il arriva enfin, il était tout à fait inapproprié et trop petit pour porter mes bagages. On ordonna alors d'en apporter un autre immédiatement, et on nous le promit dans trois jours, mais c'était faisable car le temps s'écoulait et aucun ne parut, et nous fûmes enfin obligés d'en obtenir un au village voisin, où il aurait pu être beaucoup plus facile de l'obtenir à d'abord. Puis vinrent les travaux de calfatage et de recouvrement, et les querelles entre le propriétaire et les hommes du Rajah, qui durent encore plus de dix jours, pendant lesquels je ne recevais absolument rien, trouvant cette partie de Ceram un désert parfait en zoologie, bien qu'un des plus beaux paysages. campagne, et avec une végétation très luxuriante. C'était une énigme complète, que je n'ai pas pu comprendre jusqu'à ce jour ; la seule chose que j'ai obtenue qui mérite d'être remarquée pendant mon séjour d'un mois ici, ce sont quelques bons obus terrestres.

Enfin, le 4 avril, nous parvînmes à nous éloigner dans notre petit bateau d'environ quatre tonnes, dans lequel mes nombreux cartons étaient difficilement emballés pour sortir de la chambre à coucher et de la glacière. L'engin ne pouvait se vanter d'avoir une once de fer ou un pied de corde dans aucune partie de sa construction, ni un morceau de poix ou de peinture dans sa décoration. Les planches étaient fixées ensemble de la manière ingénieuse habituelle avec des piquets et des rotins. Le mât était un triangle de bambou, ne nécessitant aucun hauban et portant une longue voile en natte ; deux gouvernails étaient accrochés aux quartiers par des rotins, l'ancre était en bois et en rotin long et épais ; servait de câble. Notre équipage était composé de quatre hommes, dont les poteaux mesuraient environ trois pieds sur quatre à l'avant et à l'arrière, avec le toit de chaume en pente sur lequel ils pouvaient s'étendre pour changer. Nous avions près de cent milles à parcourir, entièrement exposés à la houle de la mer de Banda , qui est parfois très considérable ; mais heureusement, nous avons eu un temps calme et tranquille, de sorte que nous avons fait le voyage dans un confort relatif.

Le deuxième jour, nous passâmes l'extrémité orientale de Ceram, formée d'un groupe de collines calcaires bosselées ; et, en passant par les îles de Kwammer et de Keffing , toutes deux densément peuplées, j'arrivai en vue de la petite ville de Kilwaru , qui semble s'élever hors de la mer comme une Venise rustique. Cet endroit a vraiment une apparence des plus extraordinaires, car on n'y voit pas une parcelle de terre ou de végétation, mais au loin, en mer, un grand village semble flotter sur l'eau. Il y a bien sûr une petite île de plusieurs acres de superficie ; mais les maisons sont si serrées tout autour, sur pilotis dans l'eau, qu'elles sont complètement cachées. C'est un lieu de grand trafic, car c'est l'entrepôt d'une grande partie des produits de ces mers orientales, et c'est la résidence de nombreux commerçants Bugis et Ceramese , et semble avoir été choisi en raison de sa proximité du seul canal profond entre les vastes bancs de Ceramlaut et ceux bordant l'extrémité est de Ceram. Nous avions maintenant des vents contraires d'est et étions obligés de naviguer au-dessus des récifs coralliens peu profonds de Ceramlaut pendant près de trente milles. Le seul danger de notre voyage était juste à sa fin, car alors que nous ramions vers Manowolko , le plus grand du groupe Goram , nous fûmes entraînés si rapidement par un fort courant d'ouest, que j'étais presque certain à un moment donné que nous passerions. hors de l'île ; auquel cas notre situation eût été à la fois désagréable et dangereuse, car, avec le vent d'est qui venait de se lever, nous aurions pu ne pas pouvoir revenir avant plusieurs jours, et nous n'avions pas un jour d'eau à bord. Au moment critique, je donnai à mes hommes quelques esprits forts, qui remirent une nouvelle vigueur dans leurs bras et nous arrachèrent à l'influence du courant avant qu'il ne soit trop tard.

MANOWOLKO, GROUPE GORAM.

En arrivant à Manowolko , nous trouvâmes que le Rajah était sur l'île opposée de Goram ; mais on le fit immédiatement appeler, et entre-temps on nous donna un grand hangar pour notre logement. La nuit, le Rajah est venu, et le lendemain, j'ai reçu sa visite et j'ai découvert, comme je m'y attendais, que j'avais déjà fait sa connaissance trois ans auparavant à Aru. Il était très amical et nous avons eu une longue conversation ; mais lorsque je lui demandai un bateau et des hommes pour m'emmener à Ke , il me fit beaucoup de difficultés. Il n'y avait pas de praus, car tous étaient partis à Ke ou à Aim ; et même si l'on en trouvait un, il n'y avait pas d'hommes, car c'était la saison où tous étaient partis faire du commerce. Mais il m'a promis de s'en occuper, et j'ai été obligé d'attendre. Pendant les deux ou trois jours suivants, on discuta davantage et on souleva d'autres difficultés, et j'eus le temps d'examiner l'île et ses habitants.

Manowolko a une longueur d'environ quinze milles et n'est qu'un simple ; récif de corail surélevé. À deux ou trois cents mètres à l'intérieur des terres s'élèvent des falaises de roche corallienne, dans de nombreuses régions perpendiculaire et d'une hauteur de cent ou deux cents pieds ; et ceci, m'a-t-on dit, est caractéristique de toute l'île, dans laquelle il n'y a aucune autre sorte de rocher ni aucun cours d'eau. Quelques fissures et gouffres fournissent des chemins jusqu'au sommet de ces falaises, où se trouve un pays ouvert et vallonné, dans lequel se trouvent les principaux potagers des habitants.

Les habitants d'ici, du moins les chefs, étaient d'une race malaise beaucoup plus pure que les mahométans du continent de Ceram, ce qui est peut-être dû au fait qu'il n'y avait aucun indigène sur ces petites îles lorsque les premiers colons sont arrivés. A Ceram, les Alfuros de race papoue sont le type prédominant, la physionomie malaise étant rarement bien marquée ; tandis qu'ici, c'est l'inverse qui se produit, et une légère infusion de papou sur un mélange de malais et de bugis a produit un ensemble de personnes très belles. La classe inférieure de la population est presque entièrement composée d'indigènes de l'île adjacente. C'est une belle race, avec des traits papous fortement marqués, des cheveux crépus et un teint brun. La langue goram est également parlée à l'extrémité est de Ceram et dans les îles adjacentes. Il a une ressemblance générale avec les langues du Céram, mais possède un élément particulier que je n'ai pas rencontré dans les autres langues de l'archipel.

Après beaucoup de retard, compte tenu de l'importance de chaque jour à cette époque de l'année, on trouva un misérable bateau et cinq hommes, et j'y rangeai avec quelque difficulté les bagages qu'il m'était absolument nécessaire d'emporter, laissant à peine assis ou assis. chambre à coucher. Les qualités de navigation du bateau étaient très vantées, et on m'assurait qu'en cette saison un petit bateau avait beaucoup plus de chances de réussir le voyage. Nous avons d'abord longé l'île, atteignant son extrémité est le lendemain matin (11 avril), et avons trouvé un fort vent de SO qui soufflait, ce qui nous a juste permis de faire escale vers les îles Matabello , sur une distance d'un peu moins de vingt milles. Je n'aimais pas beaucoup l'aspect du ciel lourd et de la mer plutôt agitée, et mes hommes étaient très réticents à tenter le coup ; mais comme nous ne pouvions guère espérer une meilleure chance, j'ai insisté pour essayer. Le tangage et les secousses de notre petit bateau me réduisirent bientôt à un état d'impuissance misérable, et je m'allongeai, résigné à tout ce qui pourrait arriver. Au bout de trois ou quatre heures, on m'a dit que nous avions presque fini ; mais quand je me levai, deux heures plus tard, au moment où le soleil se couchait, je m'aperçus que nous étions encore à bonne distance de la pointe, à cause d'un fort courant qui était depuis quelque temps contre nous. La nuit tombait et le vent tendait plus vers l'avant, nous avons donc dû mettre les voiles. Puis le calme est venu, et nous avons ramé et navigué selon l'occasion ; et il était quatre heures du matin lorsque nous atteignîmes le village de Kisslwoi , n'ayant pas fait plus de trois milles au cours des douze dernières heures.

ÎLES MATABELLO.

À l'aube, j'ai découvert que nous l'étions ; dans un beau petit port , formé par un récif de corail, à environ deux cents mètres du rivage, et parfaitement à l'abri de tous les vents. N'ayant rien mangé depuis la veille matin, nous préparâmes confortablement notre déjeuner à terre, et partîmes vers midi, longeant les deux îles de ce groupe, qui se trouvent sur la même ligne et sont séparées par un chenal étroit. Les deux semblent entièrement formés de roches coralliennes surélevées ; mais ils ont subi un affaissement postérieur, comme rasé par la barrière de corail qui s'étend tout le long d'eux à des distances variables du rivage. Ce récif n'est parfois marqué que par un. ligne de brisants quand il y a une petite houle sur la mer ; en d'autres endroits, il y a une crête de corail mort au-dessus de l'eau, qui est çà et là assez haute pour supporter quelques buissons bas. C'était le premier exemple que j'avais rencontré d'une véritable barrière de corail due à un affaissement, comme l'a si clairement démontré M. Darwin. Dans un archipel abrité, on les distinguera rarement, à cause de l'absence de ces énormes vagues et de ces brisants qui, dans le vaste océan, dressent une barrière de corail brisé bien au-dessus de la laisse habituelle des hautes eaux, alors qu'ici, ils remontent rarement à la surface.

En arrivant à l'extrémité de l'île du sud, appelée Uta, nous attendîmes pendant deux jours un vent qui nous permettrait de passer à l'île suivante, Teor , et je commençai à désespérer de jamais atteindre Ke , et je décidai de revenir. Nous sommes partis avec un vent du sud, qui s'est soudainement tourné vers le nord-est, et m'a incité à tourner de nouveau vers le sud dans l'espoir que ce soit le début de quelques jours de temps favorable . Nous avons très bien navigué en direction de Teor pendant environ une heure, après quoi le vent est passé au WSW., et nous avons été poussés beaucoup hors de notre route, et à la tombée de la nuit nous nous sommes retrouvés en pleine mer, et à dix milles sous le vent. de notre destination. Mes hommes étaient maintenant tous très effrayés, car si nous continuions, nous pourrions être un. semaine en mer dans notre petit bateau open, chargé presque jusqu'au bord de l'eau ; ou nous pourrions dériver vers la côte de Nouvelle-Guinée, auquel cas nous serions très probablement tous assassinés. Je ne pouvais nier ces probabilités, et bien que je leur ai montré que nous ne pouvions pas revenir à notre point de départ avec le vent tel qu'il était, ils ont insisté pour revenir. Nous nous déplaçâmes donc et constatâmes que nous ne pouvions pas nous approcher plus près d'Uta que de Teor ; cependant, par grande chance, vers dix heures, nous atteignîmes une petite île de corail et restâmes sous le vent jusqu'au matin, lorsqu'un changement de vent favorable nous ramena à Uta, et dans la soirée (18 avril) nous atteignîmes notre premier mouillage à Matabello , où je décide de rester quelques jours, puis de retourner à Goram . C'est avec beaucoup de regret que j'ai renoncé à mon voyage à Ke et aux îles intermédiaires, que j'avais attendu avec impatience pour compenser ma déception à Ceram, car ma courte visite lors de mon voyage à Aru m'avait produit tant de choses rares. et de beaux insectes.

Les indigènes de Matabello sont presque entièrement occupés à fabriquer de l'huile de coco , qu'ils vendent aux commerçants Bugis et Goram , qui la transportent à Banda et à Amboyna. La roche corallienne accidentée semble très favorable à la croissance du cocotier, qui abonde sur toute l'île jusqu'aux points les plus élevés, et produit des fruits toute l'année. On y trouve également de grandes quantités d'arec ou de palmier à bétel, dont les noix sont tranchées, séchées et broyées en une pâte très utilisée par les Malais et les Papous qui mâchent le bétel. Tous les petits enfants d'ici, même ceux qui savent courir seuls, portaient entre leurs lèvres une masse de pâte rouge vilaine, ce qui est encore plus dégoûtant que de les voir au même âge fumer des cigares, ce qui est très courant avant même qu'ils sont sevrés. Les noix de coco, les patates douces, un gâteau de sagou occasionnel et les noix de rebut après que l'huile a été extraite par ébullition, constituent la principale nourriture de ces gens ; et l'effet de cette alimentation pauvre et malsaine se voit dans la fréquence des éruptions cutanées et des maladies de peau, et dans les nombreuses plaies qui défigurent le visage des enfants.

Les villages sont situés sur des pics coralliens hauts et escarpés, accessibles uniquement par des sentiers étroits et escarpés, avec des échelles et des ponts au-dessus de gouffres béants. Ils sont sales avec des coques pourries et des déchets d'huile, et les huttes sont sombres, grasses et extrêmement sales. Les gens sont de misérables sauvages, laids et sales, vêtus de haillons inchangés et vivant de la manière la plus misérable, et comme chaque goutte d'eau douce doit être remontée de la plage, on ne pense jamais à se laver ; pourtant, ils sont en réalité riches et ont les moyens d'acheter tout le nécessaire et le luxe de la vie. Les volailles sont abondantes et des œufs m'ont été donnés chaque fois que je visitais les villages, mais ils ne sont jamais mangés, étant considérés comme des animaux de compagnie ou comme une marchandise. Presque toutes les femmes portent d'énormes boucles d'oreilles en or et dans chaque village il y a des dizaines de petits canons en bronze qui traînent sur le sol, bien qu'ils coûtent en moyenne peut-être 10 £ pièce . Les chefs de chaque village sont venus me rendre visite, vêtus de robes de soie et de satin fleuri, bien que leurs maisons et leur nourriture quotidienne ne soient pas meilleures que celles des autres habitants. Quel contraste entre ces gens-là et des sauvages comme les meilleures tribus de Bill ! Les Dyaks de Bornéo, ou les Indiens des Uaupes d'Amérique du Sud, vivant sur les rives de ruisseaux clairs, propres dans leur personne et dans leurs maisons, avec une abondance de nourriture saine, et manifestant son effet dans la santé des tibias et la beauté de la forme et du trait ! Il y a en fait presque autant de différence entre les diverses races de peuples sauvages que de peuples civilisés, et nous pouvons affirmer avec certitude que les meilleurs spécimens des premiers sont de beaucoup supérieurs aux exemples inférieurs de la seconde classe.

L'un des rares luxes de Matabello est le vin de palme ; qui est la sève fermentée des taches florales du filet de cacao. C'est en réalité une boisson très souris, qui ressemble plus au cydre qu'à la bière, quoique tout aussi enivrante que cette dernière. Les jeunes noix de coco sont également très abondantes, de sorte que partout dans l'île, il suffit de parcourir quelques mètres pour trouver une délicieuse boisson en grimpant à un arbre. C'est l'eau du jeune fruit qu'on boit, avant que la pulpe ait durci ; elle est alors plus abondante, claire et rafraîchissante, et la fine couche de pulpe gélatineuse est considérée comme un luxe de régal. L'eau des noix de coco bien brunes est toujours jetée comme imbuvable, quoiqu'elle soit délicieuse en comparaison de celle des vieilles noix sèches que l' on trouve seules dans ce pays. La pulpe de cacao ne me plaisait pas au début ; mais les fruits sont si rares, sauf à certaines saisons, qu'on apprend vite à apprécier tout ce qui est fruité.

Beaucoup d'Européens ont l'impression que les fruits au goût délicieux abondent dans les forêts tropicales, et ils seront sans doute surpris d'apprendre que les fruits véritablement sauvages de cet archipel luxuriant et luxuriant, dont la végétation rivalise avec celle de n'importe quel autre partie du monde, sont dans presque toutes les îles inférieures en abondance et en dualité à celles de la Grande-Bretagne. On trouve en quelques endroits des fraises des bois et des framboises, mais ce sont des choses si pauvres et insipides qu'elles valent à peine la peine d'être mangées, et il n'y a rien de comparable à nos mûres et à nos myrtilles. La noix de Kanary peut être considérée comme égale à une noisette, mais je n'ai rencontré rien d'autre de supérieur à nos crabes, à nos faines, à nos faines, à nos prunes sauvages et à nos glands ; des fruits qui seraient très appréciés par les indigènes de ces îles et formeraient une partie importante de leur subsistance. Tous les beaux fruits tropicaux sont autant cultivés que nos pommes, pêches et prunes, et leurs prototypes sauvages, lorsqu'ils sont trouvés, sont généralement soit insipides, soit immangeables.

Les habitants de Matabello , comme ceux de la plupart des villages mahométans de Ceram oriental et de Goram , m'ont beaucoup amusé par leurs idées étranges sur la guerre russe. Ils croient que les Russes ont non seulement été complètement battus par les Turcs, mais qu'ils ont été absolument vaincus et tous convertis à l'islamisme ! Et ils peuvent difficilement être convaincus que tel n'est pas le cas et que sans l'aide de la France et de l'Angleterre, le pauvre monde des Sultans s'en serait mal sorti. Une autre de leurs motions est que les Turcs sont le peuple le plus grand et le plus fort du monde, en fait une race de géants ; qu'ils mangent d'énormes quantités de viande et qu'ils constituent une nation des plus féroces et irrésistibles. D'où ont pu naître de telles opinions étrangement incorrectes, il est difficile de comprendre, à moins qu'elles ne proviennent de prêtres arabes ou de hadjis revenus de La Mecque, qui ont peut-être entendu parler des anciennes prouesses des armées turques lorsqu'elles faisaient trembler toute l'Europe, et supposent que leur caractère et leur capacité guerrière doivent être les mêmes à l'heure actuelle.

GORAM

Un vent constant du sud-est s'étant installé, nous retournâmes à Manowolko le 25 avril et passâmes le lendemain à Ondor , le chef-village de Goram .

Autour de cette île s'étend, avec quelques interruptions, un récif de corail encerclant à environ un quart de mille du rivage, visible comme une bande d'eau vert pâle, mais seulement aux marées descendantes les plus basses montrant tout rocher au-dessus de la surface. Il y a plusieurs entrées profondes à travers ce récif, et à l'intérieur il y a un mouillage de capot par tous les temps. Le terrain s'élève graduellement jusqu'à une hauteur modérée, et de nombreux petits ruisseaux descendent de tous côtés. La simple existence de ces cours d'eau prouverait que l'île n'était pas entièrement corallienne, car dans ce cas toute l'eau coulerait à travers la roche poreuse, comme c'est le cas à Manowolko et à Matabello ; mais nous en avons une preuve plus positive dans les cailloux et les pierres de leurs lits, qui présentent une variété de roches cristallines stratifiées. À environ cent mètres de la plage s'élève un mur de roches coralliennes, haut de dix à vingt pieds, au-dessus duquel se trouve une surface ondulée de corail accidenté, qui descend vers l'intérieur, puis, après une légère ascension, est délimitée par un deuxième mur de corail. corail. Des murs similaires se trouvent plus haut et du corail se trouve sur la partie la plus élevée de l'île.

Cette structure particulière nous enseigne qu'avant la formation du corail, la terre existait à cet endroit ; que cette terre s'enfonçait graduellement sous les eaux, mais avec des intervalles de repos, pendant lesquels des récifs encerclants se formaient autour d'elle à différentes altitudes ; qu'il s'est alors élevé au-dessus de son élévation actuelle et qu'il est maintenant en train de s'enfoncer de nouveau. Nous déduisons cela parce que les récifs encerclants sont une preuve d'affaissement ; et si l'île était encore élevée d'une centaine de pieds, ce qui est aujourd'hui le récif et la mer peu profonde à l'intérieur formeraient un mur de roches coralliennes et une plaine corallienne ondulante, exactement semblable à celles qui existent encore à diverses altitudes jusqu'à l'océan. sommet de l'île. Nous apprenons aussi que ces changements ont eu lieu à une époque relativement récente, car la surface du corail n'a guère souffert de l'action du temps, et des centaines de coquillages, ressemblant exactement à ceux qu'on trouve encore sur la plage, et beaucoup d'autres celles-ci conservant leur éclat et même leur couleur , sont disséminées sur la surface de l'île jusqu'à proximité de son sommet.

si le groupe Goram faisait initialement partie de la Nouvelle-Guinée ou du Ceram, et ses productions jetteront peu de lumière sur la question de savoir si, comme je le suppose, les îles ont été entièrement submergées à l'époque des espèces d'espèces existantes. les animaux, car dans ce cas, il doit sa faune et sa flore actuelles à une immigration récente des terres environnantes ; et avec cette vue sa pauvreté en espèces s'accorde très bien. Elle possède beaucoup de points communs avec East Ceram, mais présente en même temps beaucoup de ressemblance avec les îles Ke et Banda. Le beau pigeon, Carpophaga concinna , habite Ke , Banda, Il- Iatabello et Goram , et est remplacée par une espèce distincte, C. négligéa , à Ceram. Les insectes de ces quatre îles ont aussi un faciès commun , faits qui semblent indiquer qu'une terre plus étendue a récemment disparu de la zone qu'elles occupent actuellement et leur a fourni quelques-unes de ses productions particulières.

Le peuple Goram (au sein duquel je suis resté un mois) est une race de commerçants. Chaque année, ils visitent les îles Tenimber , Ke et Aru, toute la côte nord-ouest de la Nouvelle-Guinée depuis Oetanata jusqu'à Salwatty , ainsi que l'île de Waigiou et Mysol . Ils étendent également leurs voyages jusqu'à Tidore et Ternate, ainsi qu'à Banda et Amboyna. Leurs praus sont tous fabriqués par cette merveilleuse race de constructeurs de bateaux, les insulaires de Ke , qui fabriquent chaque année quelques centaines de bateaux, grands et petits, qui peuvent à peine être surpassés pour la beauté de la forme et la qualité de l'exécution. Ils font principalement le commerce du tripang , l'écorce médicinale de mussoi , de la muscade sauvage et de l'écaille de tortue, qu'ils vendent aux commerçants Bugis à Ceramlaut ou Aru, peu d'entre eux prenant soin de prendre leurs produits. vers tout autre marché. À d'autres égards , c'est une race paresseuse, vivant très pauvrement et très adonnée à la consommation d'opium. Les seuls produits manufacturés indigènes sont des nattes à voile, des tissus de coton grossier et des boîtes en feuilles de pandanus, joliment teintées et ornées de coquillages.

Dans l'île de Goram , longue de huit ou dix milles seulement, il y a environ une douzaine de Rajahs, à peine mieux lotis que le reste des habitants, et n'exerçant qu'une simple influence nominale, sauf lorsqu'un ordre est reçu du gouvernement hollandais, lorsque, étant soutenus par une puissance supérieure, ils font preuve d'une autorité un peu plus stricte . Mon ami le Rajah d' Ammer (communément appelé Rajah de Goram) m'a dit qu'il y a quelques années, avant que les Hollandais ne s'immiscent dans les affaires de l'île, le commerce ne se faisait pas aussi pacifiquement qu'aujourd'hui, les praus rivaux se battant souvent lorsque en route vers la même localité, ou en trafic dans le même village. Or, on ne pense jamais à une telle chose — c'est l'un des bons effets de la surveillance d'un gouvernement civilisé. Les conflits entre villages sont cependant encore parfois réglés par des combats, et j'ai vu un jour une cinquantaine d'hommes, portant des fusils d'épaule et de lourdes cartouchières, traverser le village. Ils étaient venus de l'autre côté de l'île pour une question d'intrusion ou de frontière, et étaient prêts à la guerre si les négociations pacifiques échouaient.

Pendant que j'étais à Manowolko , j'avais acheté pour 100 florins (9 £) un petit prau, qui fut apporté le lendemain, car on m'informa qu'il était plus facile de faire faire les modifications nécessaires à Goram , où plusieurs ouvriers de Ke étaient installés.

Dès que nous avons commencé à préparer mon prau, j'ai été obligé d'abandonner la collection, car je me suis rendu compte qu'à moins d'être moi-même constamment sur place, très peu de travail serait accompli. Comme je me proposais de faire de longs voyages dans ce bateau, je résolus de l'aménager commodément, et je fus obligé de faire moi-même tous les travaux intérieurs, assisté de mes deux garçons Amboynais . J'ai eu beaucoup de visiteurs, surpris de voir un homme blanc au travail et très étonné des arrangements nouveaux que je prenais sur l'un de leurs navires indigènes. Heureusement , j'avais moi-même quelques outils, dont une petite scie et des ciseaux, et ceux-ci étaient maintenant sérieusement testés, coupant et installant de lourdes planches de bois de fer pour le plancher et les poteaux qui soutiennent le mât triangulaire. Étant de la meilleure marque de Londres, ils ont bien résisté au travail, et sans eux, il m'aurait été impossible de terminer mon bateau avec la moitié de la propreté ou en deux fois plus de temps. J'ai demandé à un ouvrier de Ke de poser des côtes neuves, pour lesquelles j'ai acheté des clous à un commerçant de Bugis, à 8d. une livre. Mes vrilles étaient cependant trop petites ; et n'ayant pas de tarière, nous étions obligés de percer tous les trous avec des fers chauds, opération des plus fastidieuses et des plus insatisfaisantes.

Cinq hommes s'étaient engagés à travailler au prau jusqu'à la fin, puis à m'accompagner à Mysol , Waigiou et Ternate. Leurs idées de travail étaient cependant très différentes des miennes, et j'avais d'immenses difficultés avec elles ; rarement plus de deux ou trois se réunissaient, et une centaine d'excuses étaient données pour ne travailler qu'une demi-journée lorsqu'ils venaient. Pourtant, ils demandaient constamment des avances d'argent, affirmant qu'ils n'avaient rien à manger. Lorsque je leur ai donné, ils étaient sûrs de rester à l'écart le lendemain, et lorsque j'ai refusé toute nouvelle avance, certains d'entre eux ont refusé de travailler davantage. À mesure que le bateau approchait de sa fin, mes difficultés avec les hommes augmentèrent. L'oncle de l'un d'eux avait déclenché une guerre, ou une sorte de combat de factions, et avait besoin de son aide ; la femme d'un autre était malade et ne voulait pas le laisser venir ; un troisième avait de la fièvre, de la fièvre et des douleurs à la tête et au dos ; et un quatrième avait un créancier inexorable qui ne voulait pas le laisser perdre de vue. Ils avaient tous reçu un mois de salaire d'avance ; et même si la somme n'était pas grande, il fallait qu'ils la remboursent, sinon je trouverais des hommes. J'envoyai donc le connétable du village au bout de deux heures, et je les gardai en garde à vue un jour, après quoi ils rendirent environ les trois quarts de ce qu'ils me devaient. Le malade paya également, et le timonier trouva un remplaçant disposé à assumer sa dette et à recevoir seulement le solde de son salaire.

Vers cette époque , nous avions une preuve frappante des dangers du commerce en Nouvelle-Guinée. Six hommes arrivèrent au village dans un petit bateau presque affamés, s'étant échappés de deux praus, dont le reste des équipages (au nombre de quatorze) avait été assassiné par les indigènes de Nouvelle-Guinée. Les praus avaient quitté ce village quelques mois auparavant, et parmi les hommes assassinés se trouvaient le fils du Rajah et les parents ou esclaves de nombreux habitants. Le cri de lamentation qui s'est élevé à l'arrivée de la nouvelle était des plus affligeants. Une vingtaine de femmes, qui avaient perdu des maris, des frères, des fils ou des parents plus éloignés, poussèrent aussitôt les cris, les gémissements et les gémissements les plus lugubres, qui durent par intervalles jusque tard dans la nuit ; et comme les principales maisons du village étaient rassemblées autour de celle que j'occupais, notre situation était tout sauf agréable.

Il semble que le village où a eu lieu l'attaque (presque en face de la petite île de Lakahia) soit connu pour être dangereux, et les navires n'y étaient allés que quelques jours auparavant pour acheter du tripang . L'équipage vivait à terre, les praus se trouvant dans une petite rivière à proximité, et ils furent attaqués et assassinés pendant la journée alors qu'ils négociaient avec les Papous. Les six hommes qui ont survécu étaient à bord du praus et se sont échappés en s'installant immédiatement dans le petit bateau et en ramant vers la mer.

Cette partie du sud-ouest de la Nouvelle-Guinée, connue des commerçants indigènes sous le nom de « Papua Kowiyee » et « Papua Onen », est habitée par les tribus les plus perfides et les plus sanguinaires. C'est dans ces districts que les commandants et une partie des équipages de la plupart des premiers navires de découverte ont été assassinés, et à peine un an s'écoule maintenant sans que des vies soient perdues. Les commerçants de Goram et de Ceram sont eux-mêmes généralement inoffensifs ; ils connaissent bien le caractère de ces indigènes et ne sont pas susceptibles de provoquer une attaque par des insultes ou une tentative ouverte de vol ou d'imposition. Ils ont l'habitude de visiter les mêmes endroits chaque année, et les indigènes ne peuvent en avoir aucune crainte, comme on peut le prétendre pour excuser leurs attaques contre les Européens. Dans d'autres vastes régions habitées par les mêmes races papoues, telles que Mysol , Salwatty , Waigiou et certaines parties de la côte adjacente, les peuples ont fait les premiers pas vers la civilisation, probablement grâce à l'installation de commerçants de race mixte parmi eux. et depuis de nombreuses années, aucune attaque de ce type n'a eu lieu. Cependant , sur la côte sud-ouest et dans la grande île de Jobie , les indigènes sont dans un état très barbare et rapportent toutes les occasions de vol et de meurtre, habitude confirmée par l'impunité dont ils jouissent, en raison de la vaste étendue de montagnes sauvages et de forêts interdisant toute poursuite ou tentative de punition. Dans le même village, quatre ans auparavant, plus de cinquante hommes Goram avaient été assassinés ; et comme ces sauvages obtiennent un immense butin dans les praus et toutes leurs dépendances, il est à craindre que de telles attaques continuent à se faire de temps en temps aussi longtemps que les commerçants visiteront les mêmes endroits et ne tenteront pas de représailles. Le châtiment ne pouvait être infligé à ces gens que par des mesures très arbitraires, par exemple en s'emparant de certains chefs par stratagème, et en les rendant responsables de la capture des meurtriers au péril de leur propre tête. Mais toute mesure de ce genre serait contraire au système adopté par le gouvernement néerlandais dans ses relations avec les indigènes.

GORAM À WAHAI À CERAM.

Lorsque mon bateau fut enfin mis à l'eau et chargé, je rassemblai mes hommes et partis effectivement le lendemain (27 mai), au grand étonnement des habitants de Goram , pour qui une telle ponctualité était une nouveauté. J'avais un équipage de trois hommes et un garçon, en plus de mes deux garçons Amboyna ; ce qui était suffisant pour naviguer, mais un peu trop peu s'il était obligé de beaucoup ramer. Le lendemain fut très humide, avec des grains, des calmes et des vents contraires, et nous atteignîmes avec quelques difficultés Kilwaru , la métropole des commerçants Bugis de l'Extrême-Orient. Comme je voulais faire quelques achats, je restai ici deux jours, et j'envoyai deux de mes caisses de spécimens par un Macassar prau pour les expédier à Ternate, me déchargeant ainsi d'un fardeau considérable. J'achetais en troc des couteaux, des bassines et des mouchoirs qui, avec les hachoirs, le tissu et les perles que j'avais emportés avec moi, formaient un assez bon assortiment. J'ai également acheté deux mousquets à tour pour satisfaire mon équipage, qui insistait sur la nécessité d'être armé contre les attaques des pirates ; et avec des épices et quelques articles de nourriture pour le voyage, mon dernier revenu fut presque dépensé.

La petite île de Kilwaru n'est qu'un simple banc de sable, juste assez grand pour contenir un petit village, et situé entre les îles de Ceramlaut et de Kissa , un détroit d'environ un tiers de mille de large la séparant de chacune d'elles. Il est entouré de récifs coralliens et offre un bon mouillage pendant les deux moussons. Bien qu'elle n'ait pas plus de cinquante mètres de diamètre et qu'elle ne s'élève pas à plus de trois ou quatre pieds au-dessus des marées les plus hautes, elle possède des puits d'eau potable excellente, phénomène singulier qui semblerait impliquer des canaux souterrains profonds la reliant aux autres îles. Ces avantages, avec sa situation au centre du quartier commerçant papou, font qu'il est très fréquenté par les commerçants Bugis. Ici, les hommes de Goram apportent le produit de leurs petits voyages, qu'ils échangent contre du tissu, des gâteaux de sagou et de l'opium ; et les habitants de toutes les îles environnantes le visitent avec l'objet du jeu. C'est le rendez-vous des praus commerçants vers diverses parties de la Nouvelle-Guinée, qui ici trient et sèchent leurs cargaisons, et les réaménagent pour le voyage de retour. Le tripang et l'écorce de mussoi sont les produits les plus volumineux apportés ici, avec les muscades sauvages, les écailles de tortue, les perles et les oiseaux du paradis ; en plus petites quantités. Les villageois du continent de Ceram apportent leur sagou, qui est ainsi distribué dans les îles plus à l'est, tandis que le riz de Bali et de Macassar peut également être acheté à un prix modéré. Les hommes de Goram viennent ici pour s'approvisionner en opium, tant pour leur propre consommation que pour le troc à Mysol et Waigiou , où ils l'ont introduit, et où les chefs et les hommes riches en sont passionnément friands. Les goélettes de Bali viennent acheter des esclaves papous, tandis que les Bugis errants en mer arrivent du lointain Singapour dans leurs praus forestiers, apportant de là les produits des ateliers des Chinois et du bazar de Kling, ainsi que des métiers à tisser du Lancashire et du Massachusetts.

Un des commerçants Bugis arrivés quelques jours auparavant de Mysol m'apporta des nouvelles de mon assistant Charles Allen, qu'il connaissait bien et qui, m'a-t-il assuré ; il faisait de grandes collections d'oiseaux et d'insectes, bien qu'il n'ait obtenu aucun oiseau du Paradis ; Silinta , où il résidait, n'était pas un bon endroit pour eux. C'était dans l'ensemble satisfaisant et j'avais hâte de le rejoindre le plus tôt possible.

En quittant Kilwaru tôt le matin du 1er juin, avec un fort vent d'est nous avons doublé la pointe de Ceram vers midi, la mer agitée faisant avorter beaucoup mon prau, au détriment de notre vaisselle. Comme le mauvais temps semblait s'annoncer, nous sommes rentrés à l'intérieur des récifs et avons jeté l'ancre face au village de Warns-Warns pour attendre un changement.

La nuit fut très agitée et, bien que nous soyons dans un bon port , nous roulâmes et nous secouâmes avec inquiétude ; mais le matin, j'étais encore plus inquiet en découvrant que tout notre équipage de Goram avait décampé, emportant avec lui tout ce qu'il possédait et un peu plus, et nous laissant sans petit bateau pour aborder. J'ai immédiatement dit à mes hommes d'Amboyna de charger et de tirer avec leurs mousquets en signe de détresse, ce à quoi le chef du village a rapidement répondu en envoyant un bateau qui m'a emmené à terre. Je demandai qu'on envoyât immédiatement des messagers dans les villages voisins à la recherche des fugitifs, ce qui fut promptement fait. Mon prau a été amené dans une petite crique, où il pouvait se reposer en toute sécurité dans la boue lorsque l'eau était basse, et une partie d'une maison m'a été donnée dans laquelle je pourrais rester pendant un certain temps. Je trouvai maintenant mes progrès soudainement stoppés, juste au moment où je pensais avoir surmonté mes principales difficultés. Comme j'avais traité mes hommes avec la plus grande gentillesse et leur avais donné presque tout ce qu'ils demandaient, je ne peux imputer leur fuite qu'à leur manque total d'habitude à la contrainte d'un maître européen et à une crainte indéfinie de mon ultime intentions à leur égard. L'homme le plus âgé était un fumeur d'opium et un voleur réputé, mais j'avais été obligé de le prendre au dernier moment pour remplacer un autre. Je suis sûr que c'est lui qui a poussé les autres à s'enfuir, et comme ils connaissaient bien le pays et avaient plusieurs heures d'avance sur nous, il y avait peu de chances de les rattraper.

Nous étions ici dans la grande région de sagoutier d'East Ceram, qui fournit le pain quotidien à la plupart des îles environnantes, et pendant notre retard d'une semaine, j'ai eu l'occasion de voir tout le processus de fabrication et d'obtenir des statistiques intéressantes. Le sagoutier est un palmier plus épais et plus grand que le cocotier, quoique rarement aussi haut, et possédant d'immenses feuilles pennées épineuses qui couvrent complètement le tronc jusqu'à ce qu'il soit âgé de plusieurs années. Il a une tige racinaire rampante comme le palmier Nipa, et vers l'âge de dix ou quinze ans, il produit un immense épi terminal de fleurs, après quoi l'arbre meurt. Il pousse dans les marécages ou dans les creux marécageux des pentes rocheuses des collines, où il semble prospérer aussi bien que lorsqu'il est exposé à l'afflux d'eau salée ou saumâtre. Les nervures médianes des immenses feuilles forment l'un des articles les plus utiles dans ces terres, remplaçant le bambou, auquel elles sont supérieures à bien des égards. Ils ont douze ou quinze pieds de long, et, lorsqu'ils sont très fins, aussi épais dans la partie inférieure qu'une jambe d'homme. Ils sont très légers et entièrement constitués d'une moelle ferme recouverte d'une croûte ou d'une écorce fine et dure. Des maisons entières en sont construites ; ils forment d'admirables poteaux de toiture pour le chaume ; fendus et bien soutenus, ils le font pour les revêtements de sol ; et lorsqu'ils sont choisis de taille égale et assemblés côte à côte pour remplir les panneaux de chevaux en bois encadrés, ils ont un aspect très soigné et font de meilleurs murs et cloisons que les planches, car ils ne rétrécissent pas et ne nécessitent ni peinture ni vernis. , et ne représentent pas le quart de la dépense. Lorsqu'ils sont soigneusement fendus et rasés, ils forment des planches légères avec des piquets faits de l'écorce elle-même et constituent la base des boîtes de Goram couvertes de feuilles . Toutes les boîtes à insectes que j'ai utilisées aux Moluques ont été ainsi fabriquées à Amboyna, et lorsqu'elles sont recouvertes de papier épais à l'intérieur et à l'extérieur, elles sont solides, légères et fixent remarquablement bien les épingles à insectes. Les folioles du sagou pliées et nouées côte à côte sur les plus petites nervures centrales forment « l'atap » ou chaume d'usage universel, tandis que le produit du tronc est l'aliment de base de quelques centaines de milliers d'hommes.

Lorsqu'il faut fabriquer du sagou, un arbre adulte est sélectionné juste avant sa floraison. Il est coupé près du sol, les feuilles et les pétioles sont enlevés et une large bande d'écorce est retirée de la face supérieure du tronc. Cela expose la matière moelleuse, qui est d'une couleur rouille près du bas de l'arbre, mais plus haut, d'un blanc pur, à peu près aussi dure qu'une pomme sèche, mais avec des fibres ligneuses qui la traversent à environ un quart de pouce l'une de l'autre. Cette moelle est coupée ou réduite en poudre grossière au moyen d'un outil construit à cet effet, une massue de bois dur et lourd, ayant un morceau de roche de quartz tranchante fermement enfoncé dans son extrémité émoussée et dépassant d'environ un demi-pouce. Par des coups successifs, d'étroites bandes de moelle sont découpées et tombent dans le cylindre formé par l'écorce. En avançant régulièrement, tout le tronc est nettoyé, ne laissant qu'une peau ne dépassant pas un demi-pouce d'épaisseur. Ce matériel est emporté (dans des paniers constitués des bases de gainage des feuilles) jusqu'au point d'eau le plus proche, où est installée une machine à laver, composée presque entièrement de l'arbre des saga lui-même. Les grandes bases de gainage des feuilles forment les auges et la couverture fibreuse des tiges des jeunes noix de coco constitue la passoire. On verse de l'eau sur la masse de moelle, qui est malaxée et pressée contre la passoire jusqu'à ce que l'amidon soit entièrement dissous et passé à travers, puis les déchets fibreux sont jetés et un nouveau panier est mis à la place. L'eau chargée d'amidon de sagou passe dans une auge, avec une dépression au centre , où se déposent les sédiments, l'eau excédentaire s'écoulant par un orifice de sortie peu profond. Lorsque l'auge est presque pleine, la masse d'amidon, qui a une légère teinte rougeâtre, est transformée en cylindres pesant environ trente livres, soigneusement recouverte de feuilles de sagou, et dans cet état est vendue comme sagou cru.

Bouilli avec de l'eau, il forme une masse gluante épaisse, au goût plutôt astringent, et se mange avec du sel, du citron vert et des piments. Le pain de sagou est préparé en grande quantité, en le faisant cuire sous forme de gâteaux dans un petit four en argile contenant six ou huit fentes côte à côte, chacune d'environ trois quarts de pouce de large et six ou huit pouces carrés . Le sagou brut est broyé, séché au soleil, réduit en poudre et finement tamisé. Le four est chauffé sur un feu clair de braises et légèrement rempli de poudre de sagou. Les ouvertures sont ensuite recouvertes d'un morceau plat d'écorce de sagou et, en cinq minutes environ, les gâteaux sont suffisamment cuits. Les gâteaux chauds sont très bons avec du beurre, et lorsqu'ils sont préparés avec un peu de sucre et de noix de coco râpée, ils sont tout à fait délicats. Ils sont moelleux et ressemblent à des galettes de farine de maïs, mais laissent une légère saveur caractéristique qui se perd dans le sagou raffiné que nous utilisons dans ce pays. Lorsqu'ils ne sont pas utilisés immédiatement, ils sont séchés pendant plusieurs jours au soleil et attachés en paquets de vingt. Ils se conserveront ensuite pendant des années ; ils sont très durs, très rugueux et secs, mais les gens y sont habitués dès l'enfance, et on peut voir de petits enfants les ronger avec autant de contentement que les nôtres avec leur pain et leur beurre. S'ils sont trempés dans l'eau puis grillés, ils deviennent presque aussi bons que lorsqu'ils sont fraîchement cuits ; et ainsi traités, ils étaient mon substitut quotidien au pain avec mon café. Trempés et bouillis, ils font un très bon pudding ou légume, et sont bien servis pour économiser notre riz, qui est parfois difficile à obtenir si loin à l'est.

C'est vraiment un spectacle extraordinaire de voir un tronc d'arbre entier, peut-être vingt pieds de long et quatre ou cinq de circonférence, transformé en nourriture avec si peu de travail et de préparation. Un arbre de bonne taille produira trente tomans ou paquets de trente livres chacun, et chaque toman fera soixante gâteaux de trois par livre. Deux de ces gâteaux représentent tout ce qu'un homme peut manger en un seul repas, et cinq sont considérés comme l'allocation d'une journée complète ; de sorte que, si l'on estime qu'un arbre produit 1 800 gâteaux pesant 600 livres, il fournira de la nourriture à un homme pendant une année entière. Le travail pour produire ceci est très modéré. Deux hommes finiront un arbre en cinq jours, et deux femmes en feront des gâteaux en cinq jours supplémentaires ; mais le sagou cru se conserve très bien et peut être cuit à volonté, de sorte qu'on peut estimer qu'en dix jours un homme peut produire de la nourriture pour toute l'année. C'est à supposer qu'il possède ses propres sagoutiers, car ils sont désormais tous propriété privée. S'il ne le fait pas, il doit payer environ sept pence pour un ; et comme le travail ici coûte cinq pence par jour, le coût total de la nourriture d'un an pour un homme est d'environ douze shillings. L'effet de ce bon marché de nourriture est décidément préjudiciable, car les habitants des pays à sagoutiers ne sont jamais aussi aisés que ceux où l'on cultive le riz. Beaucoup de gens ici n'ont ni légumes ni fruits, mais vivent presque entièrement de sagou et d'un peu de poisson. Ayant peu d'occupations chez eux, ils errent, faisant du petit commerce ou des expéditions de pêche dans les îles voisines ; et, en ce qui concerne le confort de la vie, ils sont bien inférieurs aux Dyaks sauvages des collines de Bornéo, ou à beaucoup des tribus les plus barbares de l'archipel.

Le pays autour de Warus-Warus est bas et marécageux et, en raison de l'absence de cultures, il n'y avait pratiquement aucun sentier menant à la forêt. Je n'ai donc pas pu collecter grand-chose pendant mon séjour forcé, et je n'ai trouvé aucun oiseau ou insecte rare pour améliorer mon opinion sur Ceram en tant que terrain de collecte. Trouvant tout à fait impossible de trouver ici des hommes pour m'accompagner pendant tout le voyage, je fus obligé de me contenter d'un équipage pour me conduire jusqu'à Wahai , au milieu de la côte nord de Ceram, et la principale station hollandaise du île. Le voyage nous dura cinq jours, à cause des calmes et des vents légers, et aucun incident intéressant ne s'y produisit, et je n'obtins pas non plus à nos escales un seul ajout à mes collections digne d'être mentionné. A Wahai , où je suis arrivé le 15 juin, j'ai été chaleureusement reçu par le commandant et mon vieil ami Herr Rosenberg, qui était maintenant en visite officielle ici. Il m'a prêté de l'argent pour payer mes hommes, et j'ai eu la chance d'en obtenir trois autres disposés à faire le voyage avec moi jusqu'à Ternate, et un autre qui devait revenir de Mysol . Cependant, un de mes garçons d'Amboyna m'a quitté, de sorte que je manquais encore de bras.

J'ai trouvé ici une lettre de Charles Allen, qui était à Silinta à Mysol , m'attendant avec impatience, car il n'avait plus de riz et d'autres produits de première nécessité, et manquait d'épingles à insectes. Il était également malade et si je ne revenais pas bientôt, je retournerais à Wahai .

Comme mon voyage de cet endroit à Waigiou s'est déroulé parmi des îles habitées par la race papoue, et qu'il a été mouvementé et désastreux, j'en raconterai les principaux incidents dans un chapitre séparé de cette division de mon ouvrage consacrée aux îles papoues. Il me faut maintenant passer sur une année passée à Waigiou et Timor, pour décrire ma visite de l'île de Bouru , qui a conclu mes explorations des Moluques.

CHAPITRE XXVI.
BOURU.

MAI ET JUIN 1861.

J'avais depuis longtemps désiré visiter la grande île de Bouru , qui se trouve à l'ouest de Ceram, et dont les naturalistes ne semblaient presque rien savoir, sinon qu'elle renfermait un babirusa très semblable à celui de Célèbes. J'ai donc pris des dispositions pour y rester deux mois après avoir quitté Timor Delli en 1861. Ce que je pouvais facilement faire grâce aux courriers hollandais qui font une tournée mensuelle des Moluques.

Nous arrivâmes au port de Cajeli le 4 mai ; un coup de canon fut tiré, le commandant du fort arriva à accostage dans un bateau indigène pour recevoir le paquet postal, et me ramena à terre avec mes bagages, le paquebot repartit sans mouiller. Nous sommes allés voir le cheval de l' Opzeiner , ou surveillant, originaire d'Amboyna — Bouru étant un endroit trop pauvre pour mériter même un résident adjoint ; pourtant l'apparence du village était de loin supérieure à celle de Delli , qui possède « Son Excellence le gouverneur », et le petit fort, en parfait ordre, entouré de parcelles de laiton soignées et d'allées droites, bien que tenu par seulement une douzaine de Javanais. soldats avec un adjudant pour commandant, était un très Sébastopol en comparaison avec la misérable enceinte de boue de Delli , avec son nombreux état-major composé de lieutenants, de capitaines et de majors. Pourtant, celui-ci, ainsi que la plupart des forts des Moluques, ont été construits à l'origine par les Portugais eux-mêmes. Oh! Lusitania, comme tu es déchu !

Pendant que l' Opzeiner lisait ses lettres, je me promenais dans le village avec un guide à la recherche d'un cheval. L'endroit tout entier était terriblement humide et boueux, étant construit dans un marécage sans un seul morceau de terre surélevé d'un pied au-dessus, et entouré de marécages de tous côtés. Les maisons étaient pour la plupart bien construites, en charpente de bois remplie de gaba-gaba (tiges de feuilles du sagoutier), mais comme elles n'étaient pas blanchies à la chaux et que les sols étaient en terre noire et nue comme les routes, et généralement sur le même niveau, ils étaient extrêmement humides et sombres. Finalement, j'en trouvai un avec le plancher surélevé d'environ un pied, et je réussis à conclure un marché avec le propriétaire pour que je m'y rende immédiatement, de sorte que la nuit je m'étais installé confortablement. Les chaises et les tables m'étaient laissées ; et comme tout le reste des meubles de la maison se composait d'un peu de vaisselle et de quelques boîtes à vêtements, il n'était pas très difficile aux propriétaires de s'installer dans la maison de quelques parents et d'obtenir ainsi très facilement quelques roupies d'argent. Chaque pied de terrain entre les maisons du village est rempli d'arbres fruitiers, de sorte que le soleil et l'air n'ont aucune chance de pénétrer. Cela doit être très frais et agréable pendant la saison sèche, mais cela le rend humide et malsain à d'autres moments de l'année. Malheureusement , j'étais arrivé deux mois trop tôt, car les pluies n'étaient pas encore terminées et la boue et l'eau constituaient les caractéristiques principales du pays.

À environ un mile en arrière et à l'est du village commencent les collines, mais elles sont très stériles, couvertes d'herbes grossières et rares et d'arbres épars du Melaleuca cajuputi, dont les feuilles sont faites la célèbre huile de cajeput. De tels districts sont absolument dénués d'intérêt pour le zoologiste. Quelques kilomètres plus loin s'élevaient de plus hautes montagnes, apparemment bien couvertes de forêt, mais elles étaient entièrement inhabitées et sans piste, et pratiquement inaccessibles à un voyageur disposant de peu de temps et de moyens. Il est donc devenu évident que je devais quitter Cajeli pour un meilleur terrain de collecte, et trouvant un homme qui se dirigeait quelques kilomètres vers l'est vers un village sur la côte où, selon lui, il y avait des collines et des forêts, j'ai envoyé mon garçon Ali avec lui. explorer et rendre compte des capacités du district. En même temps , je m'arrangeai pour faire moi-même une petite excursion sur une rivière qui se jette dans la baie à environ cinq milles au nord de la ville, jusqu'à un village des Alfuros , ou indigènes, où je pensais que je pourrais peut-être trouver un bon terrain de collecte. .

Le Rajah de Cajeli , un vieillard de bonne humeur, s'offrit de m'accompagner, le village étant sous son gouvernement ; et nous partîmes un matin de bonne heure, dans un bateau long et étroit avec huit rameurs. Au bout d'environ deux heures, nous entrâmes dans la rivière et commençâmes notre voyage à l'intérieur des terres contre un courant très puissant. Le ruisseau avait une centaine de mètres de large et était généralement bordé d'herbes hautes et parfois de buissons et de palmiers. Le pays était plat et plus ou moins marécageux, avec des arbres et des arbustes épars. A chaque détour, nous traversâmes la rivière pour éviter la force du courant, et arrivâmes à notre débarcadère vers quatre heures sous une pluie torrentielle. Ici, nous avons attendu une heure, accroupis sous une natte qui fuyait, jusqu'à l'arrivée des Alfuros qu'on avait appelés du village pour porter mes bagages, et nous nous sommes mis en route par un chemin dont on m'avait prévenu avant de partir de l'extrême boue.

Je relevai mon pantalon le plus haut possible, saisis une hermine pour éviter des chutes maladroites, puis plongeai hardiment dans le premier trou de boue, auquel succédèrent immédiatement un autre et un autre. La marne ou la boue et l'eau arrivaient jusqu'aux genoux avec de petits intervalles de sol plus ferme entre elles, ce qui rendait la progression extrêmement difficile. Le sentier était bordé d'herbes hautes et rigides, qui couvaient en touffes denses séparées par l'eau, de sorte qu'il n'y avait rien à gagner à sortir des sentiers battus, et nous étions obligés d'avancer en pataugeant, sans jamais savoir où reposeraient nos pieds, car la boue La profondeur était tantôt de quelques centimètres, tantôt de deux pieds, et le fond était très inégal, de sorte que le pied glissait jusqu'à la partie la plus basse et rendait difficile le maintien de l'équilibre. Un pas se ferait sur un bâton ou une bûche dissimulée, disloquant presque la cheville, tandis que le suivant plongerait dans la boue molle au-dessus du genou. Il a plu tout le long du chemin, et les hautes herbes, hautes de six pieds, se rejoignaient sur le chemin ; de sorte que nous ne pouvions pas voir un pas en avant et avons reçu un double arrosage. Avant d'arriver au village, il faisait nuit et nous avons dû traverser un petit ruisseau profond et gonflé par un étroit rondin de bois qui se trouvait à plus d'un pied sous l'eau. Il y avait un mince bâton tremblant en guise de main courante, et c'était un travail nerveux de tâtonner dans l'obscurité, dans l'eau tumultueuse, pour trouver un endroit sûr où poser le pied avancé. Après une heure de cette marche des plus désagréables et des plus fatigantes , nous arrivâmes au village, suivis des hommes avec nos fusils, nos munitions, nos caisses et notre literie plus ou moins trempés. Nous nous consolâmes avec du thé chaud et de la volaille froide, et nous nous couchâmes tôt.

Le lendemain matin, le temps était clair et beau, et je suis parti peu après le lever du soleil pour explorer le quartier . Le village avait évidemment été nouvellement formé et consistait en une seule rue droite de huttes très misérables, totalement dépourvues de tout confort, et aussi nues et tristes à l'intérieur qu'à l'extérieur. Il était situé sur une petite parcelle surélevée de sol grossièrement graveleux, recouvert de l'herbe haute et rigide habituelle, qui arrivait près de l'arrière des maisons. A une courte distance, dans plusieurs directions, se trouvaient des parcelles de forêt, mais toutes sur un terrain bas et marécageux. J'ai fait une tentative sur le seul chemin que j'ai pu trouver, mais je suis vite tombé sur un profond trou de boue et j'ai découvert que je devais marcher pieds nus, voire pas du tout ; je suis donc revenu et j'ai reporté toute exploration plus approfondie jusqu'après le petit-déjeuner. J'ai ensuite continué dans la jungle et j'ai trouvé des parcelles de sagoutiers et une végétation forestière basse, mais les sentiers étaient partout pleins de trous de boue et coupés par des ruisseaux boueux et des étendues de marécages, de sorte que la marche n'était pas agréable, et aussi une grande attention portée à ses pas n'était pas favorable à la capture des insectes, qui nécessite avant tout une liberté de mouvement. J'ai abattu quelques oiseaux et attrapé quelques papillons, mais tous étaient identiques à ceux que j'avais déjà obtenus à propos de Cajeli .

À mon retour au village, on m'a dit que le même type de terrain s'étendait sur plusieurs kilomètres dans toutes les directions, et j'ai immédiatement décidé que Wayapo n'était pas un endroit approprié pour rester. Le lendemain matin, tôt , nous retournâmes à notre bateau dans la boue et les longues herbes mouillées et, vers midi, atteignîmes Cajeli , où j'attendis le retour d'Ali pour décider de mes futurs déplacements. Il revint le lendemain et donna un très mauvais récit de Pelah , où il avait été. Il y avait quelques broussailles et des arbres le long de la plage, et des collines à l'intérieur des terres couvertes d'herbes hautes et d'arbres cajuputi — ma terreur et mon horreur. En demandant qui pourrait me donner des renseignements dignes de confiance, je fus référé au lieutenant des bourgeois, qui avait fait le tour de l'île et qui était un homme très intelligent. Je lui ai demandé s'il connaissait une partie du Bouru où il n'y avait pas de « kusu-kusu », comme on appelle l'herbe grossière du pays. Il m'a assuré qu'une grande partie de la côte sud était constituée de forêts, tandis que le nord était presque entièrement constitué de marécages et de collines herbeuses. Après de minutieuses recherches, j'ai découvert que le pays forestier commençait à un endroit appelé Waypoti , à seulement quelques milles au-delà de Pelah , mais que, comme la côte au-delà de cet endroit était exposée à la mousson de l'est et dangereuse pour les praus, il était nécessaire de marcher. Je suis immédiatement allé chez l' Opzeiner et il a appelé le Rajah. Nous nous sommes concertés et avons pris rendez-vous pour qu'un bateau me conduise l'avant-veille soir à Pelah , d'où je devais continuer à pied, l'Orang-kaya allant la veille appeler les Alfuros pour porter mes bagages.

Le voyage s'est effectué comme prévu, et le 19 mai nous sommes arrivés à Waypoti , après avoir parcouru environ dix milles le long de la plage et traversé une forêt pierreuse bordant la mer, avec des plongées occasionnelles d'un mille ou deux dans l'intérieur. Nous n'avons trouvé aucun village, mais des maisons et des plantations éparses, avec un paysage vallonné assez bien couvert de forêt et qui semble plutôt prometteur. Une cabane basse, au toit très pourri, laissant voir le ciel à plusieurs endroits, fut la seule que je pus me procurer. Heureusement, il n'a pas plu cette nuit-là et le lendemain, nous avons démoli certains murs pour réparer le toit, ce qui était d'une importance immédiate, notamment au-dessus de nos lits et de notre table.

À environ un demi-mile de la maison se trouvait un beau ruisseau de montagne qui coulait rapidement sur un lit de rochers et de galets, et au-delà se trouvait une colline couverte d'une belle forêt. En choisissant soigneusement mon chemin, je pouvais traverser cette rivière à gué sans dépasser mes genoux, même s'il m'arrivait parfois de glisser d'un rocher et d'entrer dans un trou jusqu'à la taille, et environ deux fois par semaine je la traversais pour explorer le forêt. Malheureusement, il n'y avait ici aucun sentier d'une quelconque étendue, et cela ne s'est avéré très productif ni pour les insectes ni pour les oiseaux. Pour ajouter à mes difficultés, j'avais bêtement laissé ma seule paire de hululements forts à bord du paquebot, et mes autres tombaient toutes en morceaux, de sorte que j'étais obligé de marcher pieds nus et dans la crainte constante de me blesser les pieds. , et provoquant une blessure qui pourrait m'immobiliser pendant des semaines, comme cela s'était produit à Bornéo, Are et Dorey. Même s'il y avait de nombreuses plantations de maïs et de plantains, il n'y avait pas de nouvelles clairières ; et comme sans eux, il est presque impossible de trouver plusieurs des meilleures espèces d'insectes, j'ai décidé d'en fabriquer un moi-même, et j'ai engagé avec beaucoup de difficulté deux hommes pour défricher une parcelle de forêt, d'où j'espérais obtenir beaucoup de beaux coléoptères avant de pouvoir gauche.

Cependant, pendant tout mon séjour, les insectes ne furent jamais nombreux. Ma clairière m'a produit quelques beaux longicornes et Buprestidae , différents de tous ceux que j'avais vus auparavant, ainsi que plusieurs espèces d'Amboyna, mais en aucun cas aussi nombreuses ni aussi belles que celles que j'avais trouvées dans cette petite île. Par exemple, je n'ai collecté que 210 espèces différentes de coléoptères au cours de mon séjour de deux mois à Bourn, tandis qu'en trois semaines à Amboyna, en 1857, j'ai trouvé plus de 300 espèces : l'un des plus beaux insectes trouvés à Bouru était un grand Cerambyx , d'une couleur châtain foncé et brillant , et avec de très longues antennes. Sa taille variait considérablement, les plus gros spécimens mesurant trois pouces de long, tandis que les plus petits mesuraient seulement un pouce, l'antenne variant d'un pouce et demi à cinq pouces.

Un jour, mon garçon Ali est rentré à la maison avec une histoire de gros serpent. Il marchait dans des herbes hautes et marcha sur quelque chose qu'il prit pour un petit arbre tombé, mais il était froid et cédait sous ses pieds, et tout à droite et à gauche il y avait un ondulation et un bruissement de l'herbe. Il sauta en arrière avec effroi et se prépara à tirer, mais ne parvint pas à bien voir la créature, et elle mourut, dit-il, comme un arbre traîné dans l'herbe. Comme il a déjà abattu à plusieurs reprises de gros serpents, qui, selon lui, n'étaient rien à côté de cela, j'ai tendance à croire qu'il devait s'agir en réalité d'un monstre. De telles créatures sont assez nombreuses ici, car un homme habitant à proximité m'a montré sur sa cuisse les marques où il avait été saisi par un voisin de sa maison. Il était assez gros pour prendre la cuisse de l'homme dans sa bouche, et il aurait probablement été tué et dévoré par lui si ses cris n'avaient pas fait sortir ses voisins , qui l'ont détruit avec leurs hélicoptères. D'après ce que j'ai pu voir, il mesurait environ vingt pieds de long, mais celui d'Ali était probablement beaucoup plus grand.

Cela m'amuse parfois de constater combien, quelques jours après en avoir pris possession, une cabane indigène me paraît une demeure assez confortable. Ma maison à Waypoti était un hangar nu, avec une grande plate-forme en bambou sur un côté. À une extrémité de cette plate-forme, qui était élevée d'environ trois pieds, j'ai fixé mon rideau anti-moustique et je l'ai en partie entouré d'un grand plaid écossais, faisant ainsi un petit appartement confortable pour dormir. J'ai installé une table grossière sur des pieds enfouis dans le sol en terre battue et j'ai pris ma confortable chaise en rotin comme siège. Une ligne traversant un coin transportait mes vêtements en coton lavés quotidiennement, et sur une étagère en bambou était disposé mon petit stock de vaisselle et de quincaillerie : des boîtes étaient alignées contre les murs en chaume, et des étagères suspendues, pour préserver mes collections des fourmis pendant le séchage, étaient suspendu à l'extérieur et à l'intérieur de la maison. Sur ma table se trouvaient des livres, des canifs, des ciseaux, des pinces et des épingles, avec des étiquettes d'insectes et d'oiseaux, qui étaient tous des mystères non résolus pour l'esprit indigène.

La plupart des gens ici n'avaient jamais vu d'épingle, et les plus instruits étaient fiers d'enseigner à leurs compagnons les plus ignorants les particularités et les usages de cette étrange production européenne : une aiguille avec une tête, mais sans chas ! Même le papier, que nous jetons toutes les heures comme une poubelle, était pour eux une curiosité ; et je les voyais souvent ramasser de petits débris qui avaient été emportés hors de la maison et les ranger soigneusement dans leur pochette à bétel. Alors, quand je prenais mon café du matin et mon thé du soir, combien de choses étranges leur étaient présentées ! Théière, tasses à thé, cuillères à café, tout cela était plus ou moins curieux à leurs yeux ; le thé, le sucre, les biscuits et le beurre étaient des articles de consommation humaine que beaucoup d'entre eux voyaient pour la première fois. On se demande si cette poudre blanchâtre est du « gula passir » (sucre de sable), ainsi appelé pour la distinguer du gros morceau de sucre de palme ou de la mélasse de fabrication indigène ; et le biscuit est considéré comme une sorte de gâteau de sagou européen, que les habitants de ces régions éloignées sont obligés d'utiliser en l'absence de l'article authentique. Ma poursuite dépassait bien sûr complètement leur compréhension. Ils me demandaient continuellement ce que les Blancs faisaient des oiseaux et des insectes que je préservais avec tant de soin. Si je ne gardais que ce qui est beau, ils pourraient peut-être le comprendre ; mais voir des fourmis, des limes et de petits insectes laids rangés si soigneusement était pour eux une grande énigme, et ils étaient convaincus qu'il devait y avoir pour eux quelque usage médical ou magique que je gardais un profond secret. Ces gens étaient en fait tout aussi ignorants de la vie civilisée que les Indiens des Montagnes Rocheuses ou les sauvages de l'Afrique centrale. Pourtant, un bateau à vapeur, le plus grand triomphe de l'ingéniosité humaine, avec son petit résumé flottant de la civilisation européenne, arrive chaque mois à Cajeli . , à vingt milles de là ; tandis qu'à Amboyna, distante de soixante milles seulement, une population et un gouvernement européens sont établis depuis plus de trois cents ans.

Ayant vu un grand nombre d'indigènes de Bouru venant de différents villages et de régions éloignées de l'île, je suis convaincu qu'ils consistent en deux races distinctes, maintenant partiellement fusionnées. La plus grande partie est constituée de Malais du type Célèbes, souvent exactement semblables au peuple Tomóre des Célèbes orientales, que j'ai trouvé établi à Batchian ; tandis que d'autres ressemblent tout à fait aux Alfuros de Ceram.

L'afflux de deux races peut facilement s'expliquer. Les îles Sula, étroitement liées aux Célèbes orientales, s'approchent à moins de quarante milles de la côte nord de Bouru , tandis que l'île de Manipa offre un point de départ facile aux habitants de Ceram. J'ai été confirmé dans ce point de vue en constatant que les langues du Bouru possédaient de nettes ressemblances avec celles de Sula, ainsi qu'avec celles de Ceram.

Peu de temps après notre arrivée à Waypoti , Ali avait vu un beau petit oiseau du genre Pitta, que j'avais très hâte de me procurer, car dans presque chaque île les espèces sont différentes, et aucune n'était encore connue de Bourn. Lui et mon autre chasseur ont continué à le voir deux ou trois fois par semaine et à entendre sa note particulière beaucoup plus souvent, mais n'ont jamais pu obtenir un spécimen, car il fréquentait toujours les fourrés épineux les plus denses, où seuls des aperçus précipités pouvaient l' observer . être obtenu, et à une distance si courte qu'il serait difficile d'éviter de faire exploser l'oiseau en morceaux. Ali était très ennuyé de ne pouvoir obtenir un spécimen de cet oiseau, en le poursuivant, il s'était déjà gravement blessé aux pieds avec des épines ; et comme nous n'avions plus que deux jours à rester, il alla un soir de son propre gré dormir un peu mais dans la forêt à quelques milles de là, pour tenter une dernière fois au point du jour, quand beaucoup d'oiseaux viennent nous rejoindre. se nourrissent et sont très attentifs à leur repas du matin. Le lendemain soir, il m'a ramené à la maison deux spécimens, l'un avec la tête complètement arrachée et par ailleurs trop blessé pour être conservé, l'autre en très bon état, et que j'ai tout de suite vu comme étant une nouvelle espèce, très semblable au Pitta celebensis . , mais orné d'une tache carrée de rouge vif sur la nuque.

Le lendemain, après avoir obtenu ce prix, nous sommes retournés à Cajeli et, après avoir emballé mes collections, nous avons quitté Bouru par le bateau à vapeur. Pendant notre séjour de deux jours à Ternate, je pris à bord les bagages que j'y avais laissés et je dis adieu à tous mes amis. Nous passâmes ensuite à Menado , en route vers Macassar et Java, et je quittai enfin les Moluques, parmi lesquelles j'avais erré pendant plus de trois ans parmi les îles luxuriantes et belles.

Mes collections à Bouru , bien que peu étendues, présentaient un intérêt considérable ; car sur soixante-six espèces d'oiseaux que j'y ai recueillis, au moins dix-sept étaient nouvelles ou n'avaient été trouvées auparavant dans aucune île des Moluques. Parmi eux se trouvaient deux martins-pêcheurs, Tanysiptera acis et Ceyx Cajeli ; un magnifique sunbird, Nectarines

proserpina ; un beau petit moucherolle noir et blanc, Monarcha loricata , dont la gorge gonflée était magnifiquement écaillée de bleu métallique ; et plusieurs de moindre intérêt. J'ai également obtenu un crâne de babirusa, dont un spécimen a été tué par des chasseurs indigènes lors de ma résidence à Cajeli
.

CHAPITRE XXVII.
L'HISTOIRE NATURELLE DES MOLUQUES.

LES Moluques se composent de trois grandes îles, Gilolo , Ceram et Bouru , les deux premières mesurant chacune environ deux cents milles de longueur ; et un grand nombre d'îles et d'îlots plus petits, dont les plus importants sont Batchian , Morty, Obi, Ke , Timor- Laut et Amboyna ; et parmi les plus petits, Ternate, Tidore , Kaióa et Banda. Ils occupent un espace de dix degrés de latitude sur huit de longitude, et sont reliés par des groupes de petits îlots à la Nouvelle-Guinée à l'est, aux Philippines au nord, à Célèbes à l'ouest et à Timor au sud. Il sera bon de garder à l'esprit ces principales caractéristiques d'étendue et de position géographique, tandis que nous examinerons leurs productions animales et discuterons leurs relations avec les pays qui les entourent de toutes parts dans une proximité presque égale.

Considérons d'abord les Mammalia ou quadrupèdes à sang chaud, qui nous présentent quelques anomalies singulières. Les mammifères terrestres sont extrêmement peu nombreux, dix seulement étant encore connus dans l'ensemble du groupe. Les chauves-souris ou mammifères aériens, en revanche, sont nombreuses : pas moins de vingt-cinq espèces sont déjà connues. Mais même cette extrême pauvreté des mammifères terrestres ne représente pas du tout la pauvreté réelle des Moluques en cette classe d'animaux ; car, comme nous le verrons bientôt, il y a de bonnes raisons de croire que plusieurs de ces espèces ont été introduites par l'homme, soit volontairement, soit par accident.

Le seul animal quadrumain du groupe est le curieux singe-babouin, Cynopithecus. nigrescens , déjà décrit comme étant l'un des animaux caractéristiques des Célèbes. On ne le trouve que dans l'île de Batchian ; et cela semble tellement déplacé là-bas qu'il est difficile d'imaginer comment il aurait pu atteindre l'île par un moyen naturel de dispersion, et pourtant ne pas avoir passé par le même moyen par l'étroit détroit jusqu'à Gilolo - qu'il semble plus probable provenir de certains individus qui s'étaient échappés de leur confinement, ces animaux et d'autres similaires étant souvent gardés comme animaux de compagnie par les Malais et transportés dans leurs praus.

De tous les animaux carnivores de l'archipel, le seul que l'on trouve aux Moluques est le Viverra. Tangalunga , qui habite à la fois Batchian et Bouru , et est probablement originaire des autres îles. J'ai tendance à penser que cela a peut-être aussi été introduit accidentellement, car les Malais le rendent souvent captif, qui s'en procurent de la civette, et c'est un animal très agité et indomptable, et par conséquent susceptible de s'échapper . Ce point de vue est rendu encore plus probable par ce que Antonio de Morga nous dit être la coutume aux Philippines en 1602. Il dit que « les indigènes de Mindanao transportent des civettes dans des cages et les vendent dans les îles ; citez-les et laissez-les repartir. La même espèce est commune aux Philippines et dans toutes les grandes îles de la région indo-malaise.

Le seul ruminant des Moluques est un cerf, qui était autrefois censé être une espèce distincte, mais qui est maintenant généralement considéré comme une légère variété du Rusa . hippélaphus de Java. Les cerfs sont souvent apprivoisés et caressés, et leur chair est si appréciée de tous les Malais, qu'il est très naturel qu'ils s'efforcent de les introduire dans les îles reculées dans lesquelles ils se sont établis, et dont les forêts luxuriantes semblent si bien adaptées à leur subsistance.

L'étrange babirusa de Célèbes se rencontre aussi à Bouru ; mais dans aucune autre île des Moluques , et il est quelque peu difficile d'imaginer comment il est arrivé là. Il est vrai qu'il existe un certain rapprochement entre les oiseaux des îles Sula (où l'on trouve également le babirusa) et ceux de Bouru , ce qui semble indiquer que ces îles se sont récemment rapprochées ou que certaines terres intermédiaires ont disparu. A cette époque, le babirusa est peut-être entré dans Bouru , puisqu'il nage probablement aussi bien que ses alliés les cochons. Ceux-ci sont répartis dans tout l'archipel, même dans plusieurs des plus petites îles, et dans de nombreux cas, les espèces sont particulières. Il est donc évident qu'ils disposent de moyens naturels de dispersion. Il existe une idée répandue selon laquelle les porcs ne savent pas nager, mais Sir Charles Lyell a démontré que c'était une erreur. Dans ses « Principes de géologie » (10e édition, vol. ii, p. 355), il apporte des preuves démontrant que les porcs ont nagé de nombreux kilomètres en mer et sont capables de nager avec une grande aisance et rapidité. J'ai moi-même vu un cochon sauvage traverser le bras de mer qui sépare Singapour de la péninsule de Malacca, et nous avons ainsi expliqué ce fait curieux, que de tous les grands mammifères de la région indienne, les cochons seuls s'étendent au-delà des Moluques et jusqu'en Nouvelle-Guinée, même s'il est quelque peu curieux qu'ils n'aient pas trouvé le chemin de l'Australie.

La petite musaraigne, Sorex myosurus , commune à Sumatra, à Bornéo et à Java, se trouve également dans les plus grandes îles des Moluques, où elle a peut-être été accidentellement transportée par des praus indigènes.

Ceci complète la liste des mammifères placentaires si caractéristiques de la région indienne ; et nous voyons qu'à la seule exception du porc, tous peuvent très probablement avoir été introduits par l'homme, puisque tous, sauf le porc, appartiennent à des espèces identiques à celles qui abondent aujourd'hui dans les grandes îles malaises ou à Célèbes.

Les quatre mammifères restants sont des marsupiaux, un ordre de la classe des Mammalia, très caractéristique de la faune australienne ; et ce sont probablement de véritables indigènes des Moluques, car soit ils appartiennent à des espèces particulières, soit s'ils sont trouvés ailleurs, ils ne sont originaires que de la Nouvelle-Guinée ou de l'Australie du Nord. Le premier est le petit opossum volant, Belideus ariel, un beau petit animal, qui ressemble exactement à un petit écureuil volant en apparence, mais appartenant à l'ordre des marsupiaux. Les trois autres sont des espèces du curieux genre Cuscus, particulier à la région austro-malaise. Ce sont des animaux ressemblant à des opossums, dotés d'une longue queue préhensile, dont la moitié terminale est généralement nue. Ils ont une petite tête, de grands yeux et une couverture dense de fourrure laineuse, qui est souvent d'un blanc pur avec des taches ou des taches noires irrégulières, ou parfois brun cendré avec ou sans taches blanches. Ils vivent dans les arbres, se nourrissent des feuilles dont ils dévorent de grandes quantités, se déplacent lentement et sont difficiles à tuer, à cause de l'épaisseur de leur fourrure et de leur ténacité de vie. Une lourde charge de balle se logera souvent dans les tués et ne leur fera aucun mal, et même briser la colonne vertébrale ou percer le cerveau ne les tuera pas avant quelques heures. Les indigènes mangent partout leur chair, et comme leurs mouvements sont si lents, ils les attrapent facilement en grimpant ; c'est donc merveilleux qu'ils n'aient pas été exterminés. Il se peut cependant que leur épaisse fourrure laineuse les protège des oiseaux de proie et que les îles dans lesquelles ils vivent soient trop peu peuplées pour que l'homme puisse les exterminer. La figure représente Cuscus ornatus , une nouvelle espèce découverte par moi à Batchian , et qui habite également Ternate. Il est particulier aux Moluques, tandis que les deux autres espèces qui habitent Ceram se retrouvent également en Nouvelle-Guinée et à Waigiou .

A la pauvreté excessive en mammifères qui caractérise les Moluques, s'ajoute un très riche spectacle de tribus à plumes. Le nombre d'espèces d'oiseaux actuellement connues dans les différentes îles du groupe des Moluques est de 265, mais parmi celles-ci, 70 seulement appartiennent aux tribus habituellement abondantes des échassiers et des nageurs, ce qui indique que celles-ci sont très imparfaitement connues. Comme ils sont également par excellence des vagabonds et sont donc peu adaptés pour illustrer la répartition géographique de la vie dans une zone limitée, nous les laisserons ici de côté et limiterons notre attention aux 195 oiseaux terrestres.

Si l'on considère que toute l'Europe, avec son climat et sa végétation variés, avec chaque kilomètre de sa surface explorée et avec l'immense étendue de l'Asie et de l'Afrique tempérées, qui lui servent d'entrepôts dans lesquels elle est continuellement recrutée, ne supporte que 251 espèces d'espèces d'animaux. oiseaux terrestres, résidents ou immigrants réguliers, nous devons considérer les effectifs déjà obtenus dans les petites îles relativement inconnues des Moluques comme indiquant une faune d'une richesse tout à fait moyenne dans ce département. Mais quand nous examinons les groupes familiaux qui composent ce nombre, nous constatons les déficiences les plus curieuses chez les uns, contrebalancées par une redondance tout aussi frappante chez les autres. Ainsi , si nous comparons les oiseaux des Moluques avec ceux de l'Inde, comme indiqué dans l'ouvrage de M. Jerdon , nous constatons que les trois groupes de perroquets, de martins-pêcheurs et de pigeons forment près du *tiers* de l'ensemble des oiseaux terrestres de l'Inde. dans le premier, alors qu'ils ne représentent qu'un *vingtième* dans le second. D'autre part, des groupes aussi répandus que les grives, les parulines et les pinsons, qui dans l'Inde forment près d'un *tiers* de tous les oiseaux terrestres, diminuent aux Moluques jusqu'à *un quatorzième.*

La raison de ces particularités semble être que la faune des Moluques dérive presque entièrement de celle de la Nouvelle-Guinée, pays dans lequel on observe la même déficience et la même luxuriance. Sur les soixante-dix-huit genres dans lesquels les oiseaux terrestres des Moluques peuvent être classés, pas moins de soixante-dix sont caractéristiques de l'if de Guinée, tandis que six seulement appartiennent spécialement aux îles indo-malaises. Mais cette ressemblance étroite avec les genres de Nouvelle-Guinée ne s'étend pas à l'espèce, car pas moins de 140 des 195 oiseaux terrestres sont particuliers aux îles Moluques, tandis que 32 se trouvent également en Nouvelle-Guinée et 15 dans la région indo-malaise. îles. Ces faits nous enseignent que, bien que les oiseaux de ce groupe proviennent évidemment principalement de la Nouvelle-Guinée, l'immigration n'a pas été récente, puisqu'il y a eu le temps pour que la plus grande partie des espèces se soit modifiée. Nous constatons également que de nombreuses formes très caractéristiques de Nouvelle-Guinée ne sont pas du tout entrées dans les Moluques, tandis que d'autres trouvées à Ceram et Gilolo ne s'étendent pas aussi loin à l'ouest que Bouru . Considérant en outre l'absence de la plupart des mammifères de Nouvelle-Guinée des Moluques, nous sommes conduits à la conclusion que ces îles ne sont pas des fragments séparés de la Nouvelle-Guinée, mais forment une région insulaire distincte, qui a été soulevée indépendamment à une époque assez reculée, et au cours de toutes les mutations qu'elle a subies, elle a constamment accueilli des immigrants de cette grande et productive île. La durée considérable pendant laquelle les Moluques sont restées isolées est en outre indiquée par la présence de deux genres particuliers d'oiseaux, les Semioptera et les Lycocorax , que l'on ne trouve nulle part ailleurs.

Nous pouvons diviser ce petit archipel en deux groupes bien marqués : celui de Ceram, comprenant également Bouru . Amboyna, Banda et Ke ; et celle de Gilolo , comprenant Morty, Batchian , Obi, Ternate et d'autres petites îles. Ces divisions ont chacune un nombre considérable d'espèces particulières, dont on n'en trouve pas moins de cinquante-cinq dans le groupe Ceram seulement ; et en outre, la plupart des îles séparées ont quelques espèces qui leur sont particulières. Ainsi, l'île de Morty possède un martin-pêcheur, un chèvrefeuille et un étourneau particuliers ; Ternate a une grive terrestre (Pitta) et un moucherolle ; Banda a un pigeon, une pie-grièche et un Pitta ; Ke a deux moucherolles, un Zosterops , une pie-grièche, un corbeau royal et un coucou ; et le Timor- Laut éloigné , qui devrait probablement entrer dans le groupe des Moluques, a un cacatoès et un lori comme seuls oiseaux connus, et tous deux sont d'espèces particulières.

Les Moluques sont particulièrement riches en tribu des perroquets, pas moins de vingt-deux espèces, appartenant à dix genres, qui les habitent. Parmi ceux-ci se trouvent le grand cacatoès à crête rouge, si communément vu vivant en Europe, deux beaux perroquets rouges du genre Eclectus et cinq des beaux loris pourpres, qui sont presque exclusivement confinés à ces îles et au groupe de Nouvelle-Guinée. Les pigeons ne sont guère moins abondants ni moins beaux, vingt et une espèces étant connues, dont douze des beaux pigeons fruitiers verts, dont les espèces plus petites sont ornées des taches de couleur les plus brillantes sur la tête et le dessous. A côté d'eux viennent les martins-pêcheurs, dont seize espèces, presque toutes belles, et dont beaucoup comptent parmi les oiseaux les plus brillamment colorés qui soient.

L'un des groupes d'oiseaux les plus curieux, les Mégapodes , ou faiseurs de monticules, est très abondant aux Moluques. Ce sont des oiseaux gallinacés, de la taille d'un petit oiseau, et généralement de couleur cendrée foncée ou fuligineuse , et ils ont des pieds et de longues griffes remarquablement grands et forts. Ils sont alliés au "Maleo" de Célèbes, dont nous avons déjà parlé, mais ils diffèrent par leurs habitudes, la plupart de ces oiseaux fréquentant les jungles broussailleuses du bord de mer, où le sol est sablonneux et où il y a un quantité considérable de débris, constitués de bâtons, de coquilles, d'algues, de feuilles, etc. De ces détritus, les Mégapodes forment d'immenses monticules, souvent de six à huit pieds de haut et vingt ou trente pieds de diamètre, qu'ils sont capables de faire avec une relative facilité, au moyen de leurs grands pieds, avec lesquels ils peuvent en saisir et en rejeter une quantité. de matériel. Au centre de ce monticule, à une profondeur de deux ou trois pieds, les œufs sont déposés et éclosent par la douce chaleur produite par la fermentation des matières végétales du monticule. Lorsque j'ai vu pour la première fois ces monticules dans l'île de Lombock , j'avais peine à croire qu'ils étaient faits par de si petits oiseaux, mais je les ai ensuite rencontrés fréquemment, et j'ai rencontré une ou deux fois des oiseaux occupés à les faire. Ils reculent de quelques pas, saisissent dans un pied une quantité de matière meuble et la jettent loin derrière eux. Une fois bien enterrés, les œufs semblent ne plus être soignés, les jeunes oiseaux se frayent un chemin à travers le tas d'ordures et s'enfuient aussitôt dans la forêt. Ils sortent de l'œuf recouverts d'épaisses plumes duveteuses et n'ont pas de queue, bien que les ailes soient pleinement développées.

J'ai eu la chance de découvrir une nouvelle espèce (Megapodius wallacei), qui inhibe Gilolo , Ternate et Bouru . C'est le plus bel oiseau du genre, richement bagué de brun rougeâtre sur le dos et les ailes ; et il diffère des autres espèces par ses habitudes. Il fréquente les forêts de l'intérieur et descend jusqu'aux plages de la mer pour y déposer ses œufs, mais au lieu de faire un monticule ou de gratter un trou pour les recevoir, il s'enfouit dans le sable jusqu'à une profondeur d'environ trois pieds obliquement vers le bas. , et dépose ses œufs au fond. Il recouvre ensuite vaguement l'embouchure du trou et, selon les indigènes, il efface et dissimule ses propres traces de pas menant au trou et en partant, en laissant de nombreuses autres traces et rayures dans le quartier . Il ne pond ses œufs que la nuit, et à Bouru un oiseau fut capturé un matin de bon matin alors qu'il sortait de son trou dans lequel on trouva plusieurs œufs. Tous ces oiseaux semblent être semi-nocturnes, car leurs cris lamentables peuvent être constamment entendus tard dans la nuit et bien avant l'aube du matin. Les œufs sont tous d'une couleur rouge rouille et très gros pour la taille de l'oiseau, mesurant généralement trois ou trois pouces et quart de long sur deux ou deux et quart de large. Ils sont très bons à manger et sont très recherchés par les indigènes.

Un autre oiseau grand et extraordinaire est le casoar, qui habite uniquement l'île de Ceram. C'est un oiseau gros et fort, mesurant cinq ou six pieds de haut et couvert de longues plumes grossières ressemblant à des poils noirs. La tête est ornée d'une grande calque ou casque corné, et la peau nue du cou ressort avec des couleurs bleu vif et rouge . Les ailes sont totalement absentes et sont remplacées par un groupe d'épines noires et cornées ressemblant à des piquants de porc-épic émoussés.

Ces oiseaux errent dans les vastes forêts montagneuses qui couvrent l'île de Ceram, se nourrissant principalement de fruits tombés, d'insectes ou de crustacés. La femelle dépose de trois à cinq gros œufs verts magnifiquement déchiquetés sur un lit de feuilles, le mâle et la femelle étant assis dessus alternativement pendant environ un mois. Cet oiseau est le casoar casqué (Casuarius galeatus) des naturalistes, et fut longtemps la seule espèce connue. D'autres ont depuis été découverts en Nouvelle-Guinée, en Nouvelle-Bretagne et en Australie du Nord.

C'est aux Moluques que j'ai découvert pour la première fois des cas incontestables de « mimétisme » chez les oiseaux, et ceux-ci sont si curieux qu'il me faut les décrire brièvement. Il conviendrait cependant d'abord d'expliquer ce qu'on entend par mimétisme en histoire naturelle. A la page 205 du premier volume de cet ouvrage, j'ai décrit un papillon qui, au repos, ressemble si étroitement à une feuille morte, qu'il échappe ainsi aux attaques de ses ennemis. C'est ce qu'on appelle une « ressemblance protectrice ». Si cependant le papillon, étant lui-même un morceau savoureux pour les oiseaux, avait ressemblé beaucoup à un autre papillon désagréable aux oiseaux, et par conséquent jamais mangé par eux, il serait aussi bien protégé que s'il ressemblait à une feuille ; et c'est ce que M. Bates a heureusement appelé « mimétisme », qui a découvert le premier l'objet de ces curieuses imitations extérieures d'un insecte par un autre appartenant à un genre ou à une famille distincts, et parfois même à un ordre distinct. Les papillons aux ailes claires qui ressemblent aux guêpes et aux frelons sont les meilleurs exemples de « mimétisme » dans notre propre pays.

Pendant longtemps, tous les cas connus de ressemblance exacte d'un être avec un être tout à fait différent se limitaient aux insectes, et ce fut donc avec grand plaisir que je découvris dans l'île de Bouru deux oiseaux que je prenais constamment l'un pour l'autre, et qui appartenaient pourtant à deux familles distinctes et quelque peu éloignées. L'un d'eux est un chèvrefeuille nommé Tropidorhynchus. bouruensis , et l'autre une sorte d'oriole, qu'on a appelé Mimeta bouruensis . L'oriole ressemble au chèvrefeuille dans les détails suivants : les surfaces supérieure et inférieure des deux oiseaux sont exactement des mêmes teintes de brun foncé et brun clair ; le Tropidorhynchus a une grande tache noire nue autour des yeux ; ceci est copié chez le Mimeta par une tache de plumes noires. Le sommet de la tête du Tropidorhynchus a une apparence écailleuse à cause des plumes étroites formées d'écailles, qui sont imitées par les plumes plus larges du Mimeta ayant chacune une ligne sombre vers le bas. Le Tropidorhynchus a une collerette pâle formée de curieuses plumes recourbées sur la nuque (qui a donné à tout le genre le nom d'oiseaux Friar) ; ceci est représenté dans le Mimeta par une bande pâle dans la même position. Enfin, le bec du Tropidorhynchus est élevé en quille protubérante à la base, et le Mimeta a le même caractère, bien qu'il ne soit pas commun dans le genre. Il en résulte qu'à un examen superficiel, les oiseaux sont identiques, bien qu'ils laissent d'importantes différences de structure, et qu'ils ne puissent être placés les uns à côté des autres dans une disposition naturelle.

Dans l'île adjacente de Ceram, nous trouvons des espèces très distinctes de ces deux genres et, chose étrange, elles se ressemblent aussi étroitement que celles de Bouru . Le Tropidorhynchus subcornutus est de couleur brun terreux , lavé de jaune ocre , avec des orbites nues, sombres : les joues et l'habituelle collerette recourbée de la nuque : Le Mimeta forsteni qui l'accompagne, est absolument identique dans les teintes de chaque partie du corps, et les détails sont copiés aussi minutieusement que chez la première espèce.

Nous disposons de deux types de preuves pour nous dire quel oiseau dans ce cas est le modèle et lequel est la copie. Les chèvrefeuilles sont colorés d'une manière très générale dans toute la famille à laquelle ils appartiennent, tandis que les loriots semblent s'être éloignés des teintes jaunes gaies si communes chez leurs alliés. Il faut donc conclure que ce sont les seconds qui imitent les premiers. Si c'est le cas, cependant, ils doivent tirer un certain avantage de l'imitation, et comme ce sont certainement des oiseaux faibles, avec de petites pattes et de petites griffes, ils peuvent en avoir besoin. Aujourd'hui, les Tropidorhynchi sont des oiseaux très forts et actifs, dotés de puissantes griffes agrippantes et d'un bec long, courbé et pointu. Ils se rassemblent en groupes et en petits groupes, et ils émettent une note de hurlement très forte qui peut être entendue à une grande distance et sert à se rassembler en nombre en cas de danger. Ils sont très nombreux et très pugnaces, chassant fréquemment les corbeaux et même les faucons, qui se perchent sur un arbre où quelques-uns d'entre eux sont rassemblés. Il est donc très probable que les petits oiseaux de proie ont appris à respecter ces oiseaux et à les laisser tranquilles, et cela peut donc être un grand avantage pour les Mimetas les plus faibles et les moins courageux d'être pris pour eux . Ceci étant, les lois de variation et de survie du plus apte suffiront à expliquer comment la ressemblance s'est produite, sans supposer aucune action volontaire de la part des oiseaux eux-mêmes ; et ceux qui ont lu « L'Origine des espèces » de M. Darwin n'auront aucune difficulté à comprendre l'ensemble du processus.

Les insectes des Moluques sont d'une beauté éminemment belle, même en comparaison avec les productions variées et belles d'autres parties de l'archipel. Les grands papillons aux ailes d'oiseaux (Ornithoptera) atteignent ici leur maximum de taille et de beauté, et de nombreux Papilios , Pieridae Les Danaidae et les Nymphalidae sont également prééminents. Il n'y a peut-être aucune île au monde aussi petite qu'Amboyne où l'on trouve autant de grands insectes. Voici trois des plus beaux ornithoptères : Priamus , Helena et Miss ; trois des plus beaux et des plus grands Papilios : Ulysse , Deiphobus et Gambrisius ; l'un des plus beaux Pieridae , Iphias leucippe ; le plus grand des Danaidae , Hestia idea ; et deux Nymphalidae inhabituellement grands et beaux - Diadema Pandarus et Charaxes euryale . Parmi ses coléoptères se trouvent l'extraordinaire Euchirus longimanus , dont les énormes pattes s'étendent sur un espace de huit pouces, et un nombre inhabituel de grands et beaux Longicorns , Anthribidae et Buprestidae .

Les coléoptères figurés sur la planche comme caractéristiques des Moluques sont : 1. Un petit spécimen d' Euchirus longimanus , ou Hanneton aux Longs Bras, qui a déjà été mentionné dans le récit de ma résidence à Amboyna (chapitre XX). La femelle a les pattes antérieures de longueur moyenne. 2. Un charançon fin (une espèce non décrite d' Eupholus) de riches couleurs bleu et vert émeraude , rayé de noir. Il est originaire de Ceram et Goram et se trouve sur le feuillage. 3. Une femelle de Xenocerus semiluctuosus , un des Anthribidae aux délicates couleurs soyeuses blanches et noires . Il est abondant sur les troncs et les souches tombés à Ceram et Amboyna. 4. Une espèce non décrite de Xenocerus ; un mâle, avec une antenne très longue et curieuse, et d'élégantes marques noires et blanches. On le trouve sur des troncs tombés en Batchian . 5. Une espèce non décrite d' Arachnobas , un curieux genre de charançons particulier aux Moluques et à la Nouvelle-Guinée, et remarquable par ses longues pattes et son habitude de s'asseoir souvent sur les feuilles et de se tourner rapidement vers le dessous lorsqu'il est dérangé. . Il a été trouvé à Gilolo . Tous ces insectes sont représentés en grandeur nature.

Comme les oiseaux, les insectes des Moluques montrent une affinité marquée avec ceux de la Nouvelle-Guinée plutôt qu'avec les productions des grandes îles occidentales de l'archipel, mais la différence de forme et de structure entre les productions de l'est et de l'ouest est loin d'être aussi marqué ici que chez les oiseaux. Cela est probablement dû à la dépendance plus immédiate des insectes à l'égard du climat et de la végétation, ainsi qu'aux plus grandes facilités de leur répartition aux différents stades de l'œuf, de la pupe et de l'insecte parfait. Ceci a conduit à une uniformité générale de la vie des insectes dans tout l'archipel, conformément à l'uniformité générale de son climat et de sa végétation ; tandis que, d'autre part, la grande sensibilité de l'organisation des insectes à l'action des conditions extérieures a conduit à des modifications infinies de détail de forme et de couleur , qui ont, dans de nombreux cas, donné une diversité considérable aux productions des îles adjacentes.

En raison de la grande prépondérance parmi les oiseaux de perroquets, de pigeons, de martins-pêcheurs et de souimangas, presque tous de couleurs gaies ou délicates , et beaucoup ornés du plumage le plus magnifique, et du nombre de papillons très grands et voyants qui sont presque partout. que l'on puisse rencontrer, les forêts des Moluques offrent au naturaliste un exemple très frappant de la luxuriance et de la beauté de la vie animale sous les tropiques. Pourtant, l'absence presque totale de mammifères et de groupes d'oiseaux aussi répandus que les pics, les grives, les geais, les mésanges et les faisans, doit le convaincre qu'il se trouve dans une partie du monde qui n'a, en réalité, que peu de choses en commun. avec le grand continent asiatique, bien qu'une chaîne ininterrompue d'îles semble les y relier.

CHAPITRE XXVIII.
MACASSAR AUX ÎLES ARU DANS UN PRAU NATIF.

(DÉCEMBRE 1856.)

Nous étions au début de décembre, et la saison des pluies venait de s'installer à Macassar. Depuis près de trois mois, on voyait chaque jour le soleil se lever au-dessus des palmeraies, monter jusqu'au zénith et descendre comme une boule de feu dans l'océan. dégagé pendant un seul instant de son parcours. À présent, de sombres nuages plombés s'étaient accumulés sur tout le ciel et semblaient l'avoir rendu définitivement invisible. Les forts vents d'est, chauds, secs et chargés de poussière, qui jusqu'alors soufflaient aussi sûrement que le soleil se levait, étaient maintenant remplacés par des brises variables en rafales et de fortes pluies, souvent continues pendant trois jours et trois nuits ensemble ; et les chaumes de riz desséchés et fissurés qui, pendant le temps sec, s'étaient étendus dans toutes les directions sur des kilomètres autour de la ville, étaient déjà si inondés qu'ils n'étaient praticables que par bateaux ou au moyen d'un labyrinthe de sentiers au sommet des berges étroites. qui divisait les propriétés séparées.

On pouvait s'attendre à cinq mois de ce genre de temps dans le sud des Célèbes, et je résolus donc de rechercher un climat plus favorable pour recueillir pendant cette période, et de revenir à la prochaine saison sèche pour achever mon exploration de la région. Heureusement pour moi, j'étais dans l'un des magasins de friandises du commerce indigène de l'archipel. Les rotins de Bornéo, le bois de santal et le was d'abeille de Flores et de Timor, les tripangs du golfe de Carpentaria, l'huile de cajputi de Bouru , les muscades sauvages et l'écorce de mussoi de Nouvelle-Guinée, se trouvent tous dans les magasins du Marchands chinois et bugis de Macassar, ainsi que du riz et du café qui sont les principaux produits du pays environnant. Mais plus important que tout cela est le commerce avec Aru, groupe d'îles situé sur la côte sud-ouest de la Nouvelle-Guinée, et dont presque toute la production arrive à Macassar sur des navires indigènes. Ces îles sont tout à fait à l'écart de tout commerce européen et ne sont habitées que par des sauvages noirs à tête de vadrouille, qui contribuent pourtant aux goûts luxueux des races les plus civilisées. Les perles, les nacres et les écailles de tortue arrivent en Europe, tandis que les nids d'oiseaux comestibles et les « tripangs » ou limaces de mer sont récupérés par bateaux pour le plaisir gastronomique des Chinois.

Le commerce avec ces îles existe depuis des temps très anciens, et c'est d'elles que furent introduits pour la première fois les oiseaux du paradis, des deux espèces connues de Linné. Les navires indigènes ne peuvent faire le voyage qu'une fois par an, à cause des moussons. Ils quittent Macassar en décembre ou janvier au début de la mousson d'ouest et reviennent en juillet ou août avec la pleine force de la mousson d'est. Même par le peuple Macassar lui-même, le voyage vers les îles Aru est considéré comme une expédition plutôt sauvage et romantique, une source de vues inédites et d'aventures étranges. Celui qui l'a réalisé est considéré comme une autorité, et pour beaucoup, cela reste l'ambition inachevée de leur vie. J'avais moi-même espéré plutôt que prévu atteindre jamais cette "Ultima Thulé" de l'Est : et quand j'ai découvert que je pouvais vraiment le faire maintenant, n'ai-je eu que le courage de me faire confiance pour un voyage de mille milles dans un Bugis prau, et pendant six ou sept mois parmi des commerçants anarchiques et des sauvages féroces, je me suis senti un peu comme lorsque, écolier, on m'a permis pour la première fois de voyager en dehors de la diligence, de visiter ce lieu de tout ce qui est étrange et nouveau et merveilleux pour les jeunes imaginations-Londres !

Grâce à l'aide de bons amis , je fus présenté au propriétaire d'un des grands praus qui devait naviguer dans quelques jours. C'était un métis javanais, intelligent, doux et courtois dans ses manières, et il avait une jeune et jolie épouse hollandaise, qu'il allait laisser derrière lui pendant son absence. Quand nous parlions d'argent de passage, il ne fixait aucune somme, mais insistait pour me laisser entièrement le soin de payer à mon retour exactement ce qui me plaisait. "Et puis," dit-il, "que vous me donniez un dollar ou cent, je serai satisfait et je n'en demanderai pas plus."

Le reste de mon séjour fut entièrement occupé à faire des provisions, à embaucher des domestiques et à préparer tous les autres préparatifs pour une absence de sept mois même aux confins de la civilisation. Le matin du 13 décembre, lorsque nous montons à bord au lever du jour, il pleut beaucoup. Nous avons mis les voiles et ça a explosé. Notre bateau s'est perdu à l'arrière, nos voiles ont été endommagées et le soir nous nous sommes retrouvés dans le port de Macassar . Nous y restâmes encore quatre jours, à cause de la pluie constante qui rendait impossible le séchage et la réparation des énormes voiles à mats. Pendant toutes ces journées mornes, je restai à bord et, pendant les rares intervalles où il ne pleuvait pas, je me familiarisai avec notre étrange embarcation, dont je vais maintenant essayer de décrire quelques-unes des particularités.

C'était un navire pesant environ soixante-dix tonneaux et ayant la forme d'une jonque chinoise. Le pont était considérablement incliné vers la proue, qui constitue donc la partie la plus basse du navire. Il y avait deux grands gouvernails, mais au lieu d'être rabotés vers l'arrière, ils étaient suspendus aux hanches par de fortes poutres transversales, qui dépassaient de deux ou trois pieds de chaque côté, et dans quelle mesure le pont surplombait les côtés du navire au milieu du navire. Les gouvernails n'étaient pas articulés mais suspendus à des élingues en rotin, dont le frottement les maintient dans n'importe quelle position dans laquelle ils sont placés, et facilite ainsi peut-être la direction. Les barres n'étaient pas sur le pont, mais entraient dans le navire par deux ouvertures carrées dans un pont inférieur ou demi-pont d'environ trois pieds de haut, dans lequel sont assis les deux timoniers. Dans la partie arrière du navire se trouvait une poupe basse, haute d'environ trois pieds et demi, qui forme la cabine du capitaine, dont le mobilier se compose de caisses, de nattes et d'oreillers. Devant la poupe et le grand mât se trouvait une petite maison au toit de chaume sur le pont, haute d'environ quatre pieds jusqu'à la crête ; et un compartiment de celui-ci, formant une cabine de six pieds et demi de long sur cinq et demi de large, j'en avais pour moi tout seul, et c'était le petit endroit le plus douillet et le plus confortable que j'aie jamais apprécié en mer. On y pénétrait par une porte coulissante basse en toit de chaume d'un côté et une très petite fenêtre de l'autre. Le plancher était en bambou refendu, agréablement élastique, surélevé de six pouces au-dessus du pont, de manière à être bien sec. Il était recouvert de fines nattes de canne, pour la fabrication desquelles Macassar est célèbre ; contre le mur le plus éloigné étaient disposés mon étui à fusil , mes boîtes à insectes, mes vêtements et mes livres ; mon matelas occupait le milieu, et à côté de la porte se trouvaient ma cantine, ma lampe et mon petit magasin de luxe pour le voyage ; tandis que des fusils, un revolver et un couteau de chasse pendaient commodément au toit. Pendant ces quatre misérables jours, j'étais bien plus joyeux dans ce petit refuge que je ne l'aurais été si j'étais en même temps confiné dans le salon doré et inconfortable d'un paquebot de première classe. Alors, comme tout était relativement doux à bord : pas de peinture, pas de goudron, pas de corde neuve (la plus vile des odeurs au scrupule !), pas de graisse, ni d'huile, ni de vernis ; mais à la place de cela, du bambou et du rotin, de la corde de coco et du chaume de palmier ; des fibres végétales pures , qui sentent agréablement si elles sentent mauvais, et rappellent des scènes tranquilles dans la forêt verte et ombragée.

Notre navire avait deux mâts, si mâts ils peuvent être appelés c qui étaient de grands triangles mobiles. Si, sur un navire ordinaire, vous remplacez les haubans et le pataras par des pièces de bois solides, et si vous enlevez complètement le mât, vous obtenez la disposition adoptée à bord d'un prau. Au-dessus de ma cabine, et reposant sur des traverses attachées aux mâts, se trouvait un désert de vergues et d'espars, formés pour la plupart de bambous. La cour principale, immense ouvrage de près de cent pieds de long, était formée de nombreux morceaux de bois et de bambous liés entre eux par des rotins d'une manière ingénieuse. La voile portée par celui-ci était de forme oblongue et était suspendue hors du centre , de sorte que lorsque l'extrémité courte était descendue sur le pont, l'extrémité longue montait haut dans les airs, compensant la faiblesse du mât lui-même. La voile d'avant était de la même forme, mais plus petite. Tous deux étaient en nattes et, avec deux focs et une voile avant et arrière en toile de coton, complétaient notre gréement.

L'équipage était composé d'une trentaine d'hommes, originaires de Macassar et des côtes et îles adjacentes. Ils étaient pour la plupart jeunes, de petite taille, au visage large et à l'air joyeux . Leur tenue se composait généralement d'un pantalon seulement, lorsqu'ils travaillaient, et d'un mouchoir enroulé autour de la tête, auquel ils ajoutaient le soir une fine veste de cotonnade. Quatre des hommes les plus âgés étaient des « jurumudis », ou timoniers, qui devaient s'accroupir (deux à la fois) dans le petit poste de pilotage décrit ci-dessus, changeant toutes les six heures. Puis il y avait un vieil homme, le « juragan », ou capitaine, mais qui était en réalité ce qu'on devrait appeler le second ; il occupait l'autre moitié de la petite maison sur le pont. Il y avait une dizaine d'hommes respectables, Chinois ou Bugis, que notre propriétaire appelait « son propre peuple ». Il les traitait très bien, partageait ses repas avec eux et leur parlait toujours avec une parfaite politesse ; Pourtant, ils étaient pour la plupart des sortes d'esclaves débiteurs, obligés par le magistrat de police de travailler pour lui pour un simple salaire nominal pendant plusieurs années jusqu'à ce que leurs dettes soient liquidées. Il s'agit d'une institution néerlandaise dans cette partie du monde et elle semble bien fonctionner. C'est une grande aubaine pour les commerçants, qui ne peuvent rien faire dans ces régions peu peuplées sans confier leurs marchandises à des agents et à des petits marchands, qui les gaspillent fréquemment dans le jeu et la débauche. Les classes populaires sont presque toutes dans un état d'endettement chronique. Le commerçant leur fait confiance encore et encore, jusqu'à ce que le montant devienne sérieux, lorsqu'il les traduit en justice et se fait attribuer leurs services pour sa liquidation. Les débiteurs semblent considérer que cela n'a rien de honteux, mais qu'ils jouissent plutôt de leur liberté de responsabilité et de la dignité de leur position auprès d'un marchand riche et bien connu. Ils négocient un peu pour leur propre compte et les deux parties semblent très bien s'entendre. Le plan semble plus sensé que celui que nous adoptons, consistant à empêcher efficacement un homme de gagner quoi que ce soit pour payer ses dettes en l'enfermant dans une prison.

Mes propres serviteurs étaient au nombre de trois. Ali, le garçon malais que j'avais récupéré à Bornéo, était mon chef. Il était avec moi depuis déjà un an, il savait tout faire, il était très attentif et digne de confiance. C'était un bon tireur et il aimait le tir, et je lui avais très bien appris à écorcher les oiseaux. Le second, nommé Baderoon , était un garçon de Macassar ; c'est aussi un très bon garçon, mais un joueur désespéré. Sous prétexte d'acheter une maison pour sa mère et des vêtements pour lui-même, il avait reçu quatre mois de salaire environ une semaine avant notre départ et, en un jour ou deux, il avait joué chaque dollar de son argent. Il était monté à bord sans vêtements, ni bétel, ni tabac, ni poisson salé, autant d'articles nécessaires que j'étais obligé d'envoyer Ali acheter pour lui. Ces deux garçons avaient environ seize ans, je suppose ; le troisième était plus jeune, un petit coquin rusé nommé Baso , qui était avec moi depuis un mois ou deux et avait appris à cuisiner passablement. Il devait remplir la fonction importante de cuisinier et de femme de ménage, car je ne pouvais pas recruter de domestiques réguliers pour aller dans un pays aussi terriblement éloigné ; autant demander à un chef de cuisine d'aller en Patagonie.

Le cinquième jour que j'avais passé à bord (le 15 décembre), la pluie cessa et les derniers préparatifs furent faits pour le départ. Les voiles étaient séchées et enroulées, les bateaux allaient et venaient constamment et les provisions pour le voyage, fruits, légumes, poisson et sucre de palme, étaient embarquées. Dans l'après-midi, deux femmes arrivèrent avec un grand groupe d'amis et de relations, et au moment de se séparer, il y eut un frottement général du nez (le baiser malais) et quelques larmes coulèrent. C'étaient des symptômes prometteurs pour notre descente le lendemain ; et en conséquence, à trois heures du matin, le propriétaire monta à bord, l'ancre fut immédiatement levée, et à quatre heures nous embarquâmes. Alors que nous étions assez éloignés des autres praus, le vieux juragan répéta quelques prières, tout autour répondant par "Allah il Allah", et quelques coups de gong en accompagnement, concluant par tous se souhaitant " Salaamat " . jalan ", un voyage sûr et heureux. Nous avons eu une brise légère, une mer calme et une belle matinée, un début prospère de notre voyage d'environ mille milles vers les célèbres îles Aru.

Le vent est resté léger et variable toute la journée, avec un calme le soir avant que la brise de terre ne se lève, passant ensuite l'île de " Tanakaki " (pied de terre), à l'extrême sud de cette partie de Célèbes. Il y a ici des rochers dangereux, et comme j'étais près des pavois, il m'est arrivé de cracher par-dessus bord ; un des hommes m'a supplié de ne pas le faire tout de suite, mais il a craché sur le pont, car ils avaient très peur de cet endroit. Ne comprenant pas tout à fait, je lui fis répéter sa demande, quand, voyant qu'il était sérieux, je dis : « Très bien, je suppose qu'il y a des « hantus » (esprits) ici. "Oui", dit-il, "et ils n'aiment pas que quoi que ce soit soit jeté par-dessus bord ; bien des prau ont été perdus en le faisant." Sur quoi j'ai promis d'être très prudent. Au coucher du soleil, les bons mahométans du bord répétaient tous quelques paroles de prière avec un chœur général, me rappelant l'agréable et impressionnant « Ave. Maria » des pays catholiques.

20 décembre.- Au lever du soleil, nous étions en face de la montagne Bontyne , considérée comme l'une des plus hautes des Célèbes. Dans l'après-midi, nous avons passé le détroit de Salayer et avons eu un petit grain qui nous a obligé à baisser notre énorme mât, nos voiles et nos lourdes vergues. Le reste de la soirée, nous avons eu un bon vent d'ouest, qui nous a porté à

près de cinq nœuds à l'heure, autant que peut aller notre vieux baquet encombrant.

21 décembre. — Une forte houle du sud-ouest nous roule de manière très inconfortable. Un vent constant soufflait cependant et nous nous entendions très bien.

22 décembre. — La houle était descendue. Nous dépassâmes Boutong , une grande île haute, boisée et peuplée, lieu natal de quelques-uns de nos équipages. Un petit prau revenant de Bali vers l'île de Goram nous a rattrapé. Le Nakoda (capitaine) était connu de notre propriétaire. Ils étaient partis depuis deux ans, mais ils étaient pleins de monde, avec plusieurs Papous noirs à bord. A 18 heures nous dépassons Wangiwangi , basse mais pas plate, habitée et soumise à Boutong . Nous étions désormais entrés dans la mer des Moluques. La nuit tombée, c'était un spectacle magnifique que de contempler nos gouvernails, d'où jaillissaient des courants tourbillonnants de lumière phosphorique sertie d'étincelles de feu tourbillonnantes. Cela ressemblait (plus que toute autre chose à laquelle je puisse le comparer) à l'un des grands amas d'étoiles nébuleux irréguliers observés à travers un bon télescope, avec l'attrait supplémentaire d'une forme en constante évolution et d'un mouvement dansant.

23 décembre.-Beau lever de soleil rouge ; l'île que nous avons quittée hier soir à peine visible derrière nous. Le Goram Prau à environ un mile au sud de nous. Ils n'ont pas de boussole, et pourtant ils ont gardé un cap très précis pendant la nuit. Notre propriétaire me dit qu'ils le font au bord de la houle, dont ils remarquent la direction au coucher du soleil, et qu'ils naviguent à côté pendant la nuit. Dans ces mers, ils ne restent jamais (par beau temps) plus de deux jours sans voir terre. Bien sûr, des vents ou des courants contraires les emportent parfois, mais ils rencontrent bientôt une île, et il y a toujours à bord de vieux marins qui le savent et qui prennent alors un nouveau cap. Hier soir, un requin d'environ cinq pieds de long a été capturé, et ce matin il a été découpé et cuit. Dans l'après-midi, ils en ont reçu un autre, et j'en ai fait un peu frire, et je l'ai trouvé ferme et sec, mais très savoureux. Le soir, le soleil se coucha dans une épaisse couche de nuages qui, à mesure que la nuit tombait, prirent un aspect terriblement noir. Selon l'usage, lorsqu'on s'attend à un vent fort ou à de la pluie, nos grandes voiles étaient enroulées, et avec leurs vergues descendues sur le pont, et une petite voile d'avant carrée seule était maintenue. Les grandes voiles à tapis sont des choses très difficiles à gérer par mauvais temps. Les vergues qui les soutiennent ont soixante-dix pieds de long, et naturellement très lourdes, et le seul moyen de les enrouler étant d'enrouler la voile sur la bôme, c'est une chose très dangereuse de les laisser debout lorsqu'ils sont rattrapés par une rafale. Notre équipage ; bien qu'assez nombreux pour un navire de 700 au lieu d'un navire de 70 tonneaux, ils font largement ce qu'ils veulent, et il

semble qu'il y en ait rarement plus d'une douzaine à la fois. Cependant, lorsqu'il s'agit de faire quelque chose d'important, tous se mettent en route assez volontiers, mais alors tous se croient libres de donner leur opinion, et une demi-douzaine de voix se font entendre donnant des ordres, et il y a un tel cri et une telle confusion que cela semble merveilleux. tout est fait.

Considérant que nous avons à bord cinquante hommes de différentes tribus et langues, des types sauvages, à moitié sauvages, et que peu d'entre eux ressentent les contraintes de la moralité ou de l'éducation, nous nous entendons à merveille. Il n'y a pas de combats ni de querelles, comme il y en aurait certainement parmi le même nombre d'Européens avec aussi peu de retenue dans leurs actions, et il n'y a presque pas de bruit et d'excitation auxquels on pourrait s'attendre. Par beau temps, la plupart d'entre eux s'amusent tranquillement : les uns dorment à l'ombre des voiles ; d'autres, par petits groupes de trois ou quatre, parlent ou mâchent du bétel ; l'un fabrique un nouveau manche à son couteau à découper, un autre coud un nouveau pantalon ou une nouvelle chemise, et tous sont aussi calmes et bien conduits qu'à bord du navire marchand anglais le mieux commandé. Deux ou trois se relaient pour veiller à l'avant et surveiller les haubans et les drisses des grandes voiles ; les deux timoniers sont en bas dans l'entrepont ; notre capitaine, ou le juragan , donne le cap, guidé en partie par le compas et en partie par la direction du vent, et un quart de deux ou trois sur la poupe surveille le réglage des voiles et annonce les heures au bord de l'eau. -horloge. C'est un appareil très ingénieux, qui mesure bien le temps, aussi bien par gros temps que par beau temps. Il s'agit simplement d'un seau à moitié rempli d' eau, dans lequel flotte la moitié d'une coque de noix de coco bien grattée. Au fond de cette coquille se trouve un très petit trou, de sorte que lorsqu'il est placé pour flotter dans le seau, un fin filet d'eau y jaillit. Celui-ci remplit peu à peu la coquille, et la dimension du trou est tellement ajustée à la capacité du récipient qu'au bout d'une heure exactement, le dodu va au fond. La montre annonce alors le nombre d'heures depuis le lever du soleil et remet à flot la coque vide. C'est un très bon mesureur de temps. Je l'ai testé avec ma montre et j'ai constaté qu'il ne variait guère d'une minute d'une heure à l'autre, et que le mouvement du navire n'avait aucun effet sur lui, car l'eau dans le seau restait bien entendu à niveau. Il a un grand avantage pour un peuple grossier d'être facilement compris, d'être assez volumineux et facile à voir, et, lors de la submersion finale, d'être accompagné d'un petit bouillonnement et d'une agitation de l'eau qui attire l'attention sur lui. Il est également rapidement remplacé en cas de perte au port .

Notre capitaine et propriétaire, je le trouve, est un homme calme, de bonne humeur, qui semble très bien s'entendre avec tout ce qui l'entoure. En mer, il ne boit ni vin ni spiritueux, mais se contente de café et de gâteaux, matin et après-midi, en compagnie de son supercargo et de ses assistants.

C'est un homme peu instruit, il sait lire et écrire bien le néerlandais et le malais, il utilise une boussole et possède une carte. Il est commerçant à Aru depuis de nombreuses années et est bien connu des Européens et des autochtones de cette partie du monde.

24 décembre.- Beau et peu de vent. Aucune terre en vue pour la première fois depuis notre départ de Macassar. A midi calme, avec de fortes averses, dans lesquelles notre équipage lave ses vêtements, tandis que l'après-midi le prau est couvert de chemises, de pantalons et de sarongs de diverses couleurs gaies . J'ai fait aujourd'hui une découverte qui m'a d'abord plutôt alarmé. Les deux sabords ou ouvertures par lesquels entrent les gouvernails par les gouvernails latéraux ne sont pas à plus de trois ou quatre pieds au-dessus de la surface de l'eau, qui a ainsi une entrée libre dans le navire. J'avais bien entendu imaginé que cet espace ouvert d'un côté à l'autre était séparé de la cale par une cloison étanche, de sorte qu'une mer entrant pourrait s'écouler de l'autre côté et ne faire plus de mal que de donner aux timoniers une trempé. Cependant, à ma grande surprise et à mon grand désarroi, je constate qu'elle est complètement ouverte sur la cale, de sorte qu'une demi-douzaine de vagues déferlantes par une nuit de tempête nous submergeraient presque, ou presque . Pensez à un navire partant en mer pendant un mois avec deux trous, chacun d'un mètre carré, dans la cale, à trois pieds au-dessus de la ligne de flottaison, trous aussi qui ne peuvent pas être fermés ! Mais notre capitaine dit que tous les praus le sont ; et bien qu'il reconnaisse le danger, « il ne sait pas comment le modifier – les gens y sont habitués ; il ne comprend pas aussi bien le praus qu'eux, et si un si grand changement était fait, il devrait être sûr d'avoir difficulté à réunir un équipage ! » Cela prouve en tout cas que les praus doivent être de bons bateaux de mer, car le capitaine y fait continuellement des voyages depuis dix ans, et dit qu'il n'a jamais vu entrer assez d'eau pour faire du mal.

25 décembre - Le jour de Noël s'est levé sur nous avec des rafales de vent, de la pluie battante, du tonnerre et des éclairs, auxquels s'ajoutaient une mer courte et confuse qui faisait tanguer et rouler notre étrange navire très inconfortablement. Vers neuf heures cependant, le temps s'éclaircit, et nous vîmes alors devant nous la belle île de Bouru , distante peut-être de quarante ou cinquante milles, ses montagnes couronnées de nuages, tandis que ses terres basses étaient encore invisibles. L'après-midi était beau et le vent tournait de nouveau à l'ouest ; mais bien qu'il s'agisse en réalité de la mousson d'ouest, elle n'a ni régularité ni stabilité, des calmes et des brises venant continuellement de tous les points de la boussole. Le capitaine, bien que protestant, semblait n'avoir aucune idée du jour de Noël comme d'une fête. Notre dîner était composé de riz et de curry, comme d'habitude, et un verre de vin supplémentaire était tout ce que je pouvais faire pour le célébrer.

26 décembre . — Belle vue sur les montagnes de Bouru , dont nous sommes maintenant considérablement approchés. Notre équipage semble plutôt maladroit. Ils ne marchent pas sur le pont avec le mouvement facile des marins anglais, mais hésitent et titubent comme des terriens. Dans la nuit, la bôme inférieure de notre grand-voile s'est cassée et ils ont passé toute la matinée à la réparer. Il se composait de deux bambous attachés ensemble, du plus gros au plus fin, et mesurait environ soixante-dix pieds de long. Le gréement et la disposition de ces praus contrastent étrangement avec ceux des navires européens, dans lesquels les divers cordages et espars, quoique beaucoup plus nombreux, sont placés de manière à ne pas gêner l'action des uns et des autres. Ici, le cas est tout à fait différent ; car bien qu'il n'y ait ni haubans ni haubans pour compliquer les choses, on ne peut presque rien faire sans d'abord dégager autre chose. Les grandes voiles ne peuvent pas être déplacées pour passer sur l'autre amure sans descendre au préalable les focs, et les bômes des voiles avant et arrière doivent être abaissées et complètement détachées pour effectuer la même opération. Puis il y a toujours beaucoup de cordages qui s'emboîtent les uns dans les autres, et toutes les voiles ne peuvent jamais être tendues (quoiqu'elles soient si peu nombreuses) sans qu'une bonne partie de leur surface ne soit tenue au vent par d'autres. Cependant les praus sont très appréciés même de ceux qui ont eu des navires européens, à cause de leur bon marché tant en termes de premier coût que d'entretien ; presque toutes les réparations peuvent être effectuées par l'équipage et très peu de magasins européens sont nécessaires.

28 décembre . — Ce jour-là, nous avons vu apparaître le groupe Banda, le volcan pour la première fois, cône parfait, ayant à peu près le contour des pyramides égyptiennes, et paraissant presque aussi régulier. Le soir, la fumée restait sur son sommet comme un petit nuage stationnaire. C'était ma première vue d'un volcan actif, mais les images et les panoramas ont tellement imprimé de telles choses dans l'esprit, que lorsque nous les contemplons enfin, elles ne semblent rien d'extraordinaire.

30 décembre . — Passage de l'île de Teor et d'un groupe à proximité, qui sont très incorrectement marqués sur les cartes. Les poissons volants étaient nombreux aujourd'hui. C'est une espèce plus petite que celle de l'Atlantique, plus active et plus élégante dans ses mouvements. En effleurant la surface , ils se tournent sur le côté, de manière à montrer pleinement leurs belles nageoires, effectuant un vol d'une centaine de mètres, montant et descendant de la manière la plus gracieuse. À une petite distance, ils ressemblent exactement à des hirondelles, et quiconque les voit ne peut douter qu'ils volent réellement, et qu'ils ne descendent pas simplement dans une direction oblique depuis la hauteur qu'ils ont gagnée lors de leur premier saut. Le soir, un oiseau aquatique, une espèce de fou (Sula fibre.) s'est posé sur notre poulailler et a été attrapé par le cou par un de mes garçons.

31 décembre. — Au point du jour, les îles Ke (prononcer Kay) étaient en vue, où nous devons séjourner quelques jours. Vers midi, nous contournâmes la pointe nord et tâchâmes de longer le mouillage ; mais étant maintenant du côté sous le vent de l'île, le vent souffla en violentes rafales irrégulières, puis nous quittant complètement, nous fûmes emportés en arrière par un fort courant. À ce moment-là, deux bateaux chargés d'indigènes apparurent, et notre propriétaire s'étant mis d'accord avec eux pour nous remorquer jusqu'au port , ils essayèrent de le faire, aidés par notre propre bateau, mais ne purent avancer. Nous fûmes donc obligés de mouiller dans un endroit très dangereux sur un fond rocheux, et nous fûmes occupés jusqu'à presque la nuit à fixer des aussières à quelques rochers sous l'eau. La côte de Ké que nous avions longée était très pittoresque. Des roches calcaires de couleur claire s'élevaient brusquement de l'eau jusqu'à une hauteur de plusieurs centaines de pieds, partout brisées en pics et pinacles saillants, usées par le temps en pointes acérées et en surfaces alvéolées, et recouvertes partout d'une végétation des plus variées et luxuriantes. Les falaises dominant la mer offraient à notre vue des pins vissés et des Liliacées arborescentes aux formes étranges, mêlées d'arbustes et de lianes ; tandis que les pentes les plus élevées abritaient une croissance dense d'arbres forestiers. Çà et là, de petites baies et criques offraient des plages d'une blancheur éblouissante. L'eau était transparente comme du cristal et teintait la pente rocheuse qui plongeait à pic dans ses profondeurs insondables de couleurs variant de l'émeraude au lapis-lazuli. La mer était calme comme un lac et le soleil glorieux des tropiques jetait sur tout un flot de lumière dorée. La scène était pour moi d'un charme inexprimable. J'étais dans un monde nouveau et je pouvais rêver aux productions merveilleuses cachées dans ces forêts rocheuses et dans ces abîmes azur. Mais peu de pieds européens avaient jamais foulé les rivages. J'ai contemplé ses plantes, ses animaux et ses hommes presque inconnus, et je ne pouvais m'empêcher de spéculer sur ce que mes pérégrinations là-bas pendant quelques jours pourraient mettre en lumière.

CHAPITRE XXIX.
LES ÎLES KE.

Les bateaux indigènes qui étaient venus à notre rencontre étaient au nombre de trois ou quatre, contenant en tout une cinquantaine d'hommes.

C'étaient de longues pirogues, dont la proue et la poupe s'élevaient en un bec de six pieds de haut , décoré de coquilles et de panaches ondulants de poils de casoar . J'avais maintenant ma première vision des Papous dans leur propre pays et, en moins de cinq minutes, j'étais convaincu que l'opinion déjà formulée par l'examen de quelques esclaves du Timor et de la Nouvelle-Guinée était essentiellement correcte et que les gens à qui j'avais maintenant une idée L'occasion de comparer côte à côte appartenait à deux des races les plus distinctes et les plus fortement marquées que contient la terre. Si j'avais été aveugle, j'aurais pu être certain que ces insulaires n'étaient pas des Malais. Les tons forts, rapides et enthousiastes, le mouvement incessant, l'activité vitale intense manifestée dans la parole et l'action, sont aux antipodes mêmes du Malais calme, impulsif et inanimé. Ces hommes Ke sont arrivés en chantant et en criant, plongeant leurs pagaies au fond de l' eau . et vomissant des nuages d'embruns; à mesure qu'ils s'approchaient, ils se levaient dans leurs canots et augmentaient leurs bruits et leurs gesticulations ; et en accostant, sans demander congé et sans un instant d'hésitation, la plupart d'entre eux se précipitèrent sur notre pont comme s'ils venaient prendre possession d'un navire capturé. Commence alors une scène de confusion indescriptible. Ces quarante sauvages noirs, nus, à tête de tignasse, semblaient ivres de joie et d'excitation. Aucun d'eux ne pouvait rester immobile un instant. Chaque individu de notre équipage était tour à tour encerclé et examiné, demandé du tabac ou de l'arack, souri et déserté pour en obtenir un autre. Tous parlaient à la fois, et notre capitaine était régulièrement assailli par les chefs qui voulaient être employés pour nous remorquer et qui demandaient avec véhémence d'être payés d'avance. Quelques cadeaux de tabac faisaient briller leurs yeux ; ils exprimaient leur satisfaction par des sourires et des cris, en se roulant sur le pont ou en sautant par-dessus bord. Des écoliers en vacances inattendues, des Irlandais à une foire ou des aspirants de marine à terre ne donneraient qu'une faible idée de la joie animale exubérante de ces gens.

Dans des circonstances similaires, les Malais ne pouvaient pas se comporter comme ces Papous. S'ils montaient à bord d'un navire (après avoir demandé la permission), pas un mot ne serait d'abord prononcé, à l'exception de quelques compliments, et ce n'est qu'après un certain temps et avec beaucoup de prudence que le monde s'approcherait des affaires. On parlerait à la fois, à voix basse et avec beaucoup de délibération, et la façon de conclure un marché serait de refuser tranquillement toutes vos offres, ou même de s'en aller sans dire un mot de plus à ce sujet, à moins d'avancer votre prix au prix qu'ils ont proposé . étaient prêts à accepter. Notre équipage, dont beaucoup n'avaient jamais fait le voyage auparavant, parut scandalisé par des mauvaises manières sans précédent et ne commença que très progressivement à fraterniser avec les noirs. Ils m'ont rappelé un groupe d'enfants sages et bien élevés, soudainement attaqués par un groupe de garçons sauvages et turbulents, dont la conduite semble des plus extraordinaires et des plus vilaines. Ces traits moraux sont plus frappants et plus concluants d'une diversité absolue que le contraste physique présenté par les deux races, bien que celui-ci soit suffisamment remarquable. La noirceur de suie de la peau, la chevelure crépue et, par-dessus tout, la forme marquée du visage, d'un type tout à fait différent de celui du Malais, sont ce que nous ne pouvons pas croire qu'ils résultent de simples conditions climatiques ou climatiques . d'autres influences modificatrices sur une seule et même race. Le visage malais est de type mongol, large et quelque peu plat. Les sourcils sont déprimés, la bouche large, mais non saillante, et le nez petit et bien formé , sauf la grande dilatation des narines. Le visage est lisse et présente rarement la trace d'une barbe ; les cheveux sont noirs, grossiers et parfaitement droits. Le Papou, au contraire, a un visage que l'on peut dire comprimé et saillant. Les sourcils sont protubérants et pendants, la bouche grande et proéminente, tandis que le nez est très grand, l'apex allongé vers le bas, la crête épaisse et les narines grandes. C'est un trait remarquable et intrusif du visage, à l'opposé de ce que l'on retrouve dans le visage malais. La barbe torsadée et les cheveux crépus complètent ce contraste remarquable. Héros, j'avais alors atteint un nouveau monde, habité par un peuple étrange. Entre les tribus malaises, parmi lesquelles je vivais depuis quelques années, et les races papoues, dans lesquelles j'étais maintenant entré, nous pouvons dire avec raison qu'il y a autant de différence, tant morale que physique, qu'entre les Indiens rouges du Sud. L'Amérique et les nègres de Guinée de l'autre côté de l'Atlantique.

1er janvier 1857. — Ce fut une journée de grande joie. J'ai erré dans les forêts d'une île rarement vue par les Européens. Avant le point du jour, nous quittions notre mouillage et atteignîmes en une heure le village de Har, où nous devions rester trois ou quatre jours. La chaîne de collines ici s'est retirée pour former une petite baie, et elles ont été divisées en pics et buttes avec des plats et des creux intermédiaires. Une large plage du sable le plus blanc bordait la partie intérieure de la baie, adossée à un massif de cocotiers, parmi lesquels étaient cachées les cabanes, et surmontée d'une végétation dense et variée. Des canoës et des bateaux de différentes tailles étaient stationnés sur la plage et un ou deux badauds, accompagnés de quelques enfants et d'un chien, regardaient notre prau tandis que nous arrivions à l'ancre.

Lorsque nous débarquâmes, la première chose qui nous attira fut un grand hangar bien construit, sous lequel un long bateau était en construction, tandis que d'autres, plus ou moins achevés, étaient placés de temps en temps le long de la plage. Notre capitaine, qui en voulait deux de taille moyenne pour le commerce entre les îles d'Aru, commença immédiatement à négocier pour eux, et en peu de temps il arrangea avec la nonne le nombre de fusils en laiton, de gongs, de sarongs, de mouchoirs, de haches, d'assiettes blanches, de tabac. , et de l'arack, qu'il devait donner contre un cheveu qui pourrait être préparé en quatre jours. Nous nous rendîmes ensuite au village, qui ne comprenait que trois ou quatre cabanes, situées immédiatement au-dessus de la plage, sur un terrain rocheux irrégulier, ombragé de cocotiers, de palmiers, de bananiers et d'autres arbres fruitiers. Les maisons étaient très grossières, noires et à moitié pourries, élevées de quelques pieds sur des poteaux avec des côtés bas en bambou ou en planches et de hauts toits de chaume. Ils avaient de petites portes et pas de fenêtres, une ouverture sous les pignons en saillie laissant passer la fumée et un peu de lumière. Les sols étaient en bandes de bambou, minces, glissantes et élastiques, et si faibles que mes pieds risquaient de plonger. à chaque étape. Des boîtes indigènes de feuilles de pandanus et des plaques de moelle de palmier, très soigneusement construites, des nattes de celles-ci, des bocaux et des marmites en poterie indigène, et quelques assiettes et bassins européens, constituaient tout le mobilier, et l'intérieur était entièrement sombre et enfumé. -noirci et lugubre à l'extrême.

Accompagné d'Ali et Baderoon , j'ai alors tenté de faire quelques explorations, et nous avons été suivis par un groupe de garçons impatients de voir ce que nous allions faire. Le sentier le plus fréquenté depuis la plage nous conduisait dans un creux ombragé, où les arbres étaient d'une hauteur immense et les sous-bois rares. Des sommets de ces arbres sortait par intervalles un son profond et retentissant, qui nous intrigua d'abord, mais que nous trouvâmes bientôt venir de quelques gros pigeons. Mes garçons leur ont tiré dessus et après un ou deux ratés, ils en ont abattu un. C'était un magnifique oiseau de vingt pouces de long, d'une couleur blanc bleuté , avec le dos des ailes et la queue d'un vert métallique intense, aux reflets dorés, bleus et violets , les pattes rouge corail et les yeux jaune d'or. C'est une espèce rare, que j'ai nommée Carpophaga concinna , et on ne le trouve que dans quelques petites îles, où cependant il abonde. C'est la même espèce qui, dans l'île de Banda, est appelée pigeon muscade, à cause de son habitude de dévorer les fruits, la graine ou la noix de muscade étant rejetée entière et indemne. Bien que ces pigeons aient un bec étroit, leurs mâchoires et leur gorge sont si extensibles qu'ils peuvent avaler des fruits de très grande taille. J'avais auparavant photographié une espèce beaucoup plus petite que celle-ci, qui contenait un certain nombre de fruits de palmier globuleux et durs, chacun mesurant plus d'un pouce de diamètre.

Un peu plus loin, le chemin se divise en deux, l'un longeant la plage, et traversant des mangroves et des sagoutiers, l'autre s'élevant vers des terres cultivées. Nous revînmes donc, et prenant un nouveau départ du village, nous tâchâmes de gravir les collines et de pénétrer dans l'intérieur. Le chemin, cependant, était des plus éprouvants. Là où il y avait de la terre, c'était un dépôt d'argile rougeâtre recouvrant le rocher et si lisse par l'usure des pieds nus que mes chaussures ne pouvaient avoir aucune prise sur la surface en pente. Un peu plus loin, nous arrivâmes au rocher nu, et ce fut pire, car il était si accidenté et brisé, si alvéolé et si usé par les intempéries en pointes et en angles acérés, que mes garçons, qui avaient marché pieds nus toute leur vie, ne pouvaient pas le supporter. . Leurs pieds ont commencé à saigner, et j'ai vu que si je ne voulais pas qu'ils soient complètement boiteux, il serait sage de se tourner vers le manque. Mes propres chaussures, plutôt fines, n'étaient qu'une mauvaise protection et auraient bientôt été coupées en morceaux ; cependant nos petits guides nus marchaient avec la plus grande aisance et la plus grande insouciance, et semblaient très étonnés de notre mollesse de ne pas pouvoir faire une promenade qui leur était parfaitement agréable. Pendant le reste de notre séjour dans l'île, nous fûmes obligés de nous borner au voisinage du rivage et des terrains cultivés, et dans ces parties plus plates de la forêt où un peu de terre s'était accumulée et où la roche avait été moins exposée à l'action atmosphérique. .

L'île de Ke (prononcée exactement comme la lettre K, mais orthographiée par erreur sur nos cartes Key ou Ki) est longue et étroite, s'étendant dans une direction nord et sud, et se compose presque entièrement de rochers et de montagnes. Elle est partout couverte de forêts luxuriantes, et dans ses baies et criques le sable est d'une blancheur éclatante, résultant de la décomposition du calcaire corallien dont il est entièrement composé. Dans tous les petits bras de mer et vallées marécageuses, les sagoutiers abondent et constituent l'essentiel de la subsistance des indigènes, qui ne cultivent pas de riz et n'ont guère d'autres produits cultivés que les noix de coco, les plantains et les ignames. Des noix de coco, qui entourent chaque cabane et qui prospèrent extrêmement sur le sol calcaire poreux et sous l'influence des brises salées, on fabrique de l'huile qui est vendue à bon prix aux commerçants d'Aru, qui touchent tous ici pour y déposer leurs réserves. leur coller de cet article, ainsi que d'acheter des bateaux et de la vaisselle indigène. Les bols, casseroles et plateaux en bois sont également fabriqués en grande partie ici, taillés dans des blocs de bois massifs avec un couteau et une herminette ; et ceux-ci sont transportés dans toutes les parties des Moluques. Mais l'art dans lequel les indigènes de Ke excellent par excellence est celui de la construction de bateaux. Leurs forêts fournissent une abondance de bois précieux, mais probablement pas plus que beaucoup d'autres îles, et pour des causes inconnues, ces sauvages éloignés en sont venus à exceller dans ce qui semble un art très difficile. Leurs petites pirogues sont d'une belle forme, larges et basses au centre , mais s'élevant à chaque extrémité, où elles se terminent par des becs très pointus, plus ou moins sculptés, et ornés d'un panache de plumes. Ils ne sont pas creusés dans un arbre, mais sont régulièrement construits à partir de planches allant d'un bout à l'autre, et si précisément ajustées qu'il est souvent difficile de trouver un endroit où une lame de couteau puisse être insérée entre les articulations. Les plus gros pèsent de 20 à 30 tonnes et sont finis prêts à prendre la mer sans utiliser un clou ou une particule de fer, et sans autres outils que la hache, l'herminette et la tarière. Ces navires sont beaux à regarder, bons voiliers et admirables bateaux de mer, et feront de longs voyages en parfaite sécurité, traversant tout l'archipel depuis la Nouvelle-Guinée jusqu'à Singapour dans des mers qui, comme peuvent en témoigner tous ceux qui y ont beaucoup navigué. , ne sont pas aussi fluides et sans tempêtes que les voyageurs qui peignent des mots aiment les représenter.

Les forêts de Ke produisent des bois magnifiques, hauts, droits et durables, de qualités diverses, dont quelques-unes sont, dit-on, supérieures au meilleur teck indien. Pour fabriquer chaque paire de planches utilisées dans la construction des plus grands bateaux, un arbre entier est consommé. Il est abattu, souvent à des kilomètres du rivage, coupé à la longueur appropriée, puis coupé longitudinalement en deux portions égales. Chacun d'eux forme une planche en coupant avec la hache jusqu'à une épaisseur uniforme de trois ou quatre pouces, en laissant d'abord un bloc solide à chaque extrémité pour empêcher la fente. Au centre de chaque planche, on laisse une série de pièces en saillie, s'élevant de trois ou quatre pouces, à peu près de la même largeur et d'un pied de longueur ; ceux-ci sont d'une grande importance dans la construction du navire. Lorsqu'un nombre suffisant de planches a été fabriquée, elles sont laborieusement traînées à travers la forêt par trois ou quatre hommes chacun jusqu'à la plage, où le bateau doit être construit. Un élément de fondation, large au milieu et s'élevant considérablement à chaque extrémité, est d'abord posé sur des blocs et correctement étayé. Les bords de celui-ci sont travaillés fidèlement et lisses avec l' herminette , et une planche, correctement courbée et effilée à chaque extrémité, est maintenue fermement contre elle, tandis qu'une ligne est tracée le long d'elle qui permet de la couper de manière à s'adapter exactement. . Une série de trous de tarière, à peu près aussi grands que le doigt, sont ensuite percés le long des bords opposés, et des épingles en bois très dur y sont fixées, de sorte que les deux planches soient fermement maintenues et puissent être enfoncées dans le contact le plus étroit ; et aussi difficile que cela semble se faire sans autre aide que l'habileté pratique grossière pour former chaque bord aux véritables courbes correspondantes, et pour percer les trous de manière à correspondre exactement à la fois en position et en direction, pourtant c'est si bien fait que le meilleur Les constructeurs navals européens ne peuvent pas produire des joints plus solides ou mieux ajustés.

Le bateau est construit de cette manière en ajustant planche sur planche jusqu'à ce que la hauteur et la largeur appropriées soient obtenues. Nous avons maintenant une peau maintenue entièrement par les épingles de bois dur reliant les bords des planches, très solide et élastique, mais n'ayant rien d'autre que l'adhérence de ces épingles pour empêcher les planches de béer. Dans les petits bateaux , les sièges et dans les plus grands, les traverses sont désormais fixes. Ils sont suspendus dans de légères encoches découpées pour les recevoir, et sont en outre fixés aux morceaux saillants de la planche en dessous par un solide arrimage de rotin. Les nervures sont maintenant formées de pièces uniques de bois dur choisies et taillées de manière à s'adapter exactement aux saillies de chaque planche, légèrement entaillées pour les recevoir, et solidement liées à elles par des rotins passés à travers un trou dans chaque pièce en saillie à proximité de la surface de la planche. Les extrémités sont fermées contre la proue verticale et les poteaux arrière, puis fixées avec des piquets et des rotins, et le bateau est alors terminé ; et lorsqu'il est équipé de gouvernails, de mâts et d'un toit de chaume, il est prêt à affronter les vagues. Un examen attentif du principe de ce mode de construction, et compte tenu de la résistance et des qualités de liaison du rotin (qui ressemble à ces égards à du fil de fer plutôt qu'à des cordages), me fait croire qu'un navire soigneusement construit de cette manière est en réalité plus solide et plus sûr . que celui fixé de la manière ordinaire avec des clous.

Pendant notre séjour ici, nous étions tous très occupés. Notre capitaine surveillait quotidiennement l'achèvement de ses deux petits praus. Toute la journée, des bateaux indigènes arrivaient avec du poisson, des noix de coco, des perroquets et des loris, des casseroles en terre, des feuilles de sirip , des bols et des plateaux en bois, etc. &c., que chacun des cinquante habitants de notre prau semblait acheter pour son propre compte, jusqu'à ce que tout l'espace disponible et le plus indisponible de notre navire soit occupé par ces articles divers : car chaque homme à bord d'un prau se considère libre faire du commerce et emporter avec lui tout ce qu'il peut se permettre d'acheter.

L'argent est ici inconnu et sans valeur : les couteaux, le tissu et l'arack constituent le seul moyen d'échange, le tabac étant une petite pièce de monnaie. Chaque transaction fait l'objet d'un marché spécial et donne lieu à de nombreuses discussions. Il faut absolument offrir très peu, car les indigènes ne sont jamais satisfaits tant qu'on n'en ajoute pas un peu plus. Ils seront alors bien plus contents que si vous leur aviez d'abord donné le double du montant et que vous aviez refusé de l'augmenter.

Moi aussi, je faisais quelques affaires, après avoir persuadé quelques indigènes de ramasser des insectes pour moi ; et quand ils s'aperçurent réellement que je leur donnais le tabac le plus parfumé pour des coléoptères noirs et verts sans valeur, j'eus bientôt des dizaines de visiteurs, hommes, femmes et enfants, apportant des bambous pleins de créatures rampantes qui, hélas ! trop souvent ils s'étaient mangés en morceaux pendant l'ennui d'une journée de confinement. J'en ai obtenu une grande quantité d'un grand nouveau coléoptère, scintillant de reflets rubis et émeraude, après avoir d'abord détecté l'un de ses élytres ornant l'extérieur de la blague à tabac d'un indigène. C'était une espèce toute nouvelle, et on n'en avait trouvé nulle part ailleurs que sur cette petite île. C'est l'un des Buprestidae et a été nommé Cyphogastra calépygue .

Chaque matin, après un petit déjeuner matinal, j'errais seul dans la forêt, où je trouvais une occupation délicieuse en capturant les grands et beaux papillons, qui étaient assez abondants, et pour la plupart nouveaux pour moi ; car j'étais maintenant aux confins des Moluques et de la Nouvelle- Guinée, région dont les productions étaient alors parmi les plus précieuses et les plus rares dans les cabinets de l'Europe. Ici, mes yeux furent régalés pour la première fois de splendides loris écarlates en vol, ainsi que de la vue de ce papillon le plus impérial, le « Priamus » des collectionneurs, ou une espèce étroitement voisine, mais volant si haut que je ne pus le remarquer. réussir à capturer un spécimen. L'un d'eux m'a été amené dans un bambou, ennuyé par de nombreux coléoptères et bien sûr mis en pièces. Le principal inconvénient de cet endroit pour un collectionneur est le manque de bons sentiers et le caractère terriblement accidenté de la surface, qui exige que l'attention soit si continuellement dirigée vers la sécurité d'un pied, qu'il rend très difficile la capture d'objets ailés actifs. qui passent hors de portée tandis qu'on regarde pour voir que le prochain pas ne nous plongera pas dans un gouffre ou au-dessus d'un précipice. Un autre inconvénient est qu'il n'y a pas de cours d'eau, la roche étant d'une nature si poreuse que l'eau de surface pénètre partout dans ses fissures ; Tel est du moins le caractère du quartier que nous avons visité, la seule eau étant constituée de petites sources ruisselant près de la plage.

Dans les forêts de Ke , les Liliacées et Pandanacées arboricoles abondent, et donnent un caractère à la végétation dans les endroits rocheux les plus exposés. Les fleurs étaient rares et il n'y avait pas beaucoup d'orchidées, mais j'ai remarqué la belle orchis-papillon blanche, Phalaenopsis grandiflora, ou une espèce qui lui est étroitement apparentée. La fraîcheur et la vigueur de la végétation étaient très agréables, et sur une surface rocheuse aussi aride était l'indice certain d'un climat perpétuellement humide. De grands troncs nets, dont beaucoup étaient contreforts, et d'immenses arbres de la famille des figuiers, avec des racines aériennes s'étendant et s'entrelaçant et emmêlées ensemble à cinquante ou cent pieds au-dessus du sol, étaient les traits caractéristiques ; et il y avait une absence d'arbustes épineux et de rotins épineux, qui auraient rendu ces étendues sauvages très agréables à parcourir, sans les rochers pointus en nid d'abeilles déjà évoqués. Dans les endroits humides, on a trouvé un beau sous-bois de plantes herbacées à feuilles larges, autour desquelles pullulaient de petits lézards verts, avec des queues du plus « bleu céleste », se tordant entre les tiges et le feuillage si activement que j'apercevais souvent seulement leurs queues. , quand ils m'ont surpris par leur ressemblance avec de petits serpents. Presque les seuls sons dans ces bois primitifs provenaient de deux oiseaux, les loris rouges, qui poussent des cris aigus comme la plupart des perroquets, et le grand pigeon muscade vert, dont la voix est soit un boum fort et grave, comme deux notes frappées. sur un très gros gong, ou parfois sur un coassement rauque semblable à celui d'un crapaud, tout à fait particulier et remarquable. Selon les indigènes, seuls deux quadrupèdes habitent l'île : un cochon sauvage et un Cuscus, ou opossum oriental, dont je n'ai pu obtenir de spécimens d'aucun des deux.

Les insectes étaient plus abondants et très intéressants. Parmi les papillons, j'ai capturé trente-cinq espèces, la plupart nouvelles pour moi, et beaucoup tout à fait inconnues dans les collections européennes. Parmi eux se trouvait le beau Papilio jaune et noir euchenor , dont peu de spécimens avaient été capturés auparavant, et plusieurs autres beaux papillons de grande taille, ainsi que de beaux petits « bleus » et de brillants papillons diurnes. La tribu des coléoptères était moins abondante, mais j'ai obtenu quelques espèces très belles et rares. Sur les feuilles d'un arbuste élancé, dans une vieille clairière, j'ai trouvé plusieurs beaux coléoptères bleus et noirs du genre Eupholus , qui rivalisent presque en beauté avec les coléoptères diamants de l'Amérique du Sud. Certains cocotiers en fleurs sur la plage étaient fréquentés par un fin coléoptère floral vert (Lomaptera) qui, lorsque les fleurs étaient secouées, s'envolait comme un petit essaim d'abeilles. J'ai demandé à un membre de notre équipe de grimper à l'arbre, et il m'en a apporté un bon numéro dans sa main ; et voyant qu'elles avaient de la valeur, je l'envoyai de nouveau avec mon filet pour y secouer les fleurs, et j'en obtins ainsi une grande quantité. Ma meilleure capture fut cependant le superbe insecte de la famille des Buprestis , déjà mentionné comme ayant été obtenu des indigènes, qui me racontèrent qu'ils l'avaient trouvé dans les arbres pourris des montagnes.

Dans la forêt elle-même, les seuls coléoptères communs et visibles étaient deux cicindèles. Un, Therates labiata , était beaucoup plus grande que notre cicindèle verte, d'une couleur pourpre noir , avec des reflets métalliques verts, et la large lèvre supérieure d'un jaune vif. On le trouvait toujours sur le feuillage, généralement de plantes herbacées à large pente, et dans des situations humides et sombres, effectuant de fréquents vols courts de feuille en feuille et conservant une attitude alerte, comme s'il était toujours à l'affût de sa proie. On pouvait immédiatement reconnaître son voisinage, souvent avant qu'on l'aperçoive, par une odeur très agréable , comme celle d'une odeur de roses, qu'il semble émettre continuellement, et qui peut probablement attirer les petits insectes dont il se nourrit. L'autre, Tricondyla aptera, est l'une des formes les plus curieuses de la famille des Cicindelidae et est presque exclusivement confinée aux îles malaises. Sa forme ressemble à une très grosse fourmi, de plus d'un pouce de long, et de couleur noir pourpre . Comme une fourmi, elle est également sans ailes et se trouve généralement en train de monter dans les arbres, contournant les troncs en spirale lorsqu'on l'approche, pour éviter d'être capturée, de sorte qu'elle nécessite une course soudaine et des doigts actifs pour sécuriser un spécimen. Cette espèce dégage l' odeur fétide habituelle des coléoptères du sol. Mes collections pendant notre séjour de quatre jours à Ke étaient les suivantes :— Oiseaux, 13 espèces ; insectes, 194 espèces ; et 3 types de coquilles terrestres.

Il y a deux sortes de peuples qui habitent ces îles : les indigènes, qui ont des caractères papous fortement marqués, et qui sont païens ; et une race mixte, qui sont nominalement mahométans et portent des vêtements en coton, tandis que les premiers n'utilisent qu'une ceinture en coton ou en écorce. Ces mahométans auraient été chassés de Banda par les premiers colons européens. Ils étaient probablement d'une race brune, plus alliée aux Malais, et leurs descendants mixtes présentent ici de grandes variations de couleur , de cheveux et de traits, passant entre les types malais et papous. Il est intéressant d'observer l'influence du premier commerce portugais avec ces pays dans les mots de leur langue, qui restent encore en usage même parmi ces insulaires éloignés et sauvages. « Lenco » pour mouchoir et « faca » pour couteau sont utilisés ici à l'exclusion des termes malais appropriés. Les Portugais et les Espagnols furent de véritables conquérants et colonisateurs. Ils ont opéré des changements plus rapides dans les pays qu'ils ont conquis que n'importe quelle autre nation des temps modernes, ressemblant aux Romains dans leur capacité à imprimer leur propre langue, leur religion et leurs mœurs aux tribus chevauchées et barbares.

Le contraste frappant de caractère entre ces peuples et les Malais est illustré par de nombreux petits traits. Un jour que je me promenais dans la forêt, un vieil homme s'est arrêté et m'a regardé attraper un insecte. Il resta très silencieux jusqu'à ce que je l'aie épinglé et rangé dans ma boîte de collecte, alors qu'il ne pouvait plus se contenir, mais se courba presque en deux et savoura un rire chaleureux . Tout le monde reconnaîtra cela comme un véritable trait nègre. Un Malais m'aurait regardé et demandé d'un ton perplexe ce que je faisais, car il est peu dans sa nature de rire, jamais de bon cœur, et encore moins d'un étranger ou en présence d'un étranger, à qui pourtant son les regards dédaigneux ou les remarques chuchotées sont moins agréables que l'expression ouverte de gaieté la plus bruyante. Les femmes d'ici n'étaient pas aussi effrayées par les étrangers, ni obligées de se tenir autant à l'écart que parmi les races malaises ; les enfants étaient plus joyeux et avaient le « sourire de nègre », tandis que la confusion bruyante des langues parmi les hommes et leur excitation dans des occasions très ordinaires sont tout à fait éloignées de la taciturnité et de la réserve générales des Malais.

La langue du peuple Ke se compose de mots d'une, deux ou trois syllabes dans des proportions à peu près égales, et comporte de nombreux sons aspirés et quelques sons gutturaux. Les différents villages ont de légères différences de dialecte, mais ils sont mutuellement intelligibles et, sauf dans les mots qui ont évidemment été introduits au cours de relations commerciales de longue durée, semblent n'avoir aucune affinité avec les langues malaises.

6 janvier - Les petits bateaux étant terminés, nous avons navigué pour Aru à 16 heures et, en quittant les rives de Ke , nous avions une vue dégagée sur son caractère accidenté et montagneux ; des chaînes de collines, hautes de trois ou quatre mille pieds, s'étendant vers le sud à perte de vue, partout couvertes d'une forêt élevée, dense et ininterrompue. Nous avions des vents très légers, et il nous a donc fallu trente heures pour parcourir soixante milles jusqu'aux îles Aru, basses ou plates, mais également couvertes de forêts, où nous avons jeté l'ancre dans le port de Dobbo à neuf heures du soir . le prochain jour.

Mon premier voyage en prau étant ainsi terminé de manière satisfaisante, je dois, avant de prendre congé de celui-ci pour quelques mois, témoigner des mérites de cet étrange navire du vieux monde. Laissant de côté toute idée de danger, qui n'est probablement, après tout, pas plus grand que dans tout autre bateau, je dois déclarer que je n'ai jamais, ni avant ni depuis, fait un voyage de vingt jours aussi agréablement, ou peut-être, plus exactement, pour parler. , avec si peu d'inconfort. J'attribue cela principalement au fait d'avoir ma petite cabine sur le pont, et entièrement à moi-même, au fait d'avoir mes propres domestiques pour me servir, et à l'absence de toutes ces odeurs de peinture, de poix, de suif et de cordages neufs des magasins de marine, qui sont pour moi insupportables. Il faut aussi attribuer quelque chose à l'absence de toute contrainte vestimentaire, aux heures de repas, etc., ainsi qu'à la courtoisie et au caractère obligeant du capitaine. J'avais accepté de prendre mes repas avec lui, mais chaque fois que je le souhaitais , je les prenais dans ma propre couchette et à quelles heures je me sentais enclin. L'équipage était tous courtois et de bonne humeur, et avec très peu de discipline tout se passait sans problème, et le navire était maintenu très propre et en assez bon ordre, de sorte que dans l'ensemble j'étais très enchanté du voyage et j'étais enclin à évaluez le luxe du prau semi-barbare comme surpassant celui du plus magnifique bateau à vapeur, ce résultat le plus élevé de notre civilisation .

CHAPITRE XXX.
LES ILES ARU—RESIDENCE A DOBBO

(JANVIER À MARS 1857.)

Le 8 janvier 1857, je débarquai à Dobbo , la colonie commerciale des Bugis et des Chinois qui visitent chaque année les îles Aru. Il est situé sur la petite île de Wamma , sur une langue de sable qui fait saillie au nord, et est juste assez large pour contenir trois rangées de maisons. Bien qu'à première vue il s'agisse d'un endroit des plus étranges et désolés pour construire un village, il présente de nombreux avantages. Il y a une entrée dégagée depuis l'ouest parmi les récifs coralliens qui bordent la terre, et il y a un bon mouillage pour les navires, d'un côté ou de l'autre du village, aussi bien dans les moussons de l'est que de l'ouest. Étant entièrement exposé aux brises marines dans trois directions, il est sain, et la lande sablonneuse et douce offre de grandes facilités pour remonter les praus, afin de les protéger des vers marins et de les préparer pour le voyage de retour. À son extrémité sud, le banc de sable se fond dans la plage de l'île et est adossé à une végétation luxuriante de hautes forêts. Les maisons sont de différentes tailles, mais sont toutes construites selon un même modèle, n'étant que de grandes remises au toit de chaume, dont une petite partie, à côté de l'entrée, est utilisée comme habitation, tandis que le reste est souvent séparé ; et souvent divisés par un ou deux étages, afin de mieux ranger les marchandises et les produits indigènes.

Comme nous étions arrivés de bonne heure, la plupart des maisons étaient vides et l'endroit paraissait extrêmement désolé ; le total des habitants qui nous reçurent sur notre débarcadère s'élevait à environ une demi-douzaine de Bugis et de Chinois. Notre capitaine, Herr Warzbergen , avait promis de m'obtenir une maison, mais des difficultés imprévues se présentèrent. Celui qui devait être loué n'avait pas de toit ; et le propriétaire, qui le construisait sur la base de spéculations, ne pouvait promettre de l'achever en moins d'un mois. Un autre, dont le propriétaire était mort, et dont je pouvais donc prendre possession sans contestation en tant que premier venu, nécessitait des réparations considérables, et personne ne put faire le travail, bien qu'on offrait environ quatre fois sa valeur. Le capitaine me recommanda donc de prendre possession d'une assez bonne maison voisine de la sienne, dont le propriétaire n'était pas attendu avant quelques semaines ; et comme j'avais hâte d'être à terre, je le fis aussitôt vider, et le soir j'y fis toutes mes affaires logées, et m'installai régulièrement comme habitant de Dobbo . J'avais apporté avec moi une chaise en rotin et quelques planches légères, qui furent bientôt montées en table et en étagères. Un large banc de bambou servait de canapé et de lit, mes cartons étaient commodément disposés, mes nattes étalées sur le sol, une fenêtre découpée dans le mur de feuilles de palmier pour éclairer ma table, et bien que l'endroit fût aussi misérable et sombre qu'un hangar possible. Imaginez-vous, je me sentais aussi content que si j'avais obtenu un manoir bien meublé, et j'attendais avec impatience d'y passer un mois avec une satisfaction sans mélange.

Le lendemain matin, après un petit-déjeuner matinal, je partais à la découverte des forêts vierges d'Aru, soucieux de me rassurer sur les trésors qu'elles étaient susceptibles de rapporter et sur le succès probable de mon expédition longuement méditée. Un petit diablotin indigène était notre guide, séduit par le cadeau d'un couteau allemand, d'une valeur de trois demi-pensions, et mon garçon Macassar Baderoon a amené son hélicoptère pour dégager le chemin si nécessaire.

Nous avons dû marcher environ 800 mètres le long de la plage, le sol derrière le village étant en grande partie marécageux, puis nous nous sommes dirigés vers la forêt par un chemin qui mène au village natal de Wamma, à environ trois miles de l' autre côté de l'île. . Le sentier était étroit et très peu fréquenté, souvent marécageux et obstrué par des arbres tombés, de sorte qu'au bout d'un kilomètre environ nous le perdîmes complètement, notre guide ayant fait demi-tour, et nous fûmes obligés de suivre son exemple. Entre-temps, je n'avais pas chômé et mes captures de la journée déterminaient la réussite de mon voyage d'un point de vue entomologique. J'avais capturé une trentaine d'espèces de papillons, soit plus que ce que j'avais jamais capturé en un jour depuis que j'avais quitté les rives prolifiques de l'Amazonie, et parmi elles se trouvaient de nombreux insectes des plus rares et des plus beaux, connus jusqu'alors seulement par quelques spécimens de Nouvelle-Guinée. Le grand et beau papillon spectre , Hestia durvillei ; le papillon paon aux ailes pâles, Drusilla catops ; et le plus brillant et le plus merveilleux des papillons aux ailes claires, Cocytia durvillei , étaient particulièrement intéressants, ainsi que plusieurs petits « bleus », égalant en éclat et en beauté tout ce que le monde des papillons peut produire. Dans les autres groupes d' insectes , je n'ai pas eu autant de succès, mais cela n'a rien d'étonnant lors d'une simple promenade d'exploration, où seul ce qui est le plus remarquable et le plus nouveau attire l'attention. Plusieurs jolis coléoptères, un superbe « bug » et quelques jolies coquilles terrestres furent obtenus, et je revins dans l'après-midi bien satisfait de mon premier essai de la terre promise.

Les deux jours suivants furent si humides et venteux qu'il était impossible de sortir ; mais le jour suivant, le soleil brillait brillamment, et j'eus la chance de capturer l'un des insectes les plus magnifiques que le monde contient, le grand papillon aux ailes d'oiseau, Ornithoptera Poseidon . Je tremblai d'excitation en le voyant venir majestueusement vers moi, et je pouvais à peine croire que j'avais vraiment réussi mon coup jusqu'à ce que je l'ai sorti du filet et que je regardais, perdu d'admiration, le velours noir et le vert brillant de son des ailes de sept pouces de diamètre, son corps plus audacieux et sa poitrine cramoisie. Il est vrai que j'avais vu des insectes semblables dans les armoires de la maison, mais c'est une tout autre chose de les capturer soi-même, de les sentir se débattre entre ses doigts et de contempler sa beauté fraîche et vivante, un joyau brillant qui s'agite au milieu du silence. l'obscurité d'une forêt sombre et enchevêtrée. Le village de Dobbo abritait ce soir-là au moins un homme content.

26 janvier . — Ayant été ici depuis quinze jours, je commençai à comprendre un peu l'endroit et ses particularités. Praus arrivait continuellement et la population marchande augmentait presque quotidiennement. Tous les deux ou trois jours, une nouvelle maison était ouverte et les réparations nécessaires étaient faites. De toutes parts, les hommes apportaient des perches, des bambous, des rotins et des feuilles de palmier nipa pour construire ou réparer les murs, le chaume, les portes et les volets de leurs maisons, ce qu'ils faisaient avec une grande célérité. Certains des arrivants étaient des Macassar ou des Bugis, mais plutôt de la petite île de Goram , à l'extrémité est de Ceram, dont les habitants sont les petits commerçants de l'Extrême-Orient. Puis les indigènes d'Aru arrivent de l'autre côté des îles (appelées ici « blakang tana », ou « arrière du pays ») avec les produits qu'ils ont récoltés au cours des six mois précédents et qu'ils vendent désormais aux commerçants. , envers certains desquels ils sont très probablement endettés.

Presque tous, ou je peux dire tous sans risque, les nouveaux arrivants me rendent visite, pour constater de leurs propres yeux le phénomène inouï d'une personne venue séjourner à Dobbo qui ne fait pas de commerce ! Ils ont leurs propres idées sur les usages qui peuvent éventuellement être faits des oiseaux empaillés, des coléoptères et des coquillages qui ne sont pas les bons coquillages, c'est-à-dire de la « nacre ». Ils m'apportent chaque jour des coquillages morts et brisés, comme je peux en ramasser par centaines sur la plage, et semblent assez perplexes et affligés lorsque je les refuse. Mais s'il y a des coquilles d'escargots parmi un lot, je les prends et j'en demande davantage – principe de sélection si absolument inintelligible pour eux qu'ils y renoncent par désespoir, ou résolvent le problème en leur attribuant une vertu médicale cachée. ceux qu'ils me voient conserver avec tant de soin.

Ces commerçants sont tous de race malaise, ou d'un mélange dont le malais est l'ingrédient principal, à l'exception de quelques chinois. Les indigènes d'Aru, en revanche, sont des Papous, avec des peaux noires ou brun suie, des cheveux laineux ou crépus, un nez proéminent et épais et des membres plutôt minces. La plupart d'entre eux ne portent qu'un pagne, et on en voit quelques-uns errer toute la journée dans les rues à moitié désertes de Dobbo , proposant à la vente leur petite marchandise.

Vivant chez un commerçant, on m'apporte tout, ainsi qu'aux autres : des fagots de tripang fumé ou « bêche de mer », ressemblant à des saucisses roulées dans la boue puis jetées dans la cheminée ; des ailerons de requins séchés, des coquilles de nacre, ainsi que des oiseaux de paradis, qui sont cependant si sales et si mal conservés, que je n'ai encore trouvé aucun spécimen qui vaille la peine d'être acheté. Quand je regarde à peine les articles et ne leur fais aucune offre, ils semblent incrédules et, comme s'ils craignaient de m'avoir mal compris, les proposent à nouveau et déclarent ce qu'ils veulent en échange : des couteaux, ou du tabac, ou du sagou, ou mouchoirs. Je dois alors m'efforcer d'expliquer, par l'intermédiaire de n'importe quel interprète disponible, que ni les tripangs ni les coquilles d'huîtres perlières n'ont de charme pour moi, et que je refuse même de spéculer sur l'écaille de tortue, mais que j'achèterai tout ce qui est comestible : du poisson, ou une tortue, ou des légumes de toute sorte. Cependant, presque la seule nourriture que nous puissions obtenir avec régularité est du poisson et des coques de très bonne qualité, et pour subvenir à nos besoins quotidiens, il est absolument nécessaire d'être toujours pourvu de quatre articles : du tabac, des couteaux, des galettes de sagou, et le cuivre hollandais le doit, car lorsque la chose particulière demandée n'est pas disponible, les poissons passent à la maison voisine, et nous pouvons partir ce jour-là sans dîner. Il est curieux de voir les paniers et les seaux utilisés ici. Les coques sont amenées dans de grosses volutes, probablement du Cymbium ducale , tandis que de gigantesques coquilles de casque, espèce de Cassis, suspendues par un manche en rotin, forment les vases dans lesquels l'eau fraîche est quotidiennement transportée devant ma porte. Il est douloureux pour un naturaliste de voir ces splendides coquilles dont les verticilles intérieures sont impitoyablement brisées pour les adapter à leur ignoble usage.

Cependant, mes collections n'ont progressé que lentement, à cause du mauvais temps inattendu, des vents violents avec de fortes averses ayant été si continus qu'ils ne m'ont donné que quatre bons jours de collecte sur les seize premiers que j'ai passés ici. Pourtant, on en avait collecté suffisamment pour me montrer qu'avec le temps et le beau temps, je pourrais espérer faire quelque chose de bien. Des indigènes, j'ai obtenu de très beaux insectes et quelques jolies coquilles terrestres ; et parmi le petit nombre d'oiseaux encore abattus, plus de la moitié étaient des espèces connues de Nouvelle-Guinée, et donc certainement rares dans les collections européennes, tandis que le reste était probablement nouveau. D'une certaine manière, mes espoirs semblaient voués à être déçus. J'avais prévu le plaisir de préparer moi-même de beaux spécimens d'Oiseaux du Paradis, mais j'apprends maintenant qu'ils sont tous à cette saison sans plumage, et que c'est en septembre et octobre qu'ils ont les longs panaches de plumes jaunes et soyeuses en pleine perfection. Comme tous les praus reviennent en juillet, je ne pourrais pas passer cette saison à Aru sans y rester encore une année entière, ce qui était hors de question. On m'a cependant informé que la petite espèce rouge, « l'oiseau roi du paradis », conserve son plumage en toutes saisons, et je pourrais donc espérer l'obtenir.

A mesure que je me familiarisais avec le paysage forestier de l'île, je l'aperçus posséder quelques traits caractéristiques qui la distinguaient de ceux de Bornéo et de Malacca, tandis que, ce qui est très singulier et intéressant, il me rappelait les impressions à moitié oubliées de les forêts d'Amérique équatoriale. Par exemple, les palmiers étaient beaucoup plus abondants que je ne les avais généralement trouvés en Orient, plus généralement mêlés aux autres végétations, plus variés de forme et d'aspect, et présentant quelques-unes de ces espèces hautes et majestueuses à tige lisse et à feuilles pennées. qui rappellent l' Uauassu (Attalea speciosa) de l'Amazonie, mais que j'avais jusqu'ici rarement rencontré dans les îles malaises.

Dans la vie animale, le nombre immense et la variété des araignées et des lézards étaient des circonstances qui rappelaient les régions prolifiques de l'Amérique du Sud, plus particulièrement l'abondance et les couleurs variées des petites araignées sauteuses qui abondent sur les fleurs et les feuillages, et sont souvent de parfaits joyaux de beauté. . Les espèces qui tissent leurs toiles étaient également plus nombreuses que je ne les avais jamais vues, et étaient très ennuyeuses, étendant leurs filets sur les sentiers à peu près à la hauteur de mon visage ; et les fils qui les composent sont si forts et si gluants qu'il faut beaucoup de peine pour s'en dégager. Ensuite, leurs habitants, de grands monstres tachetés de jaune, avec un corps de deux pouces de long et des pattes proportionnées, ne sont pas agréables à affronter en poursuivant quelque magnifique papillon ou en regardant en l'air à la recherche d'un oiseau à la voix étrange. J'ai bientôt jugé nécessaire non seulement de balayer la toile, mais aussi de détruire la filière ; car d'abord, après avoir dégagé le chemin un jour, je constatai le lendemain matin que les insectes industrieux avaient de nouveau étendu leurs filets aux mêmes endroits.

Les lézards étaient également frappants par leur nombre, leur variété et les situations dans lesquelles ils se trouvaient. La belle espèce à queue bleue, si abondante à Ke , n'a pas été vue ici. Les lézards Aru sont plus variés mais plus sombres dans leurs couleurs : des nuances de vert, de gris, de brun et même de noir sont très fréquentes. Chaque arbuste et chaque plante herbacée en regorgeait, chaque tronc pourri ou branche morte servait de refuge à certains de ces petits chasseurs d'insectes actifs, qui, je le crains, pour satisfaire leurs appétits grossiers, détruisent de nombreux joyaux du monde des insectes, qui régalerait les yeux et ravirait le cœur de nos entomologistes les plus exigeants. Un autre trait curieux de la jungle ici était la multitude de coquillages qu'on rencontre partout sur le sol et en haut des branches et des feuillages, tous habités par des bernard-l'ermite, qui abandonnent la plage pour errer dans la forêt. J'ai effectivement vu une araignée emporter une coquille de bonne taille et dévorer son locataire (probablement juvénile). Sur la plage, que je longeais chaque matin pour atteindre la forêt, ces créatures pullulaient par milliers. Chaque obus mort, du plus gros au plus petit, leur était approprié. Ils formaient de petits groupes sociaux de dix ou vingt personnes autour de bouts de bâton ou d'algues, mais se dispersaient précipitamment au bruit des pas qui s'approchaient. Après une nuit venteuse, cette vilaine friandise chinoise qu'est la limace de mer était parfois rejetée sur la plage, qui était alors parsemée de quelques-uns des plus beaux coquillages qui ornent nos armoires, ainsi que de fragments et de masses de corail et d'étranges éponges, dont j'ai ramassé plus de vingt espèces différentes. Dans de nombreux cas, l'éponge et le corail se ressemblent tellement que ce n'est qu'en les touchant qu'on peut les distinguer. Des quantités d'algues sont également rejetées ; mais, si étrange que cela puisse paraître, ces paysages sont bien moins beaux et moins variés que ce qu'on peut trouver dans n'importe quelle partie favorable de nos propres côtes.

Les indigènes d'ici, même ceux qui semblent être de race papoue, étaient beaucoup plus réservés et taciturnes que ceux de Ke . C'est probablement parce que je ne les voyais encore que chez des inconnus et en petits groupes. Il faut voir le sauvage chez soi pour savoir ce qu'il est réellement. Mais même ici, le caractère papou éclate parfois. Les petits garçons chantent joyeusement en marchant ou se parlent à voix haute (une caractéristique assez nègre) ; et font tout ce qu'ils peuvent, les hommes ne peuvent pas cacher leurs émotions à la véritable manière malaise. Un jour, il y en avait un certain nombre chez moi, et ayant envie d'essayer ce que serait un tripang alimentaire, j'en achetai quelques-uns, les payant avec une quantité de tabac si extravagante que le vendeur vit que j'étais un client vert. Il ne pouvait cependant cacher sa joie, mais tandis qu'il sentait l'herbe parfumée et en montrait la grosse poignée à ses compagnons, il sourit, se tordit et émit des rires silencieux dans une pantomime des plus expressives. J'avais déjà commis souvent la même erreur en payant un Malais pour une bagatelle. En aucun cas, cependant, son plaisir n'était visible sur son visage, hésitation sourde et stupide qui ne faisait que montrer sa surprise, qui se manifestait exactement de la même manière, qu'il soit sur ou sous-payé. Ces petits traits moraux sont du plus grand intérêt lorsqu'on les rapproche des traits physiques. Ils n'admettent pas la même explication facile par des causes extérieures qui est si fréquemment appliquée à ces dernières. Les écrivains sur les races humaines doivent trop souvent se fier aux informations des voyageurs qui passent rapidement d'un pays à l'autre, et ont ainsi peu d'occasions de se familiariser avec les particularités du caractère national, ou même de s'assurer quelle est réellement la conformation physique moyenne des races humaines. les gens. Ceux-là sont extrêmement susceptibles de se tromper dans les endroits où deux races se sont longtemps mêlées, en considérant les formes intermédiaires et les habitudes mixtes comme des preuves d'une transition naturelle d'une race à l'autre, au lieu d'un mélange artificiel de deux peuples distincts ; et ils seraient d'autant plus facilement induits dans cette erreur si, comme dans le cas présent, les auteurs sur le sujet avaient eu l'habitude de classer ces races comme de simples variétés d'une même souche, aussi étroitement liées par leur conformation physique que par leur géographie. proximité on pourrait supposer qu'ils devraient l'être. Autant que je l'ai vu jusqu'à présent, les Malais et les Papous semblent être aussi largement séparés que deux races humaines qui existent, se distinguant par des caractéristiques physiques, mentales et morales, toutes des espèces les plus marquées et les plus frappantes.

5 février . — Je profite d'une très belle journée calme pour visiter l'île de Wokan , qui est à environ un mille de nous et fait partie du « canna busar », ou continent d'Aru. C'est une grande île, s'étendant du nord au sud sur environ cent milles, mais si basse dans de nombreuses parties qu'elle est coupée par plusieurs criques qui la traversent complètement, offrant un passage aux navires de bonne taille. Du côté ouest, là où nous sommes, il n'y a que quelques îles éloignées, dont la nôtre (Wamma) est la principale ; mais sur la côte est se trouvent un grand nombre d'îles, s'étendant à quelques milles au-delà du continent et formant le « blakang tang », ou « l'arrière-pays », des commerçants, étant le siège principal de la pêche aux perles, aux tripangs et aux écailles de tortue. . Sur le continent, beaucoup d'oiseaux et d'animaux du pays sont entièrement confinés ; les oiseaux de paradis, le cacatoès noir, le grand dindon et le casoar ne se trouvent pas sur Wamma ni sur aucune des îles détachées. Je ne m'attendais cependant pas, au cours de cette excursion, à voir une différence marquée dans la forêt ou dans ses productions, et j'ai donc été agréablement surpris. La plage était surplombée de branches tombantes d'arbres boiteux, chargées d' orchidées , de fougères et d'autres plantes épiphytes. Dans la forêt, il y avait plus de variété, certaines parties étant sèches et avec des arbres de moindre croissance, tandis que dans d'autres il y avait quelques-uns des plus beaux palmiers que j'aie jamais vus, avec une tige parfaitement droite, lisse et mince, d'une centaine de pieds. haut, et une couronne de belles feuilles tombantes. Mais la plus grande nouveauté et l'élément le plus frappant à mes yeux étaient les fougères arborescentes, qu'après sept années passées sous les tropiques, je voyais maintenant dans leur perfection pour la première fois. Tout ce que j'avais rencontré jusqu'ici étaient des espèces élancées, ne dépassant pas douze pieds de haut, et elles ne donnaient pas la moindre idée de la beauté suprême des arbres portant leurs élégantes têtes de frondes à plus de trente pieds de haut, comme ceux qui étaient abondamment dispersés. à propos de cette forêt. Il n'y a rien d'aussi parfaitement beau dans la végétation tropicale.

Mes garçons ont abattu cinq espèces d'oiseaux, dont nous n'avions obtenu aucune au cours d'un mois de tournage à Wamma . Deux étaient de très jolis moucherolles, déjà connus de Nouvelle-Guinée ; l'un d'eux (Monarcha chrysomela), de couleurs noires brillantes et orange vif , est considéré par certains auteurs comme le plus beau de tous les moucherolles ; l'autre est d'un blanc pur et d'un noir velouté, avec un large anneau charnu autour de l'œil de couleur bleu azur ; on l'appelle le « moucherolle à lunettes » (Monarcha telescopthalma), et a été découvert pour la première fois en Nouvelle-Guinée, avec l'autre, par les naturalistes français lors du voyage du navire de découverte Coquille.

18 février . — Avant de quitter Macassar, j'avais écrit au gouverneur d'Amboyna pour lui demander de m'assister auprès des chefs indigènes d'Aru. Je reçus alors par un navire arrivé d'Amboyna une réponse très polie m'informant que des ordres avaient été envoyés pour me fournir toute l'assistance dont je pourrais avoir besoin ; et j'étais justement en train de me féliciter de pouvoir enfin réunir un bateau et des hommes pour aller sur le continent et explorer l'intérieur, lorsqu'un échec soudain survint sous la forme d'une incursion de pirates. Un petit prau est arrivé qui avait été attaqué par des pirates et avait un homme blessé. On disait qu'ils avaient cinq bateaux, mais on s'attendait à ce qu'il y en ait d'autres derrière et les commerçants étaient tous consternés, craignant que leurs petits bateaux envoyés au « blakang tana » ne soient pillés. Les indigènes d'Aru étaient bien sûr terriblement alarmés, car ces maraudeurs attaquent leurs villages, brûlent et assassinent, et emportent des femmes et des enfants comme esclaves. Pas un homme ne bougera de son village avant un certain temps, et je dois rester toujours prisonnier à Dobbo . Le gouverneur d'Amboyna, par pure bonté, a dit aux chefs qu'ils étaient responsables de ma sécurité, afin qu'ils aient une excellente excuse pour refuser de bouger.

Plusieurs praus partirent à la recherche des pirates, des sentinelles furent nommées et des feux de surveillance allumés sur la plage pour se prémunir contre la possibilité d'une attaque nocturne, même si on ne pensait guère qu'ils seraient assez audacieux pour tenter de piller Dobbo . Le lendemain, les praus revinrent et nous eûmes des informations positives selon lesquelles ces fléaux des mers orientales étaient réellement parmi nous. L'un des petits praus de Herr Warzbergen arriva également dans un triste état. Il avait été attaqué six jours auparavant, au moment où il revenait, du « blakang tana ». L'équipage s'est échappé dans leur petit bateau et s'est caché dans la jungle, tandis que les pirates arrivaient et pillaient le navire. Ils emportèrent tout sauf la cargaison de coquillages de nacre, trop volumineuse pour eux. Tous les vêtements et les caisses des hommes, ainsi que les voiles et les cordages du prau, furent enlevés. Ils avaient quatre grands bateaux de guerre, tirèrent une volée de mousqueterie à leur arrivée et envoyèrent leurs petits bateaux à l'attaque. Après leur départ, nos hommes remarquèrent depuis leur cachette que trois d'entre eux étaient restés sur place avec un petit bateau ; et, poussé au désespoir par la vue du pillage, un brave homme s'enfuit à la nage, armé seulement de son parang, ou couteau à découper, et venant sur eux à l'improviste, lança une attaque désespérée, tuant l'un et blessant les deux autres, recevant lui-même un certain nombre de légères blessures, puis repartir à la nage presque épuisé. Deux autres landaus ont également été pillés et l'équipage de l'un d'eux a été assassiné jusqu'à un homme. On dit qu'ils sont des pirates de Sooloo , mais il y a parmi eux des Bugis. En chemin, ils ont dévasté l'une des petites îles à l'est de Ceram. Cela fait maintenant onze ans qu'ils n'ont pas visité Aru, et en lançant ainsi leurs attaques à des intervalles longs et incertains, l'alarme s'estompe et ils trouvent une population pour la plupart désarmée et peu soupçonneuse du danger. Aucun des petits navires de commerce ne porte désormais d'armes, bien qu'ils l'aient fait pendant un an ou deux après la dernière attaque, ce qui était justement le moment où l'on en avait le moins besoin. Une semaine plus tard, l'un des plus petits bateaux pirates fut capturé dans le « blakang tana ». Sept hommes ont été tués et trois faits prisonniers. Les plus gros navires ont été souvent aperçus, mais ils ne peuvent pas être capturés, car ils ont des équipages très forts et peuvent toujours s'échapper en ramant vers la mer, face au vent, et en revenant la nuit. Ils resteront ainsi parmi les innombrables îles et canaux, jusqu'à ce que le changement de mousson leur permette de naviguer vers l'ouest.

9 mars . — Depuis quatre ou cinq jours, nous avons un vent continuel, avec parfois des rafales de grande fureur, qui semblent vouloir envoyer Dobbo à la mer. La pluie l'accompagne presque toutes les deux heures, ce qui fait que ce n'est pas un moment agréable. Par un temps pareil, je ne peux pas faire grand-chose, mais je suis occupé à préparer un bateau que j'ai acheté pour une excursion dans l'intérieur. Il y a d'immenses difficultés avec les hommes, mais je crois que "l'Orang-kaya", ou chef de Wamma , m'accompagnera pour veiller à ce que je ne cours pas de danger.

Devenu un assez ancien habitant de Dobbo , je m'efforcerai d'esquisser les images et les sons qui l'imprègnent, ainsi que les mœurs et coutumes de ses habitants. La place est maintenant bien remplie et les rues présentent un aspect bien plus gai qu'à notre arrivée. Chaque maison est un magasin où les indigènes échangent leurs produits contre ce dont ils ont le plus besoin. Les couteaux, les hachoirs, les épées, les fusils, le tabac, le gambier, les assiettes, les bassines, les mouchoirs, les sarongs, les calicots et l'arack, sont les principaux articles recherchés par les indigènes ; mais quelques-uns des magasins contiennent aussi du thé, du café, du sucre, du vin, des biscuits, etc., pour l'approvisionnement des commerçants ; et d'autres regorgent d'articles de fantaisie, d'ornements en porcelaine , de miroirs, de rasoirs, de parapluies, de pipes et de bourses, qui plaisent aux indigènes les plus riches. Tous les beaux jours, des nattes sont étalées devant les portes et le tripang est mis à sécher, ainsi que le sucre, le sel, les biscuits, le thé, les torchons et autres choses abîmées par une atmosphère trop humide. Matin et soir, de jolis Chinois se promènent ou discutent à la porte des uns et des autres, en pantalon bleu, en veste blanche et en file dans laquelle la soie rouge est tressée jusqu'à presque jusqu'aux talons. Un vieux hadji Bugis se promène régulièrement le soir dans toute la dignité d'une robe de soie verte fluide et d'un turban gai, suivi de deux petits garçons portant ses boîtes de sirih et de bétel.

Dans chaque espace vacant, de nouvelles maisons sont construites, et toutes sortes de petites cuisines étranges sont érigées contre les anciennes, tandis que dans certains coins isolés, d'immenses porcheries en rondins sont occupées par des porcs en croissance ; car comment les Chinois peuvent-ils vivre six mois sans un seul festin de cochon ?

Çà et là, il y a des échoppes où l'on vend des bananes, et chaque matin deux petits garçons se promènent avec des plateaux de riz sucré et des caisses de noix de coco, du poisson frit ou des plantains frits ; et quoi qu'il en soit, ils n'ont qu'un seul cri, c'est : Chocolat -t-t ! Ce doit être un cri espagnol ou portugais, transmis depuis des siècles, alors que son sens s'est perdu. Les matelots Bugis, en hissant la grand-voile, crient : « Vela a vela, — vela, vela, vela ! répété dans un refrain éternel. Comme "vela" est une voile portugaise, je pensais en avoir découvert l'origine, mais j'ai découvert par la suite qu'ils utilisaient le même cri en levant l'ancre, et le scandaient souvent en "hela", qui est tellement une expression universelle d'effort. et une respiration difficile qu'il s'agit très probablement d'un simple cri d'interjection.

J'ose dire qu'il y a maintenant à Dobbo près de cinq cents personnes de races diverses, toutes réunies dans ce coin reculé de l'Est, comme ils disent, « pour chercher fortune » ; pour obtenir de l'argent par tous les moyens possibles. Ce sont pour la plupart des gens qui ont la pire réputation en matière d'honnêteté ainsi que de toute autre forme de moralité : Chinois, Bugis, Céramais et Javanais métis, avec une pincée de Papous à moitié sauvages du Timor, Babber et autres. d'autres îles, et pourtant tout se passe encore très tranquillement. Cette population hétéroclite, ignorante, assoiffée de sang et voleuse vit ici sans l'ombre d'un gouvernement, sans police, sans tribunaux et sans avocats ; pourtant ils ne s'égorgent pas, ne se pillent pas jour et nuit, ne tombent pas dans l'anarchie à laquelle un tel état de choses pourrait conduire. C'est très extraordinaire ! Cela nous fait penser à d'étranges pensées sur la charge gouvernementale interminable sous laquelle vivent les gens en Europe, et suggère l'idée que nous sommes peut-être surgouvernés. Pensez aux cent lois du Parlement promulguées chaque année pour nous empêcher, nous, peuple anglais, de nous égorger les uns les autres ou de faire à notre voisin ce que nous ne serions pas faits. Pensez aux milliers d'avocats et d'avocats dont toute la vie est consacrée à nous expliquer ce que signifient les cent lois du Parlement, et on serait amené à en déduire que si Dobbo a trop peu de droit, l'Angleterre en a trop.

Nous pouvons ici voir sous sa forme la plus simple le génie du commerce à l'œuvre de la civilisation. Le commerce est la magie qui maintient tout le monde en paix et unit ces éléments discordants en une communauté bien élevée. Tous sont des commerçants et savent que la paix et l'ordre sont essentiels au succès du commerce, et ainsi se crée une opinion publique qui réprime toute anarchie. Souvent l'année dernière, en me promenant le long du Campong Glam à Singapour, j'ai pensé à quel point les marins Bugis avaient l'air sauvages et féroces, et à quel point je n'aimerais pas me faire confiance parmi eux. Mais maintenant, je trouve que ce sont des gars très honnêtes et bien élevés ; Je marche quotidiennement, sans armes, dans la jungle, où je les rencontre continuellement ; Je dors dans une hutte en feuilles de palmier, dans laquelle chacun peut entrer, avec aussi peu de crainte et aussi peu de danger de vol ou de meurtre que si j'étais sous la protection de la police métropolitaine. Il est vrai que l'influence hollandaise se fait sentir ici. Les îles sont nominalement sous le gouvernement des Moluques, ce que reconnaissent les chefs indigènes ; et la plupart des années, un commissaire arrive d'Amboyna, qui fait le tour des îles, entend les plaintes, règle les différends et emporte prisonnier tout délinquant odieux. Cette année, il n'est pas prévu qu'il vienne, car aucune commande n'a encore été reçue pour se préparer à sa venue ; les habitants de Dobbo seront donc probablement livrés à eux-mêmes. Un jour, un homme fut surpris en train de voler un morceau de fer dans la maison de Herr Warzbergen , où il était entré en faisant un trou dans le mur de chaume. Le soir, les principaux commerçants de la place, Bugis et Chinois, se rassemblèrent, le coupable fut jugé et reconnu coupable, et condamné à recevoir sur-le-champ vingt coups de fouet. On leur a donné un petit rotin au milieu de la rue, pas très sévèrement, le bourreau a semblé sympathiser un peu avec le coupable. La honte semblait être considérée autant que la douleur ; car bien que toute tricherie intelligente soit considérée comme plutôt méritoire, le vol ouvert et le cambriolage rencontrent une réprobation universelle.

CHAPITRE XXXI.
LES ÎLES ARU.— VOYAGE ET RÉSIDENCE À L'INTÉRIEUR.

(MARS À MAI 1857.)

Mon bateau était enfin prêt, et après avoir obtenu deux hommes en plus de mes propres serviteurs, après énormément de discussions et d'ennuis, nous quittions Dobbo le matin du 13 mars pour le continent d'Aru. Vers midi, nous atteignons l'embouchure d'une petite rivière ou d'un ruisseau, que nous remontons, serpentant parmi des mangroves, des marécages, avec ici et là un aperçu de terre ferme. En deux heures, nous atteignîmes une maison, ou plutôt un petit hangar, de la description la plus misérable, qui, selon notre conducteur, l'« Orang-kaya » de Wamma , était l'endroit où nous devions loger et où il m'avait assuré que nous pourrions y séjourner. Obtenez toutes sortes d'oiseaux et de bêtes à Aru. Le hangar était occupé par une douzaine d'hommes, de femmes et d'enfants ; deux feux de cuisine y brûlaient, et il semblait peu probable que j'obtienne un logement. J'ai cependant différé mon enquête jusqu'à ce que j'aie vu la forêt voisine , et je me suis immédiatement mis en route avec deux hommes, un filet et des fusils, le long d'un chemin à l'arrière de la maison. En une heure de marche, j'en ai vu assez pour me décider à faire un essai, et à mon retour, constatant que "l'Orang-kaya" était en forte fièvre et incapable de faire quoi que ce soit, j'ai entamé des négociations avec le propriétaire. de la maison pour l'utilisation d'une planche à une extrémité de la maison d'environ cinq pieds de large, pendant une semaine, et il accepta de payer comme loyer un "parang", ou couteau à découper. J'ai ensuite immédiatement sorti mes cartons et ma literie du bateau, accroché une étagère pour mes peaux d'oiseaux et mes insectes et me suis préparé pour le travail du lendemain matin. Mes propres garçons dormaient dans le bateau pour garder le reste de ma propriété ; un coin cuisine abrité par quelques nattes était aménagé sous un arbre voisin, et j'éprouvais ce degré de satisfaction et de plaisir que j'éprouve toujours lorsque, après beaucoup de peine et de retard, je suis sur le point de commencer à travailler dans une nouvelle localité.

Un de mes premiers objets fut de m'enquérir des gens qui ont l'habitude de tirer sur les oiseaux du Paradis. Ils vivaient à une certaine distance dans la jungle et un homme fut envoyé pour les appeler. Quand ils sont arrivés, nous avons eu une conversation par l'intermédiaire de "l'Orang-kaya" comme interprète, et ils ont dit qu'ils pensaient pouvoir en obtenir. Ils expliquèrent qu'ils tiraient sur les oiseaux avec un arc et des flèches, la flèche ayant à son extrémité un capuchon conique en bois aussi grand qu'une tasse de thé, de manière à tuer l'oiseau par la violence du coup sans faire de blessure ni verser de sang. . Les arbres fréquentés par les oiseaux sont très élevés ; il est donc nécessaire d'ériger parmi les branches une petite couverture ou cabane de feuilles, sur laquelle le chasseur monte avant le jour le matin et y reste toute la journée, et chaque fois qu'un oiseau se pose, il est presque sûr de le sécuriser . (Voir Frontispice.) Ils rentrèrent chez eux le soir même, et je ne les revis plus jamais, car, comme je l'ai découvert par la suite, il était trop tôt pour obtenir des oiseaux en bon plumage.

Les deux ou trois premiers jours de notre séjour ici furent très humides et je n'obtins que peu d'insectes ou d'oiseaux, mais enfin, alors que je commençais à désespérer, mon garçon Baderoon revint un jour avec un spécimen qui me récompensa de plusieurs mois de retard . et l'attente. C'était un petit oiseau un peu plus petit qu'une grive. La plus grande partie de son plumage était d'un rouge cinabre intense, avec un éclat de verre filé. Sur la tête, les plumes sont devenues courtes et veloutées, et se sont teintées d'un orange riche. En dessous, de la poitrine vers le bas, il y avait un blanc pur, avec la douceur et l'éclat de la soie, et sur la poitrine une bande d'un vert métallique profond séparait cette couleur du rouge de la gorge. Au-dessus de chaque œil se trouvait une tache ronde du même vert métallique ; le bec était jaune, et les pieds et les pattes étaient d'une fine huile de cobalt , contrastant de manière frappante avec toutes les autres parties du corps. Rien que par la disposition des couleurs et la texture du plumage, ce petit oiseau était un joyau de la première eau, et pourtant il ne représentait que la moitié de son étrange beauté. Surgissant de chaque côté de la poitrine, et habituellement cachées sous les ailes, se trouvaient de petites touffes de plumes grisâtres d'environ deux pouces de long, et chacune se terminait par une large bande d'un vert émeraude intense. Ces panaches peuvent être élevés à la volonté de l'oiseau et se déployer en une paire d'éventails élégants lorsque les ailes sont élevées. Mais ce n'est pas le seul ornement. Les deux plumes médianes de la queue ont la forme de fils minces d'environ cinq pouces de long, et qui divergent en une belle double courbe. Environ un demi-pouce de l'extrémité de ce fil est palmé sur le côté extérieur seulement, coloré d'un vert métallique fin, et étant enroulé en spirale vers l'intérieur, il forme une paire d'élégants boutons scintillants, suspendus à cinq pouces sous le corps, et à la même distance. à part. Ces deux ornements, les éventails de poitrine et les fils de queue à pointe en spirale, sont tout à fait uniques et n'apparaissent sur aucune autre espèce des huit mille oiseaux différents connus pour exister sur la terre ; et, combiné à la beauté la plus exquise du plumage, en fait l'une des plus belles productions de la nature. Mes transports d'admiration et de ravissement amusèrent tout à fait mes hôtes d'Aru, qui ne voyaient rien de plus dans le « Burong raja » que nous dans le rouge-gorge du chardonneret.

Ainsi, l'un de mes objectifs en arrivant au jeûne lointain fut accompli. J'avais obtenu un spécimen de l'oiseau roi du paradis (Paradea regia), qui avait été décrit par Linné à partir de peaux conservées mutilées par les indigènes. Je savais combien peu d'Européens avaient jamais vu le petit organisme parfait que je contemplais maintenant, et combien il était encore très imparfaitement connu en Europe. Les émotions excitées dans l'esprit d'un naturaliste, qui a longtemps désiré voir la chose réelle qu'il n'a connue jusqu'ici que par une description, un dessin ou un revêtement extérieur mal conservé, surtout lorsque cette chose est d'une rareté et d'une beauté surpassantes, exigent le faculté poétique de les exprimer pleinement. L'île isolée dans laquelle je me trouvais située, dans une mer presque vierge, loin des traces des flottes et des marines marchandes ; la forêt tropicale sauvage et luxuriante, qui s'étendait de tous côtés au loin ; les sauvages grossiers et incultes qui s'assemblaient autour de moi avaient tous leur influence dans la détermination des émotions avec lesquelles je regardais cette « chose de beauté ». Je pensais aux longs âges du passé, pendant lesquels les générations successives de cette petite créature avaient suivi leur cours, naissant année après année, vivant et mourant au milieu de ces bois sombres et lugubres, sans œil intelligent pour contempler leur beauté. ; selon toute apparence, un tel gaspillage gratuit de beauté. De telles idées suscitent un sentiment de mélancolie. Il semble triste que, d'une part, des créatures aussi exquises puissent vivre leur vie et montrer leurs charmes uniquement dans ces régions sauvages et inhospitalières, vouées pour les siècles à venir à une barbarie sans espoir ; tandis que d'un autre côté, si l'homme civilisé parvenait un jour à ces terres lointaines et apportait la lumière morale, intellectuelle et physique dans les recoins de ces forêts vierges, nous pouvons être sûrs qu'il perturberait ainsi les relations bien équilibrées entre les matières organiques et inorganiques. nature au point de provoquer la disparition, et finalement l'extinction, de ces mêmes êtres dont lui seul est apte à apprécier et à apprécier la merveilleuse structure et la beauté. Cette considération doit sûrement nous dire que tous les êtres vivants *n'ont pas été* faits pour l'homme. Beaucoup d'entre eux n'ont aucun lien avec lui. Le cycle de leur existence s'est déroulé indépendamment du sien et est perturbé ou interrompu par chaque progrès dans le développement intellectuel de l'homme ; et leur bonheur et leur jouissance, leurs amours et leurs haines, leurs luttes pour l'existence, leur vie vigoureuse et leur mort précoce, semblent être immédiatement liés à leur propre bien-être et à leur seule perpétuation, limités seulement par l'égal bien-être et la perpétuation de leur vie. les innombrables autres organismes avec lesquels chacun est plus ou moins intimement lié.

Après avoir obtenu le premier oiseau royal, je suis allé avec mes hommes dans la forêt, et nous avons non seulement été récompensés par un autre oiseau au plumage également parfait, mais j'ai pu voir un peu les habitudes de cet oiseau et de celles des espèces plus grandes. Il fréquente les arbres inférieurs des forêts les moins denses : il est très actif, volant fortement avec un vrombissement, et sautillant ou volant continuellement de branche en branche. Il mange des fruits durs à noyau, aussi gros qu'une groseille, et bat souvent des ailes à la manière des manakins sud-américains, moment auquel il élève et élargit les beaux éventails dont sa poitrine est ornée. Les indigènes d'Aru l'appellent « Goby-goby ».

Un jour, je me trouve sous un arbre où un certain nombre d'oiseaux du Grand Paradis étaient rassemblés, mais ils étaient très haut dans le feuillage le plus épais, et volaient et sautaient si continuellement que je ne pouvais pas les voir correctement. Finalement, j'en abattis un, mais c'était un jeune spécimen, et il était entièrement d'une riche couleur brun chocolat , sans la gorge vert métallique ni les panaches jaunes de l'oiseau adulte. Tout ce que j'avais vu jusqu'à présent ressemblait à ceci, et les indigènes m'ont dit qu'il faudrait environ deux mois avant d'en trouver un en plein plumage. J'espérais donc encore en obtenir. Leur voix est des plus extraordinaires. Au petit matin, avant que le soleil ne se lève, nous entendons un grand cri de « Wawk-wawk-wawk , wók-wók-wók », qui résonne à travers la forêt en changeant continuellement de direction. C'est le Grand Oiseau du Paradis qui va chercher son petit-déjeuner. D'autres suivent bientôt son exemple ; les loris et les perroquets crient de manière stridente, les cacatoès crient, les chasseurs de rois coassent et aboient, et les divers petits oiseaux gazouillent et sifflent leur chanson matinale. En écoutant ces sons intéressants, je réalise ma position de premier Européen à avoir vécu ensemble pendant des mois dans les îles d'Aru, un endroit que j'avais espéré plutôt que prévu visiter un jour. Je pense que combien d'autres que moi ont désiré atteindre ces royaumes presque féeriques et voir de leurs propres yeux les nombreuses choses merveilleuses et belles que je rencontre quotidiennement. Mais maintenant, Ali et Baderoon sont debout et préparent leurs fusils et leurs munitions, et le petit Brio a allumé son feu et fait bouillir mon café, et je me souviens que j'ai fait apporter un cacatoès noir tard hier soir, que je dois écorcher immédiatement, et alors je me lève d'un bond et commence ma journée de travail très heureux.

Ce cacatoès est le premier que je vois et c'est une belle récompense. Il a un corps plutôt petit et faible, de longues pattes faibles, de grandes ailes et une tête énormément développée, ornée d'une magnifique crête et armée d'un bec pointu et ongulé d'une taille et d'une force immenses. Le plumage est entièrement noir, mais il est recouvert de la curieuse sécrétion blanche et poudreuse caractéristique du cacatoès. Les joues sont nues et d'une couleur rouge sang intense . Au lieu du cri dur des cacatoès blancs, sa voix est un sifflement quelque peu plaintif. La langue est un organe curieux, étant un mince cylindre charnu d'une couleur rouge foncé , terminé par une plaque noire cornée, sillonnée et quelque peu préhensile. La langue entière possède un pouvoir d'extension considérable. Je vais raconter ici quelques-unes des habitudes de cet oiseau, que j'ai depuis connues. Il fréquente les parties basses de la forêt et est vu seul, ou tout au plus deux ou trois ensemble. Il vole lentement et sans bruit et peut être tué par une blessure relativement légère. Il se nourrit de fruits et de graines divers, mais semble plus particulièrement attaché à l'amande de la noix de Kanary , qui pousse sur un arbre forestier élevé (commune de Canarium), abondant dans les îles où se trouve cet oiseau ; et la manière dont il obtient ces graines montre une corrélation de structure et d'habitudes, qui indiquerait le « kanary » comme sa nourriture spéciale. La coque de cet écrou est si excessivement dure que seul un gros marteau pourra la casser ; il est quelque peu triangulaire et l'extérieur est assez lisse. La manière dont l'oiseau ouvre ces noix est très curieuse. En prenant une à l'extrémité de son bec et en la maintenant ferme par une pression de la langue, il coupe une entaille transversale par un mouvement de sciage latéral de la mandibule inférieure aux arêtes vives. Ceci fait, il saisit la noix avec son pied, et, en mordant un morceau de feuille, le retient dans l'entaille profonde de la mandibule supérieure, et saisissant de nouveau la noix, qui est empêchée de glisser par le tissu élastique de la feuille , fixe le bord de la mandibule inférieure dans l'entaille, et par un puissant pincement brise un morceau de coquille, prenant de nouveau la noix dans ses griffes, il insère la pointe très longue et pointue du bec et en retire l'amande, qui est saisi, morceau par morceau, par la langue extensible. Ainsi chaque détail de forme et de structure du bec extraordinaire de cet oiseau semble avoir son utilité, et l'on peut facilement concevoir que les cacatoès noirs se soient maintenus en compétition avec leurs alliés blancs plus actifs et plus nombreux, par leur pouvoir d'exister sur une sorte de nourriture qu'aucun autre oiseau n'est capable d'extraire de sa coquille pierreuse. L'espèce est le Microglossum aterrimum des naturalistes.

Pendant les deux semaines que j'ai passées dans ce petit établissement, j'ai eu de bonnes occasions d'observer les indigènes chez eux et de vivre à leur manière habituelle. Il y a une grande monotonie et une grande uniformité dans la vie sauvage quotidienne, et elle me semblait une existence plus misérable que lorsqu'elle avait le charme de la nouveauté. Pour commencer par le fait le plus important dans l'existence des peuples non civilisés – leur nourriture – les hommes Aru n'ont pas de provisions régulières, pas de bâtons de vie, comme le pain, le riz, la mandiocca, le maïs ou le sagou, qui sont la nourriture quotidienne d'un peuple . grande proportion de l'humanité. Ils ont cependant de nombreuses sortes de légumes, des plantains, des ignames, des patates douces et du sagou cru ; et ils mâchent de grandes quantités de canne à sucre, ainsi que des noix de bétel, du gambir et du tabac. Ceux qui vivent sur la côte ont beaucoup de poisson ; mais à l'intérieur des terres, comme nous sommes ici, ils ne vont à la mer que de temps en temps, et ramènent ensuite des coques et autres coquillages par bateau. De temps en temps, ils attrapent du cochon sauvage ou du kangourou, mais trop rarement pour constituer une partie régulière de leur alimentation, qui est essentiellement végétale ; et ce qui est plus important, car ils nuisent à leur santé, ce sont des légumes verts, aqueux, mal cuits, et même en quantité variable et souvent suffisante. C'est à ce régime que l'on peut attribuer la prévalence de maladies de peau et d'ulcères sur les jambes et les articulations. La maladie de la peau, si courante chez les sauvages, est étroitement liée à la pauvreté et à l'irrégularité de leur mode de vie. Les Malais, qui ne manquent jamais de riz quotidien, en sont généralement exempts ; les Dyaks des collines de Bornéo, qui cultivent le riz et vivent bien, ont la peau propre, tandis que les tribus moins industrieuses et moins propres, qui vivent une partie de l'année de fruits et de légumes uniquement, sont très sujettes à cette maladie. Il semble clair qu'en cela comme à d'autres égards, l'homme ne peut pas se transformer impunément en bête, se nourrissant comme le bétail des herbes et des fruits de la terre, et ne se souciant pas du lendemain. Pour maintenir sa santé et sa beauté, il doit s'efforcer de préparer un produit farineux susceptible d'être stocké et accumulé, de manière à lui fournir un approvisionnement régulier en nourriture saine. Lorsque cela est obtenu, il peut ajouter avec avantage des légumes, des fruits et de la viande.

Le principal luxe du peuple Aru, outre le bétel et le tabac, est l'arack (rhum de Java), que les commerçants apportent en grande quantité et vendent à très bas prix. Une journée de pêche ou de coupe de rotin permettra d'acheter au moins une bouteille d'un demi-gallon ; et quand les tripangs ou nids d'oiseaux récoltés pendant une saison sont vendus, ils reçoivent des boîtes entières, contenant chacune quinze de ces bouteilles, que les habitants d'une maison resteront assis jour et nuit jusqu'à ce qu'ils aient fini. Eux-mêmes me disent que dans de tels combats, ils mettent souvent en pièces la maison dans laquelle ils se trouvent, brisent et détruisent tout ce qui leur tombe sous la main, et provoquent une émeute si infernale qu'il est effrayant de voir.

Les maisons et les meubles sont à la hauteur de la nourriture. Un hangar grossier, soutenu par des bâtons rugueux et minces plutôt que par des poteaux, sans murs, mais le plancher surélevé à moins d'un pied de l'avant-toit, est le style d'architecture qu'ils adoptent habituellement. A l'intérieur se trouvent des cloisons de chaume, formant de petites boîtes ou lieux de couchage, pour accueillir les deux ou trois familles distinctes qui vivent habituellement ensemble. Quelques nattes, paniers et ustensiles de cuisine, avec assiettes et bassines achetées aux commerçants de Macassar, constituent tout leur mobilier ; les lances et les arcs sont leurs armes ; un paréo ou une natte constitue le vêtement des femmes, une ceinture des hommes. Pendant des heures, voire des jours, ils restent sans rien faire dans leurs maisons, les femmes apportant les légumes ou le sagou qui constituent leur nourriture. Parfois, ils chassent ou pêchent un peu, ou travaillent dans leurs maisons ou leurs canots, mais ils semblent apprécier la pure paresse et travaillent le moins qu'ils peuvent. Ils ont peu de choses pour varier la monotonie de la vie, peu de choses qu'on puisse appeler plaisir, si ce n'est l'oisiveté et la conversation. Et ils parlent certainement ! Chaque soir, il y a une petite Babel autour de moi : mais comme je n'en comprends pas un mot, je continue tranquillement mon livre ou mon travail. De temps en temps, ils crient et crient, ou rient frénétiquement pour varier ; et cela continue alternativement avec des discussions bruyantes sur les hommes, les femmes et les enfants, longtemps après que je sois dans mon rideau anti-moustique et profondément endormi.

C'est à cet endroit que j'ai obtenu quelques éclaircissements sur le mélange complexe des races à Aru, ce qui confondrait complètement un ethnologue. Beaucoup d'indigènes, quoique également bruns avec les autres, ont peu de physionomie papoue, mais ont des traits plus délicats de type européen, avec des cheveux plus brillants et bouclés . Au début, cela m'a beaucoup intrigué, car ils n'ont plus aucune ressemblance avec les autres. Malais qu'au Papou, et la noirceur de la peau et des cheveux interdirait l'idée d'un mélange hollandais. En écoutant leur conversation, j'ai cependant détecté certains mots qui me étaient familiers. " Accabó " en était un; et pour être sûr qu'il ne s'agissait pas d'une ressemblance fortuite, j'ai demandé à l'orateur en malais ce que signifiait « accabó », et on m'a répondu que cela signifiait « fait ou fini », un vrai mot portugais, avec son sens conservé. Encore une fois, j'ai entendu le mot « jafui » souvent répété, et j'ai pu voir, sans enquête, que sa signification était « il est parti », comme en portugais. « Porco » semble également être un nom commun, bien que les gens n'aient aucune idée de sa signification européenne. Cela a résolu la difficulté. J'ai tout de suite compris que quelques premiers commerçants portugais avaient pénétré dans ces îles et s'étaient mêlés aux indigènes, influençant leur langue et laissant à leurs descendants pendant de nombreuses générations les caractéristiques visibles de leur race. Si l'on ajoute à cela le mélange occasionnel de Malais, de Hollandais et de Chinois avec les Papous indigènes, nous n'avons aucune raison de nous étonner des curieuses variétés de formes et de traits que l'on rencontre parfois à Aru. Dans cette même maison se trouvait un homme Macassar, avec une femme Aru et une famille d'enfants mixtes. À Dobbo, j'ai vu un Javanais et un Amboyna, chacun avec une épouse et une famille Aru ; et comme ce genre de mélange s'est produit depuis au moins trois cents ans, et probablement bien plus longtemps, il a produit un effet décisif sur les caractéristiques physiques d'une partie considérable de la population des îles, plus particulièrement à Dobbo et dans les régions environnantes . le plus proche de lui.

28 mars . — L'« Orang-kaya », très malade et atteint de fièvre, avait prié de rentrer chez lui et s'était arrangé avec un des hommes de la maison pour qu'il m'accompagne comme son remplaçant. Maintenant que je voulais bouger, l'épouvantail des pirates a été soulevé et il a été déclaré dangereux

d'aller plus loin que la petite rivière suivante. Ce monde ne me convenait pas, car j'avais résolu de traverser le canal appelé Watelai jusqu'au « blakang -tana » ; mais mon guide était ferme dans sa crainte des pirates, dont je savais désormais qu'il n'y avait plus de danger, car plusieurs navires étaient partis à leur recherche, ainsi qu'une canonnière hollandaise qui était arrivée depuis mon départ de Dobbo . Heureusement, à ce moment-là, j'avais entendu dire que la « Commissie » hollandaise était effectivement arrivée, et c'est pourquoi j'avais menacé que si mon guide ne m'accompagnait pas immédiatement, je ferais appel aux autorités et il serait certainement obligé de revenir en arrière. le tissu que l'« Orang-kaya » lui avait transféré en prépaiement. Cela a eu l'effet escompté ; les choses furent bientôt arrangées et nous partîmes le lendemain matin. Le vent cependant était contre nous, et après avoir ramé dur jusqu'à midi, nous nous dirigeâmes vers une petite rivière où il y avait peu de huttes, pour préparer nos dîners. L'endroit ne semblait pas très prometteur, mais comme nous ne pouvions pas atteindre notre destination, la rivière Watelai , à cause du vent contraire, j'ai pensé que nous pourrions aussi bien attendre ici un jour ou deux. J'ai donc payé un hélicoptère pour l'utilisation d'un petit hangar et j'ai récupéré mon lit et quelques cartons à terre. Le soir, à la tombée de la nuit, nous fûmes soudain alarmés par le cri de « Bajak ! bajak ! (Pirates !) Les hommes prirent tous leurs arcs et leurs lances et se précipitèrent vers la plage ; nous avons pris nos canons et nous nous sommes préparés à l'action, mais au bout de quelques minutes , tous sont revenus en riant et en bavardant, car il s'était avéré qu'il ne s'agissait que d'un petit bateau et que certains de leurs camarades revenaient de la pêche. Quand tout redevint calme, un des hommes, qui parlait un peu malais, est venu vers moi et m'a supplié de ne pas trop dormir. "Pourquoi?" dis-je. "Peut-être que les pirates pourraient vraiment venir", dit-il très sérieusement, ce qui me fit rire et lui assura que je devrais dormir aussi fort que possible.

Nous avons passé deux jours ici, mais l'endroit était improductif d'insectes ou d'oiseaux d'intérêt, nous avons donc fait une nouvelle tentative pour continuer. Dès que nous nous éloignâmes un peu de terre, nous eûmes un bon vent et, en six heures de navigation, nous atteignîmes l'entrée du canal Watelai , qui sépare la partie la plus septentrionale de la partie médiane d'Aru. À son embouchure, celui-ci mesurait environ un demi-mile de large, mais se rétrécissait bientôt, et un mile ou deux de là prenait entièrement l'aspect d'une rivière à peu près de la largeur de la Tamise à Londres, serpentant parmi un pays bas mais vallonné et souvent vallonné. La scène était exactement telle qu'on pouvait s'y attendre à l'intérieur d'un continent. Le chenal se poursuivait sur une largeur moyenne uniforme, avec des biefs et des coudes sinueux, une rive étant souvent escarpée, ou même formant des falaises verticales, tandis que l'autre était plate et apparemment alluviale ; et ce n'était que l'eau salée pure et l'absence de tout courant autre que le léger flux et reflux de la marée, qui permettaient à une personne de dire qu'elle naviguait dans un détroit et non sur une rivière. Le vent était bon et nous entraîna, avec l'aide occasionnelle de nos rames, jusqu'à environ trois heures de l'après-midi, lorsque nous débarquâmes là où un petit ruisseau formait deux ou trois bassins dans la roche corallienne, puis tomba en une cascade miniature dans le rivière d'eau salée. Ici, nous nous sommes baignés et avons préparé notre dîner, et nous nous sommes amusés paresseusement jusqu'au coucher du soleil, après quoi nous avons poursuivi notre chemin pendant deux heures en ronflant, puis nous avons amarré notre petit bateau à un arbre en surplomb pour la nuit.

Le lendemain à cinq heures du matin, nous repartîmes et rattrapâmes en une heure quatre grands praus contenant le « Commissie », venus de Dobbo pour faire leur tournée officielle autour des îles, et qui nous avaient dépassés dans les huit. J'ai rendu visite aux Hollandais, dont l'un parlait un peu anglais, mais nous avons constaté que nous pouvions nous entendre beaucoup mieux avec le malais. Ils m'ont dit qu'ils avaient été retardés pour poursuivre les pirates vers l'une des îles du nord et qu'ils avaient vu trois de leurs navires mais qu'ils n'avaient pas pu les attraper, car, poursuivis, ils avaient ramé face au vent, ce qu'ils sont en mesure de faire. en ayant une cinquantaine de rames sur chaque bateau. Après avoir bu du thé aux épines, je leur dis adieu et empruntai un canal étroit qui, selon notre pilote, nous mènerait au village de Watelai , à l'ouest d'Are. Après avoir parcouru quelques milles , nous trouvâmes le canal presque obstrué par du corail, de sorte que notre bateau grinçait le long du fond, écrasant ce qu'on peut vraiment appeler la roche vivante. Parfois, tout le monde devait sortir et patauger pour alléger le navire et le soulever au-dessus des endroits les moins profonds ; mais enfin nous surmontâmes tous les obstacles et atteignîmes une large baie ou estuaire parsemé de petits rochers et d'îlots, et s'ouvrant sur la mer occidentale et les nombreuses îles du « blakang -thon ». J'ai maintenant découvert que le village où nous allions était à des kilomètres ; qu'il nous faudrait sortir en mer et contourner une pointe rocheuse. Une rafale semblait arriver, et comme j'ai horreur des petits bateaux en mer, et que d'après tout ce que j'ai pu apprendre, le village de Watelai n'était pas un endroit où s'arrêter (aucun oiseau du paradis n'y étant trouvé), je résolus d'y retourner et d'y aller. un village dont j'avais entendu parler sur un affluent de la rivière Watelai et situé presque au centre du continent d'Aru. On disait que les gens là-bas étaient bons et habitués à la chasse et à la capture d'oiseaux, étant trop à l'intérieur des terres pour tirer une partie de leur nourriture de la mer. Pendant que je décidais de ce point, la rafale éclata sur nous et souleva bientôt une mer roulante dans les eaux peu profondes, qui renversa une bouteille d'huile et une lampe, brisa une partie de ma vaisselle et nous jeta tous dans la confusion. En ramant dur, nous avons réussi à regagner la rivière principale au crépuscule et avons cherché un endroit pour préparer nos dîners. Il se trouvait que les eaux étaient hautes et la marée très haute, de sorte que chaque morceau de sable ou de plage était recouvert, et ce fut avec la plus grande difficulté, et après beaucoup de tâtonnements dans l'obscurité, que nous découvrîmes un petit morceau de rocher en pente environ deux pieds carrés pour faire du feu et cuire du riz. Le lendemain, nous avons continué notre chemin de retour et, le lendemain, nous sommes entrés dans un ruisseau du côté sud de la rivière Watelai , et en remontant jusqu'à l'endroit où la navigation avait cessé, nous avons trouvé le petit village de Wanumbai , composé de deux grandes maisons entourées de plantations, au milieu des forêts vierges d'Aru.

Comme j'aimais l'aspect de l'endroit et que j'avais envie d'y rester quelque temps, j'envoyai mon pilote essayer de faire une bonne affaire pour un logement en maison. Le propriétaire et chef des lieux a présenté de nombreuses excuses. D'abord, il avait peur que je n'aime pas sa maison, puis il se demandait si son fils, qui était absent, aimerait qu'il m'accepte. J'ai moi-même eu une longue conversation avec lui et j'ai essayé de lui expliquer ce que je faisais et combien de choses j'en achèterais, et je lui ai montré mon stock de têtes, de couteaux, de tissus et de tabac, que je lui achèterais tous. passer avec sa famille et ses amis s'il me donnait une chambre. Il a paru un peu stupéfait et a dit qu'il parlerait à sa femme, et en attendant je suis allé faire une petite promenade pour voir le quartier . Quand je suis revenu, j'ai de nouveau envoyé mon pilote, disant que je partirais s'il ne me plongeait pas une partie de sa maison. Au bout d'une demi-heure environ, il revint avec une demande d'environ la moitié du coût de construction d'une maison, ainsi que le loyer d'une petite partie de celle-ci pour quelques semaines. Comme la seule difficulté était maintenant d'ordre pécuniaire, je sortis une dizaine de mètres de tissu, une hache, quelques perles et du tabac, et les envoyai comme offre finale pour la partie de la maison que j'avais indiquée auparavant. Cela a été accepté après un peu plus de discussions, et j'ai immédiatement commencé à en prendre possession.

La maison était assez grande, élevée comme d'habitude d'environ sept pieds sur des poteaux, les murs d'environ trois ou quatre pieds de plus, avec un toit à forte pente. Le sol était fait de lattes de bambou et, au niveau du toit en pente, il y avait un immense volet qui pouvait être soulevé et soutenu pour laisser entrer la lumière et l'air. A l'extrémité où se trouvait celle-ci, le plancher était surélevé d'environ un pied, et cette pièce, d'environ dix pieds de largeur sur vingt de longueur, toute ouverte sur le reste de la maison, était la partie que je devais occuper. A une extrémité de cette pièce, séparée par une cloison en chaume, se trouvait un coin cuisine, avec un sol en terre battue et des étagères pour la vaisselle. À l'extrémité opposée, j'ai accroché mon rideau anti-moustiques et, autour des murs, nous avons disposé mes cartons et autres magasins, construit une table et un siège et, avec un peu de nettoyage et d'époussetage, nous avons rendu l'endroit assez confortable . Mon bateau a ensuite été remonté à terre et recouvert de feuilles de palmier, les voiles et les rames ont été ramenées à l'intérieur, une scène suspendue pour sécher mes spécimens a été érigée à l'extérieur de la maison et une autre à l'intérieur, et mes garçons ont été mis à nettoyer leurs gnous et à les récupérer . tout est prêt pour commencer le travail.

Le lendemain, je me suis occupé d'explorer les sentiers des environs immédiats . La petite rivière que nous avions remontée cesse d'être navigable à cet endroit, au-dessus de laquelle se trouve un petit ruisseau rocheux, qui s'assèche tout à fait dans la saison chaude. Il y avait cependant maintenant un bon courant d'eau dedans ; et un chemin qui était en partie dans et en partie au bord de l'eau, promettait bien pour les insectes, car j'ai vu ici le magnifique papillon bleu, Papilio Ulysse , ainsi que plusieurs autres belles espèces, avançaient paresseusement, se reposant tantôt en hauteur sur le feuillage qui tombait au-dessus de l'eau, tantôt s'installant sur le rocher humide ou au bord des étangs boueux. Un peu plus loin, plusieurs sentiers bifurquaient à travers des parcelles de forêt secondaire vers des champs de canne, des jardins et des maisons éparses, au-delà desquels encore le sombre mur de verdure rayé de troncs d'arbres marquait les limites des forêts primitives. Les voix de nombreux oiseaux promettaient un bon tir, et à mon retour je constatai que mes garçons avaient déjà obtenu deux ou trois espèces que je n'avais jamais vues auparavant ; et le soir, un indigène m'a apporté une espèce rare et belle de grive terrestre (Pitta novaeguinaeae) connue jusqu'alors uniquement en Nouvelle-Guinée.

les connaissais mieux, je me suis beaucoup intéressé à ces gens, qui constituent un bon échantillon des véritables habitants sauvages des îles Aru, assez exempts de tout mélange étranger. La maison que j'habitais contenait quatre ou cinq familles, et il y avait en outre généralement de six à une douzaine de visiteurs. Ils se chamaillèrent continuellement du matin au soir, parlant, riant, criant sans interruption, ce qui n'était pas très agréable, mais intéressant comme étude du caractère national. Mon garçon Ali m'a dit : "Banyak " bitchara Orang Aru" (Les Aru parlent très fort), n'ayant jamais été habitués à une telle éloquence ni dans son propre pays ni dans aucun autre pays qu'il avait visité jusqu'ici. Un soir, les hommes, surmontés de leur première timidité, commencèrent à parler je les ai un peu interrogés sur mon pays, etc., et en retour je les ai interrogés sur les traditions qu'ils avaient de leur propre origine. J'ai eu cependant très peu de succès, car je ne pouvais pas leur faire comprendre la simple question de d'où venait le peuple Aru. Je le leur ai expliqué de toutes les manières possibles, mais c'était un sujet tout à fait au-delà de leurs spéculations ; ils n'avaient évidemment jamais pensé à rien de tel et étaient incapables de concevoir une chose aussi lointaine et aussi Il n'est pas nécessaire d'y penser, comme leur propre origine. Trouvant cela désespéré, je leur ai demandé s'ils savaient quand le commerce avec Aru a commencé, quand les Bugis, les Chinois et les Macassar sont venus pour la première fois dans leurs praus pour acheter des tripangs et des écailles de tortue , et des nids d'oiseaux et des oiseaux du paradis ?

Ils comprirent cela, mais répondirent qu'il y avait toujours eu le même commerce aussi longtemps qu'eux ou leurs pères s'en souvenaient, mais que c'était la première fois qu'un véritable homme blanc venait parmi eux, et ils dirent : « Vous voyez comment les gens venez chaque jour de tous les villages alentour vous voir. » C'était très flatteur et expliquait le grand afflux de visiteurs que j'avais d'abord cru accidentel. Quelques années auparavant, j'avais été l'un des observateurs des Zoolus et des Aztèques à Londres. Maintenant, les tables étaient retournées contre moi, car j'étais pour ces gens une nouvelle et étrange variété d'hommes, et j'avais l' honneur de leur offrir, en ma propre personne, une exposition attrayante et gratuite.

Tous les hommes et garçons d'Aru sont des archers experts, ne bougeant jamais sans leurs arcs et leurs flèches. Ils tuent toutes sortes d'oiseaux, ainsi que de temps en temps des cochons et des kangourous, et disposent ainsi d'une assez bonne quantité de viande à manger avec leurs légumes. Le résultat de cette vie meilleure est une santé supérieure, des corps bien faits et une peau généralement claire. Ils m'apportèrent un grand nombre de petits oiseaux en échange de perles ou de tabac, mais les malmenèrent terriblement, malgré mes instructions répétées. Lorsqu'ils avaient un oiseau vivant , ils attachaient souvent une ficelle à sa patte et le gardaient un jour ou deux, jusqu'à ce que son plumage soit tellement traîné et sale qu'il était presque sans valeur. L'une des premières choses que j'ai récupérées de là était un spécimen vivant du curieux et magnifique martin-pêcheur à queue de raquette. Voyant combien je l'admirais, on m'en apporta ensuite plusieurs autres, qui étaient tous capturés avant le lever du jour, dormant dans les cavités des berges rocheuses du ruisseau. Mes chasseurs ont également abattu quelques spécimens, et presque tous avaient le bec rouge plus ou moins obstrué par de la boue et de la terre. Cela indique les habitudes de l'oiseau qui, bien que populairement un martin-pêcheur, n'attrape jamais de poisson, mais se nourrit d'insectes et de minuscules coquilles qu'il ramasse dans la forêt et s'élance sur eux depuis son perchoir sur une branche basse . Le genre Tanysiptera , auquel appartient cet oiseau, se distingue par sa queue extrêmement allongée, qui chez tous les autres martins-pêcheurs est petite et courte. Linné nomma l'espèce qu'il connaissait « la déesse martin-pêcheur » (Alcedo dea), de par son extrême grâce et beauté, le plumage étant bleu et blanc brillant, avec le bec rouge, comme le corail. Plusieurs espèces de ces oiseaux intéressants sont maintenant connues, toutes confinées dans une zone très limitée qui comprend les Moluques, la Nouvelle-Guinée et l'extrême nord de l'Australie. Ils se ressemblent tellement que plusieurs d'entre eux ne peuvent être distingués que par une comparaison minutieuse. L'un des plus rares, cependant, qui habite la Nouvelle-Guinée, est très distinct des autres, étant rouge vif en dessous au lieu de blanc. Celui que j'ai maintenant obtenu était nouveau et s'appelle Tanysiptera. hydrocharis , mais dans sa forme générale et sa coloration, il est exactement similaire aux espèces plus grandes trouvées à Amboyna et figurées à la page 468 de mon premier volume.

Des oiseaux nouveaux et intéressants étaient continuellement amenés, soit par mes propres garçons, soit par les indigènes, et au bout d'une semaine, Ali arriva triomphant un après-midi avec un beau spécimen du grand oiseau du paradis. Les panaches ornementaux n'avaient pas encore atteint leur pleine croissance, mais la richesse de leur coloration orange brillante et la délicatesse exquise des plumes vaguement ondulées étaient insurpassables. En même temps, un grand cacatoès noir fut amené, ainsi qu'un beau pigeon fruitier et plusieurs petits oiseaux, de sorte que nous devions tous travailler dur à écorcher jusqu'au coucher du soleil. Juste au moment où nous avions fait le ménage et fait nos bagages pour la nuit, une étrange bête fut amenée, qui avait été abattue par les indigènes. Il ressemblait par sa taille et par son revêtement laineux blanc à un petit agneau gras, mais avait des pattes courtes, des pieds en forme de main avec de grandes griffes et une longue queue préhensile. C'était un Cuscus (C. maculatus), un des curieux animaux marsupiaux de la région papoue, et j'avais très envie d'en obtenir la peau. Les propriétaires, cependant, ont déclaré qu'ils voulaient le manger ; et bien que je leur ai proposé un bon prix et promis de leur donner toute la viande, il y avait une hésitation. Soupçonnant la raison, je leur ai proposé, même s'il faisait nuit, de me mettre immédiatement au travail et de leur sortir le corps, ce qu'ils ont accepté. La créature était très découpée et les deux pattes postérieures presque coupées ; mais c'était le plus grand et le plus beau spécimen du genre que j'aie jamais vu ; et après une heure de dur labeur, je remit le corps aux propriétaires, qui le coupèrent aussitôt et le rôtirent pour le souper.

Comme c'était un très bon endroit pour les oiseaux, je résolus de rester un mois de plus, et profitai de l'occasion d'un bateau indigène se rendant à Dobbo , pour envoyer Ali chercher une nouvelle provision de munitions et de provisions. Ils partirent le 10 avril, et la maison était remplie d'une centaine d'hommes, garçons, femmes et filles, apportant leurs chargements de canne à sucre, de plantains, de feuilles de sirih, d'ignames, etc. ; un garçon venait de chaque maison pour vendre les produits et faire les achats. Le bruit était indescriptible. Au moins cinquante personnes sur cent parlaient toujours en même temps, et cela non pas avec le ton grave et mesuré du Malais apathique et poli, mais avec des voix fortes, des cris et des rires hurlants, dans lesquels les femmes et les enfants étaient encore plus visibles que les hommes. . Ce n'est qu'en me regardant que leurs langues étaient modérément silencieuses, car leurs yeux étaient pleinement occupés. Le sol végétal noir qui recouvre la roche corallienne est très riche et la canne à sucre était la plus fine que j'aie jamais vue. Les cannes apportées au bateau étaient souvent longues de dix et même douze pieds, et épaisses en proportion, avec des joints courts partout, gonflant entre les nœuds avec l'abondance du jus riche. À Dobbo, ils en obtiennent un prix élevé, 1d. en 3D. un bâton, et il y a une demande insatiable parmi les équipages des praus et les pêcheurs Baba. Ici, ils en mangent continuellement. Ils en vivent à moitié et en nourrissent parfois leurs porcs. Près de chaque maison se trouvent de grands tas de déchets de canne ; et de grands paniers en osier, destinés à contenir ces déchets au fur et à mesure de leur production, font régulièrement partie du mobilier d'une maison. Quelle que soit l'heure de la journée à laquelle vous entrez, vous êtes sûr de trouver trois ou quatre personnes avec un mètre de canne dans une main, un couteau dans l'autre et un panier entre les jambes, hachant, épluchant, mâchant et remplissant le panier, avec une assiduité persévérante qui fait penser à une vache affamée qui broute, ou à une chenille qui dévore une feuille.

Après cinq jours d'absence, les bateaux revinrent de Dobbo , ramenant Ali et tout ce que j'avais demandé en toute sécurité. Un grand groupe s'était rassemblé pour être prêt à rapporter chez soi les marchandises apportées, parmi lesquelles se trouvaient bon nombre de noix de coco, qui sont ici un grand luxe. Il semble étrange qu'ils ne les plantent jamais ; mais la raison est simplement qu'ils ne peuvent pas amener leur cœur à enterrer une bonne noix pour l'avantage potentiel d'une récolte dans douze ans. Il existe également un risque que les fruits soient déterrés et mangés à moins d'être surveillés nuit et jour. Parmi les choses que j'avais envoyées se trouvait une boîte d'arack, et j'étais maintenant bien sûr assiégé de demandes pour une petite goutte. Je leur ai donné un flacon (environ deux bouteilles), qui fut très vite terminé, et on m'a assuré qu'il y avait beaucoup de personnes présentes qui n'y avaient pas goûté. Comme je craignais que ma caisse ne soit bientôt vidée si je satisfaisais à toutes leurs demandes, je leur dis que je leur en avais donné une, mais qu'ils paieraient la seconde, et qu'il me faudrait ensuite un oiseau du paradis pour chaque flacon. Ils envoyèrent aussitôt faire le tour de toutes les maisons voisines et rassemblèrent une roupie en argent de cuivre hollandais, prirent leur deuxième flacon et le burent aussi vite que le premier. Ils furent alors très bavards, mais moins bruyants et importuns que je ne l'avais prévu. Deux ou trois d'entre eux m'entourèrent et me prièrent pour la vingtième fois de leur dire le nom de mon pays. Puis, comme ils ne parvenaient pas à le prononcer de manière satisfaisante, ils ont insisté sur le fait que je les trompais et que c'était un nom de ma propre invention. Un drôle de vieillard, qui ressemblait ridiculement à un de mes amis à la maison, était presque indigné. « Ung-lung ! » dit-il, « qui a jamais entendu parler d'un tel nom ? — ang lang — colère-poumon — cela ne peut pas être le nom de votre pays ; vous jouez avec nous. Puis il a essayé de donner une illustration convaincante. "Mon pays est Wanumbai - tout le monde peut dire Wanumbai

. Je suis un orang - Wanumbai ; mais, N- glung ! qui a déjà entendu parler d'un tel nom ? Dites-nous le vrai nom de votre pays, et quand vous serez parti , nous je saurai parler de toi." À ces arguments lumineux et à ces remontrances , je ne pouvais opposer que des affirmations, et tout le monde restait fermement convaincu que je les trompais pour une raison ou une autre. Ils m'ont ensuite attaqué sur un autre point : la raison pour laquelle tous les animaux, les oiseaux, les insectes et les coquillages étaient si soigneusement conservés. Ils m'avaient souvent demandé cela auparavant, et j'avais essayé de leur expliquer qu'ils seraient empaillés et rendus comme s'ils étaient vivants, et que les gens de mon pays iraient les voir. Mais ce n'était pas satisfaisant ; dans mon pays, il doit y avoir beaucoup de choses meilleures à regarder, et ils ne pouvaient pas croire que je me donnerais autant de peine avec leurs oiseaux et leurs bêtes juste pour que les gens les regardent. Ils ne voulaient pas les regarder ; et nous, qui fabriquions du calicot, du verre, des couteaux et toutes sortes de choses merveilleuses, ne pouvions pas vouloir que nous regardions les choses d'Aru. Ils y avaient évidemment réfléchi et avaient finalement obtenu ce qui semblait être une théorie très satisfaisante ; car le même vieillard me dit d'une voix basse et mystérieuse : « Que deviennent-ils quand tu vas à la mer ? "Eh bien, ils sont tous emballés dans des cartons", dis-je. "Que pensez-vous qu'ils soient devenus ?" "Ils reprennent tous vie, n'est-ce pas ?" a-t-il dit; et même si j'essayais de plaisanter et disais que s'ils le faisaient , nous aurions beaucoup à manger en mer, il restait fidèle à son opinion et répétait sans cesse, avec un air de profonde conviction : "Oui, ils reviennent tous à la vie, c'est ce qu'ils font : ils reprennent tous vie.

Au bout d'un moment, et après avoir beaucoup parlé entre eux, il reprit : " Je sais tout cela... oh oui ! Avant votre arrivée , nous avions de la pluie tous les jours, très humide en effet ; maintenant, depuis que vous êtes ici, il fait beau, il fait chaud. Oh ! oui ! je sais tout cela, vous ne pouvez pas me tromper. C'est ainsi que j'ai été considéré comme un prestidigitateur et que je n'ai pas pu repousser l'accusation. Mais le prestidigitateur était complètement intrigué par la question suivante : « Quel est, dit le vieil homme, le grand navire où les Bugis et les Chinois vont vendre leurs affaires ? Il est toujours dans la grande mer ; il s'appelle Jong ; raconte-nous tout ça." En vain je leur demandai ce qu'ils en savaient ; ils ne savaient rien d'autre que le fait qu'il s'appelait « Jong », qu'il était toujours en mer et qu'il s'agissait d'un très grand navire, et ils concluaient par : « Peut-être que c'est votre pays ? Constatant que je ne pouvais ou ne voulais rien leur dire à propos de « Jong », j'ai eu encore plus de regrets de ne pas leur dire le vrai nom de mon pays ; puis une longue série de compliments, selon lesquels j'étais une bien meilleure personne que les Bugis et les Chinois, qui venaient parfois faire du commerce avec eux, car je leur donnais des choses pour rien et je n'essayais pas de les tromper. . Combien de temps devrais-je arrêter ? fut la prochaine enquête sérieuse. Est-ce que je resterais deux ou trois mois ? Ils m'apporteraient beaucoup d'oiseaux et d'animaux, et je pourrais bientôt finir tous les biens que j'avais apportés, puis, dit le vieux porte-parole, "Ne partez pas, mais envoyez d'autres choses de Dobbo et restez ici un an . " ou deux." Et puis encore la vieille histoire : « Dites-nous le nom de votre pays. Nous connaissons les hommes Bugis, et les hommes Macassar, et les hommes Java, et les hommes chinois ; seulement vous, nous ne savons pas de quel pays vous êtes. Viens. Ung-lung ! ce n'est pas possible ; je sais que ce n'est pas le nom de ton pays. Ne voyant pas la fin de cette longue conversation, je dis que j'étais fatigué et que je voulais m'endormir ; alors après avoir mendié, l'un un peu de poisson sec pour son souper, et l'autre un peu de sel pour manger avec son sagou, ils s'en allèrent très tranquillement, et je sortis et me promenai dans la maison au clair de lune, pensant au simple les gens et les étranges productions d'Aru, puis je me suis rendu sous mon rideau anti-moustiques ; dormir en parfaite sécurité au milieu de ces sauvages bon enfant.

Nous avions maintenant sept ou huit jours de temps chaud et sec, qui réduisaient la petite rivière à une succession de mares peu profondes reliées par le plus petit filet d'eau ruisselante. S'il y avait une saison sèche comme celle de Macassar, les îles Aru seraient inhabitables, car aucune partie d'elles n'a une hauteur dépassant cent pieds ; et le tout étant une masse de roche corallienne poreuse, permet à l'eau de surface de s'échapper rapidement. La seule saison sèche qu'ils connaissent dure un mois ou deux vers septembre ou octobre, et il y a alors une pénurie excessive d'eau, de sorte que parfois des centaines d'oiseaux et d'autres animaux meurent de sécheresse. Les indigènes s'installent alors dans des maisons proches des sources des petits ruisseaux, où, dans les profondeurs ombragées de la forêt, il reste encore une petite quantité d'eau. Même dans ce cas, beaucoup d'entre eux doivent parcourir des kilomètres pour obtenir de l'eau, qu'ils conservent dans de grands bambous et utilisent avec parcimonie. Ils m'assurent qu'ils capturent et tuent du gibier de toute espèce, en surveillant les points d'eau ou en tendant des collets autour d'eux. Ce serait le moment pour moi de faire mes collections ; mais le manque d'eau serait un ennui terrible, et l'impossibilité de s'enfuir avant qu'une année entière ne se soit écoulée rendait cela hors de question.

Depuis que j'avais quitté Dobbo, j'avais terriblement souffert des insectes, qui semblaient ici déterminés à venger ma longue persécution contre leur race. A notre première halte, les phlébotomes étaient très abondants la nuit, pénétrant dans toutes les parties du corps et produisant une irritation plus durable que les moustiques. Mes pieds et mes chevilles souffraient particulièrement et étaient entièrement couverts de petites taches rouges et gonflées qui me tourmentaient horriblement. En arrivant ici, nous étions ravis de trouver la maison exempte de phlébotomes et de moustiques, mais dans les plantations où me conduisaient mes promenades quotidiennes, les moustiques piqueurs diurnes pullulaient et semblaient particulièrement se complaire à attacher mes pauvres pieds. Après un mois de châtiment incessant, ces membres utiles se révoltèrent contre un tel traitement et se lancèrent dans une insurrection ouverte, soulevant de nombreux ulcères enflammés, très douloureux, et m'empêchant de marcher. Je me suis donc retrouvé confiné dans la maison, sans perspective immédiate de la quitter. Les blessures ou les plaies aux pieds sont particulièrement difficiles à guérir dans les climats chauds et je les redoutais donc plus que toute autre maladie. L'emprisonnement était très pénible, car les belles chaleurs étaient excellentes pour les insectes, dont j'avais toutes les promesses d'obtenir une belle collection ; et ce n'est que par une recherche quotidienne et incessante que l'on peut obtenir les espèces les plus petites et les spécimens les plus rares et les plus intéressants. Quand je descendais au bord de la rivière pour me baigner, je voyais souvent le Papilio aux ailes bleues Ulysse , ou quelque autre insecte également rare et beau ; mais il n'y avait rien d'autre à faire que de faire preuve de patience et de retourner tranquillement à mon écorchage d'oiseau, ou à tout autre travail que j'avais à l'intérieur. Les piqûres, les morsures et les irritations incessantes causées par ces ravageurs des forêts tropicales seraient supportées sans se plaindre ; mais être retenu prisonnier par eux dans un pays si riche et si inexploré, où l'on rencontre des créatures rares et belles dans toutes les promenades forestières, un pays atteint par un voyage si long et si fastidieux, et qui pourrait ne plus être dans le siècle présent. visité dans le même but, est une punition trop sévère pour qu'un naturaliste la passe sous silence.

J'avais cependant une certaine consolation dans les oiseaux que mes garçons rapportaient quotidiennement à la maison, plus particulièrement les Paradiseas , qu'ils obtenaient enfin en plein plumage. Ce fut pour moi un véritable soulagement de les obtenir, car j'aurais difficilement pu m'arracher à Aru si je n'avais pas obtenu de spécimens.

Mais ce que j'estimais presque autant que les oiseaux eux-mêmes, c'était la connaissance de leurs habitudes, que j'obtenais quotidiennement à la fois par les récits de mes chasseurs et par la conversation des indigènes. Les oiseaux avaient alors commencé ce que les gens d'ici appellent leurs « sacaleli », ou soirées dansantes, dans certains arbres de la forêt, qui ne sont pas des arbres fruitiers comme je l'avais d'abord imaginé, mais qui ont une immense bande de branches étalées et de grandes mais feuilles éparses, donnant un espace dégagé pour que les oiseaux puissent jouer et exposer leurs panaches. Sur l'un de ces arbres, une douzaine ou une vingtaine d'oiseaux mâles au plumage complet se rassemblent, lèvent leurs ailes, étendent leur cou et élèvent leurs plumes exquises, les maintenant dans une vibration continuelle. Entre temps, ils volent de branche en branche avec une grande excitation, de sorte que l'arbre tout entier est rempli de panaches ondulants dans toutes les variétés d'attitudes et de mouvements. (Voir Frontispice.) L'oiseau lui-même est presque aussi gros qu'un corbeau et est d'une riche couleur brun café . La tête et le cou sont d'un jaune paille pur dessus et d'un riche vert métallique dessous. Les longues touffes de plumes orange doré jaillissent des côtés sous chaque aile et, lorsque l'oiseau est au repos, elles sont en partie cachées par elles. Au moment de son excitation, cependant, les ailes sont relevées verticalement sur le dos, la tête est penchée et étendue, et les longs panaches sont relevés et déployés jusqu'à former deux magnifiques éventails dorés, rayés de rouge foncé à l'extrémité. base, et s'estompant dans la teinte brun pâle des points finement divisés et doucement ondulés. L'oiseau tout entier est alors éclipsé par eux, le corps accroupi, la tête jaune et la gorge vert émeraude ne formant que le fondement et le cadre de la gloire dorée qui ondule au-dessus. Vu dans cette attitude, l'Oiseau du Paradis mérite bien son nom et doit être classé parmi les êtres vivants les plus beaux et les plus merveilleux. J'ai également continué à recueillir occasionnellement des spécimens de l'adorable petit roi-oiseau, ainsi qu'un grand nombre de brillants pigeons, d'adorables petits perroquets et de nombreux petits oiseaux curieux, ressemblant le plus à ceux d'Australie et de Nouvelle-Guinée.

Ici, comme parmi la plupart des peuples sauvages parmi lesquels j'ai vécu, j'étais ravi de la beauté de la forme humaine - une beauté dont les gens civilisés au foyer peuvent à peine avoir aucune conception. Quelles sont les plus belles statues grecques des hommes vivants, en mouvement et respirants que je voyais quotidiennement autour de moi ? La grâce effrénée du sauvage nu alors qu'il vaque à ses occupations quotidiennes ou se prélasse à son aise doit être vue pour être comprise ; et un jeune homme tendant son arc est la perfection de la beauté virile. Mais les femmes, sauf dans leur extrême jeunesse, ne sont pas du tout aussi agréables à regarder que les hommes. Leurs traits fortement marqués sont très peu féminins, et le travail acharné, les privations et les mariages très précoces détruisent bientôt tout ce qu'ils peuvent posséder pendant une courte période de beauté ou de grâce. Leur toilette est très simple, mais aussi, j'ai le regret de le dire, très grossière et dégoûtante. Il se compose uniquement d'un tapis de bandes tressées de feuilles de palmier, porté autour du corps et allant des hanches aux genoux. Il semble qu'on ne le change que lorsqu'il est usé, qu'il est rarement lavé et qu'il est généralement très sale. C'est le vêtement universel, sauf dans quelques cas où les « sarongs » malais sont entrés en usage. Leurs cheveux crépus sont attachés en un banc à l'arrière de la tête. Ils se plaisent à le peigner, ou plutôt à le fourcher, en utilisant à cet effet une grande fourchette en bois à quatre dents divergentes, qui répond au but de séparer et d'arranger la longue masse emmêlée et crépue de la végétation crânienne bien mieux que n'importe quel peigne ne pourrait le faire. Les seuls ornements des femmes sont des boucles d'oreilles et des colliers, qu'elles arrangent de diverses manières avec goût. Les extrémités d'un collier sont souvent attachées aux boucles d'oreilles, puis attachées au nœud des cheveux derrière. Cela a vraiment un aspect élégant, les perles pendant gracieusement de chaque côté de la tête, et en établissant une connexion avec les boucles d'oreilles, donnent une apparence d'utilité à ces ornements barbares. Nous recommandons ce style à la considération du beau sexe qui se fait encore des trous dans les oreilles et y accroche des anneaux. Un autre style de collier parmi ces belles papoues consiste à en porter deux, chacun pendant d'un côté du cou et sous le bras opposé, de manière à se croiser. Celui-ci a une très jolie apparence, en partie dû au contraste des perles blanches ou des dents de kangourou qui les composent avec la peau sombre et brillante. Les boucles d'oreilles elles-mêmes sont formées d'une barre de cuivre ou d'argent, torsadée de manière à ce que les extrémités se croisent. Les hommes, comme d'habitude chez les sauvages, se parent plus que les femmes. Ils portent des colliers, des boucles d'oreilles et des bagues et se délectent d'une bande d'herbe tressée serrée autour du bras juste en dessous de l'épaule, à laquelle ils attachent une touffe de cheveux ou des plumes de couleurs vives en guise d' ornement . Les dents des petits animaux, soit seules, soit alternativement avec des perles noires ou blanches, forment leurs colliers, et quelquefois aussi leurs bracelets. Pour ces derniers, cependant, ils préfèrent le fil de laiton ou les épines noires et cornées des ailes du casoar, qu'ils considèrent comme un charme. Des bracelets de cheville en laiton ou en coquillage et des jarretières tressées serrées au-dessous du genou complètent leurs décorations ordinaires.

Quelques indigènes de Kobror , venus plus au sud, et qui passent pour les pires et les moins civilisés des tribus Aru, sont venus un jour nous rendre visite. Ils ont une apparence un peu plus sauvage que d'habitude, en raison de la plus grande quantité d'ornements qu'ils utilisent, le plus remarquable étant un grand peigne en forme de fer à cheval qu'ils portent sur le front, dont les extrémités reposent sur les tempes. Le dos du peigne est fixé dans un morceau de bois plaqué d'étain sur le devant, et au-dessus est fixé un panache de plumes provenant d'une queue de coq. À d'autres égards , ils ne différaient guère des gens avec qui je vivais. Ils m'ont apporté quelques oiseaux, des coquillages et des insectes ; montrant que la nouvelle de l'homme blanc et de ses actes avait atteint leur pays. Il n'y avait probablement pratiquement aucun homme à Aru qui n'avait pas entendu parler de moi à ce moment-là.

Outre les ustensiles domestiques déjà mentionnés, les biens meubles d'un indigène sont très rares. Il dispose d'une bonne réserve de lances, d'arcs et de flèches pour la chasse, d'un parang ou couteau à découper et d'une hache - pour l'âge de pierre - qui a disparu ici, à cause de l'entreprise commerciale des Bugis et d'autres races malaises. Attaché à une ceinture ou accroché à son épaule, il porte une petite pochette en peau et un bambou ornementé contenant de la noix de bétel, du tabac et de la chaux, et un petit couteau allemand à manche en bois est généralement coincé entre sa ceinture d'écorce. et son tibia nu. Chaque homme possède également un « cadjan », ou natte, fait de larges feuilles de pandanus soigneusement cousues ensemble en trois couches. Ce tapis mesure quatre pieds carrés et, une fois plié, son extrémité est cousue, de sorte qu'il forme une sorte de sac ouvert d'un côté. Dans le coin fermé, on peut placer la tête ou les pieds, ou en le portant sur la tête sous la douche, il forme à la fois un manteau et un parapluie. Il se double d'une petite boussole pour un transport pratique, puis forme un coussin léger et élastique, de sorte que lors d'un voyage, il devient à la fois un vêtement, une maison, une literie et un meuble.

Les seuls ornements d'un cheval Aru sont des trophées de chasse : mâchoires de cochons sauvages, têtes et épines dorsales de casoars et plumes faites de plumes d'oiseau du paradis, de casoar et de volaille domestique. Les lances, boucliers, manches de couteaux et autres ustensiles sont plus ou moins sculptés de motifs fantaisistes, et les nattes et les boîtes à feuilles sont peintes ou tressées selon des motifs soignés de couleurs rouge, noire et jaune . Je ne dois pas oublier ces boîtes, qui sont très ingénieusement faites avec la moelle d'une feuille de mélisse chevillée ensemble, doublées à l'intérieur de feuilles de pandanus, et à l'extérieur de celles-ci, ou d'herbe tressée. Tous les joints et angles sont recouverts de bandes de rotin fendu soigneusement cousues. Le couvercle est recouvert de la spathe coriace brune du palmier Areca, imperméable à l'eau, et l'ensemble de la boîte est soigné, solide et bien fini. Elles mesurent de quelques pouces à deux ou trois pieds de long, et étant très appréciées par les Malais comme des boîtes à vêtements, elles sont un article régulier d'exportation d'Aru. Les indigènes utilisent les plus petits pour le tabac ou la noix de bétel, mais ils ont rarement assez de vêtements pour avoir besoin des plus grands, qui ne sont faits que pour la vente.

Parmi les animaux domestiques que l'on peut généralement voir dans les maisons indigènes, se trouvent des perroquets criards, verts, rouges et bleus, quelques volailles domestiques, qui ont des paniers suspendus pour les déposer sous les avant-toits, et qui dorment sur la crête, et plusieurs chiens loups à moitié affamés. Au lieu de rats et de souris, il y a de curieux petits animaux marsupiaux de la même taille, qui courent la nuit et grignotent tout ce qui peut être mangé et laissé à découvert. Quatre ou cinq espèces différentes de fourmis attaquent tout ce qui n'est pas isolé par l'eau, et une espèce nage même à travers cela ; de grosses araignées se cachent dans des paniers et des boîtes, ou se cachent dans les plis de mon rideau anti-moustiques ; les mille-pattes et les mille-pattes se trouvent partout. Je les ai attrapés sous mon oreiller et sur ma perle ; tandis que dans chaque boîte et sous chaque trésor resté tranquille pendant quelques jours, on est sûr de trouver de petits scorpions confortablement installés, avec leurs formidables queues rapidement relevées, prêts à attaquer ou à se défendre . De tels compagnons semblent très alarmants et dangereux, mais tous combinés ne sont pas aussi graves que l'irritation des moustiques ou dès insectes nuisibles que l'on trouve souvent dans les maisons. Ces derniers sont une source constante et incessante de tourment et de dégoût, tandis que vous pouvez vivre longtemps parmi les scorpions, les araignées et les mille-pattes, si laids et venimeux qu'ils soient, et n'en tirer aucun mal. Après avoir vécu douze ans sous les tropiques, je n'ai encore jamais été mordu ni piqué par aucun d'eux.

Les chiens maigres et affamés mentionnés ci-dessus étaient mes plus grands ennemis et me tenaient constamment aux aguets. Si mes garçons laissaient un instant l'oiseau qu'ils étaient en train d'écorcher, il était sûr qu'il serait emporté. Tout ce qui était comestible devait être accroché au toit, pour être hors de leur portée. Un jour, Ali venait juste de finir d'écorcher un bel oiseau roi du paradis, lorsqu'il laissa tomber la peau. Avant qu'il ait pu se baisser pour le ramasser, un membre de cette race affamée s'en était emparé, et il ne réussit à le sauver de ses crocs qu'après l'avoir mis en lambeaux. Deux peaux de la grande Paradisea , bien sèches et prêtes à être emballées, furent imprudemment laissées sur ma table pour la nuit, enveloppées dans du papier. Le lendemain matin , ils étaient partis et seules quelques plumes éparses indiquaient leur sort. Mon étagère suspendue était hors de leur portée ; mais ayant bêtement laissé une boîte qui servait de marche, il manquait le lendemain matin un oiseau du Paradis tout plumé ; et on voyait au-dessous de la maison un chien marmonnant encore sur les débris, aux fines plumes dorées toutes piétinées dans la boue. Chaque nuit, dès que j'étais au lit, je les entendais chercher ce qu'ils pourraient dévorer, sous ma table et tout autour de mes boîtes et de mes paniers, me tenant en haleine jusqu'au matin, de peur que quelque chose de valeur ne puisse arriver. imprudemment ont été laissés dans leur lecture. Ils boiraient l'huile de ma lampe flottante et mangeraient la mèche, et bouleverseraient ou briseraient ma vaisselle si mes garçons paresseux avaient négligé de laver même l'odeur de tout ce qui était comestible. Mauvais, cependant, tels qu'ils sont ici, ils étaient pires dans la maison d'un Dyak à Bornéo où je résidais autrefois, car là ils ont rongé le dessus de mes bottes imperméables, ont mangé un gros morceau d'un vieux carnier en cuir, en plus dévorant une partie de mon rideau anti-moustique !

28 avril . — Hier soir, nous avons eu une grande consultation, qui avait évidemment été arrangée et discutée d'avance. Un certain nombre d'indigènes se sont rassemblés autour de moi et m'ont dit qu'ils voulaient parler. Deux des meilleurs érudits malais se sont entraidés, les autres apportant des conseils et des idées dans leur propre langue. Ils m'ont raconté une longue histoire décousue ; mais, en partie à cause de leur connaissance imparfaite du malais, en partie à cause de mon ignorance des termes locaux, et en partie à cause de l'incohérence de leur récit, je n'ai pas pu le comprendre très clairement. C'était

cependant une tradition et j'étais heureux de constater qu'ils avaient quelque chose de ce genre. Il y a longtemps, disaient-ils, des étrangers sont venus à Aru, et sont venus ici à Wanumbai , et le chef du peuple Wanumbai ne les aimait pas et voulait qu'ils s'en aillent, mais ils ne voulaient pas y aller, et ainsi il en est arrivé à les combats, et de nombreux hommes Aru furent tués, et certains, ainsi que le chef, furent faits prisonniers et emmenés par les étrangers. Certains orateurs ont cependant déclaré qu'il n'avait pas été emporté, mais qu'il était parti dans son propre bateau pour échapper aux étrangers, qu'il était allé à la mer et qu'il n'était plus jamais revenu. Mais ils croient tous que le chef et les gens qui l'accompagnaient vivent encore dans un pays étranger ; et s'ils pouvaient savoir où, ils les enverraient chercher pour qu'ils reviennent. Ayant maintenant la vague idée que les hommes blancs devaient connaître tous les pays au-delà de la mer, ils voulaient savoir si j'avais rencontré les leurs dans mon pays ou dans la mer. Ils pensaient qu'ils devaient être là, car ils ne pouvaient pas imaginer où ils pourraient être ailleurs. Ils les avaient cherchés partout, disaient-ils, sur terre et dans la mer, dans la forêt et sur les montagnes, dans les airs et dans le ciel, et ne pouvaient les trouver ; c'est pourquoi ils devaient être dans mon pays, et ils m'ont prié de le leur dire, car je devais sûrement le savoir, puisque je venais de l'autre côté de la grande mer. J'ai essayé de leur expliquer que leurs amis n'auraient pas pu atteindre mon pays sur de petites embarcations ; et qu'il y avait de nombreuses îles comme Aru tout autour de la mer, qu'ils seraient sûrs de trouver. De plus, comme c'était le cas il y a si longtemps, le chef et tout le peuple devaient être morts. Mais ils riaient beaucoup de cette idée, et disaient qu'ils étaient sûrs d'être vivants, car ils en avaient la preuve. Et puis ils m'ont raconté qu'il y a de nombreuses années, lorsque les orateurs étaient des garçons, des hommes Wokan qui pêchaient rencontraient ces personnes perdues dans la mer et leur parlaient ; et le chef donna aux hommes Wokan cent brasses de tissu à apporter aux hommes de Wanumbai , pour montrer qu'ils étaient vivants et qu'ils reviendraient bientôt vers eux, mais les hommes Wokan étaient des voleurs et gardèrent le tissu, et ils n'entendirent que de cela après; et quand ils en parlèrent, les hommes de Wokan le nièrent et prétendirent qu'ils n'avaient pas reçu le tissu ; ils étaient donc tout à fait sûrs que leurs amis étaient à ce moment-là vivants et quelque part dans la mer. Et encore une fois, il n'y a pas si longtemps, un rapport leur parvint que des commerçants Bugis avaient amené des enfants de leur peuple disparu ; ils allèrent donc à Dobbo pour s'en occuper, et le propriétaire de la maison, qui me parlait en ce moment, était celui qui y allait ; mais l'homme Bugis ne leur laissa pas voir les enfants et menaça de les tuer s'ils entraient dans sa maison. Il enfermait les enfants dans une grande boîte et, lorsqu'il partait, il les emmenait avec lui. Et à la fin de chacune de ces histoires, ils me suppliaient d'un ton implorant de leur dire si je savais où se trouvaient maintenant leur chef et leurs gens.

A force de questions, j'ai eu quelques récits sur les étrangers qui avaient emmené les leurs. Ils disaient qu'ils étaient merveilleusement forts et que chacun pouvait tuer un grand nombre d'hommes Aru ; et quand ils étaient blessés, si gravement soient-ils, ils crachaient sur place, et tout se rétablissait immédiatement. Et ils fabriquèrent un grand filet de rotin, y enroulèrent leurs prisonniers et les coulèrent dans l'eau ; et le lendemain, lorsqu'ils remontèrent le filet sur le rivage, ils firent revivre les noyés et les emportèrent.

On m'en raconta bien d'autres, mais d'une manière si confuse et si décousue que je ne pus rien en tirer, jusqu'à ce que je leur demande depuis combien de temps tout cela s'était produit, quand ils me dirent qu'après la capture de leurs gens, de là, les Bugis venaient dans leurs praus pour faire du commerce à Aru et acheter des tripangs et des nids d'oiseaux. Il n'est pas impossible que quelque chose de semblable à ce qu'ils m'ont raconté se soit réellement produit lorsque les premiers découvreurs portugais sont arrivés à Aru et ait constitué la base d'une accumulation toujours croissante de légendes et de fables. Je n'ai aucun doute qu'à la prochaine génération, ou même avant, je serai moi-même transformé en magicien ou en demi-dieu, en faiseur de miracles et en être au savoir surnaturel. Ils croient déjà que tous les animaux que je préserve reviendront à la vie ; et on racontera à leurs enfants qu'ils l'ont effectivement fait. Un beau temps inhabituel s'installant juste à mon arrivée leur a fait croire que je pouvais contrôler les saisons ; et le simple fait que je marche toujours seul dans la forêt est pour eux une merveille et un mystère, ainsi que le fait que je leur pose des questions sur les oiseaux et les animaux que je n'ai pas encore vus, et que je leur montre une connaissance de leur forme, de leurs couleurs et de leurs habitudes . Ces faits me sont reprochés lorsque je nie avoir connaissance de ce qu'ils veulent que je leur dise. « Vous devez savoir, » disent-ils ; " tu sais tout : tu fais en sorte que tes hommes tirent par beau temps, et tu connais nos oiseaux et nos animaux aussi bien que nous ; et tu vas seul dans la forêt et tu n'as pas peur. " C'est pourquoi tout aveu d'ignorance de ma part est considéré comme un aveuglement, une simple excuse pour éviter de trop leur en dire. Mon matériel d'écriture et mes livres sont pour eux des choses étranges ; et si je choisissais de les mystifier par quelques expériences simples avec une lentille et un aimant, des miracles sans fin se rassembleraient en quelques années autour de moi ; et les futurs voyageurs , pénétrant à Wanumbai , dans le monde, auraient peine à croire qu'un pauvre naturaliste anglais, qui avait résidé quelques mois parmi eux, ait pu être l'original de l'être surnaturel à qui tant de merveilles étaient attribuées.

Il y a quelques jours, j'avais remarqué beaucoup d'excitation, et de nombreux étrangers allaient et venaient armés de lances et de coutelas, d'arcs et de boucliers. Je découvris alors qu'il y avait la guerre près de chez nous : deux villages voisins se disputaient à propos d'une question de politique locale que je ne comprenais pas. Ils m'ont dit que c'était une chose assez courante et qu'ils étaient rarement sans se battre à proximité . Les querelles individuelles sont reprises par les villages et les tribus, et le non-paiement du prix stipulé pour une épouse est l'une des causes les plus fréquentes d'amertume et d'effusion de sang. On m'a amené à examiner l'un des boucliers de guerre. Il était fait de rotin et recouvert de coton torsadé, de manière à être à la fois léger, solide et très résistant. Je devrais penser qu'il résisterait à n'importe quelle balle ordinaire. Au milieu, il y avait une emmanchure avec un volet ou un rabat dessus. Cela permet de passer le bras et de tirer l'arc, tandis que le corps et le visage, jusqu'aux yeux, restent protégés, ce qui ne peut être fait si le bouclier est porté au bras par des boucles attachées dans le dos de la manière ordinaire. Quelques jeunes hommes de notre maison sont allés aider leurs amis, mais je ne pouvais pas supporter qu'aucun d'entre eux soit blessé ni qu'il y ait des combats très durs.

8 mai.- J'étais maintenant à Wanumbai depuis six semaines , mais pendant plus de la moitié du temps j'étais resté dans la maison avec des ulcères aux pieds. Mes provisions étant presque épuisées, mes cages à oiseaux et à insectes pleines, et n'ayant aucune perspective immédiate de retrouver l'usage de mes jambes, je décidai de retourner à Dobbo . Les oiseaux étaient devenus plutôt rares ces derniers temps, et les oiseaux du paradis n'étaient pas encore devenus aussi nombreux que les indigènes m'avaient assuré qu'ils le seraient dans un mois. Les habitants de Wanumbai semblaient très désolés de mon départ ; et ils pourraient bien se porter, car les coquillages et les insectes qu'ils ramassaient sur le chemin de et vers leurs plantations, et les oiseaux que les petits garçons tiraient avec leurs arcs et leurs flèches, les maintenaient tous bien approvisionnés en tabac et en gambir, en plus de leur permettre de accumulez un stock de perles et de cuivres pour vos dépenses futures. Le propriétaire de la maison recevait gratuitement un peu de riz, de poisson ou de sel, chaque fois qu'il en demandait, ce qui, je dois l'avouer, n'était pas très fréquent. En me séparant, je leur distribuai ce qui me restait de sel et de tabac, et donnai à mon hôte une fiole d'arack, et je crois que dans l'ensemble mon séjour avec ces gens simples et de bonne humeur fut productif de plaisir et de profit pour les deux parties. J'avais bien l'intention de revenir; et si j'avais su que les circonstances m'en auraient empêché, j'aurais ressenti une certaine tristesse en quittant un endroit où j'avais vu pour la première fois tant d'êtres vivants rares et beaux, et j'aurais si pleinement apprécié le plaisir qui remplit le cœur du naturaliste quand il a la chance de découvrir un pays jusqu'alors inexploré, et où chaque jour apporte des trésors nouveaux et inattendus. Nous chargeâmes notre bateau dans l'après-midi et, partant avant le lever du jour, grâce à un vent favorable, nous atteignîmes Dobbo tard dans la soirée.

CHAPITRE XXXII.
LES ÎLES ARU.— DEUXIÈME RÉSIDENCE À DOBBO.

(MAI ET JUIN 1857.)

DOBBO était plein à craquer, et je fus obligé d'occuper le palais de justice où les commissaires tiennent leurs séances. Ils avaient maintenant quitté l'île et je trouvais la situation agréable, car c'était à l'extrémité du village, avec vue sur la rue principale. Ce n'était qu'un simple hangar, mais la moitié avait un plancher grossièrement en planches, et en érigeant une cloison et en ouvrant une fenêtre, j'en fis une demeure très agréable. Dans l'une des caisses que j'avais laissées à la charge de Herr Warzbergen , une colonie de petites fourmis s'était installée et avait déposé des millions d'œufs. C'était heureusement une belle journée chaude, et en portant la boîte à quelque distance de la maison et en plaçant chaque article au soleil pendant une heure ou deux, je m'en débarrassai sans dommage, car c'était heureusement une espèce inoffensive.

Dobbo présenta maintenant une apparition animée. Cinq ou six nouvelles maisons avaient été ajoutées à la rue ; les praus ont tous été amenés du côté ouest de la pointe, où ils ont été hissés sur la plage, et ont été calfeutrés et recouverts d'un épais enduit à la chaux blanche pour le voyage de retour, ce qui en faisait les choses les plus brillantes et les plus propres du monde. le lieu. La plupart des petits bateaux étaient revenus du « blakang -tana » (arrière-pays), comme on appelle le côté des îles vers la Nouvelle-Guinée. Des tas de bois de chauffage étaient entassés derrière les maisons ; les voileries et les charpentiers étaient occupés au travail ; la coquille de nacre était attachée en fagots, et le tripang noir et laid fumé subissait une dernière exposition au soleil avant d'être chargé. La partie disponible des équipages était employée à couper et à équarrir le bois, et les bateaux de Ceram et de Goram déchargeaient constamment leurs cargaisons de tourteaux de sagou pour le voyage de retour des commerçants. Les poules, les canards et les chèvres semblaient tous gros et se nourrissaient des déchets d'une population dense, et les porcs des Chinois étaient dans un état d'obésité qui laissait présager une mort prématurée. Des perroquets, des Tories et des cacatoès, d'une douzaine de races différentes, étaient suspendus sur des perchoirs de bambou aux portes des maisons, avec des pigeons fruitiers verts ou blancs métalliques qui roucoulaient musicalement à midi et le soir. De jeunes casoars, étrangement rayés de noir et de brun, erraient dans les maisons ou gambadaient avec l'espièglerie des chatons sous le chaud soleil, avec parfois un joli petit kangourou, capturé dans les forêts d'Aru, mais déjà docile et gracieux comme un faon caressé.

Le soir il y avait plus de signes de vie que lors de mon ancienne résidence. On pouvait entendre des tam-tams, des guimbardes et même des violons, et les mélancoliques chants malais résonnaient assez tard dans la nuit. Presque tous les jours, il y avait un combat de coqs dans la rue. Les spectateurs forment un cercle, et une fois que les longs éperons d'acier sont attachés et que les pauvres animaux sont installés pour se couper et s'entre-tuer, l'excitation est immense. Ceux qui ont parié crient, hurlent et sautent frénétiquement, s'ils pensent qu'ils vont gagner ou perdre, mais en très peu de minutes, tout est fini ; il y a un hourra des gagnants, les propriétaires s'emparent de leurs coqs, l'oiseau gagnant est caressé et admiré, le perdant est généralement mort ou très grièvement blessé, et on voit souvent son maître s'arracher les plumes en s'éloignant, le préparant pour la marmite pendant que le pauvre oiseau est encore en vie.

Une partie de football, qui se déroulait généralement au coucher du soleil, m'intéressait cependant beaucoup plus. La balle utilisée est assez petite et est en rotin, creuse, légère et élastique. Le joueur le fait danser un peu sur son pied, puis de temps en temps sur son bras ou sa cuisse, jusqu'à ce que tout à coup il lui donne un bon coup avec le creux du pied et l'envoie voler haut dans les airs. Un autre joueur court à sa rencontre, et dès son premier bond, l'attrape au pied et joue à son tour. Le ballon ne doit jamais être touché avec la main ; mais le bras, l'épaule, le genou ou la cuisse servent à loisir à reposer le pied. Deux ou trois jouaient très adroitement , faisant voler continuellement le ballon, mais l'endroit était trop exigu pour mettre en valeur le jeu. Un soir, une querelle survint à cause d'une dispute dans le jeu, et il y eut une grande bagarre, et on craignit qu'il n'y ait une bagarre à ce sujet - non pas deux hommes seulement, mais un groupe d'une douzaine ou d'une vingtaine de chaque côté, un groupe régulier. bataille avec des couteaux et des krisses ; mais après de nombreuses discussions, cela s'est passé tranquillement, et nous n'en avons plus rien entendu par la suite.

La plupart des Européens, doués par la nature d'une pilosité luxuriante sur le visage, pensent que cela les défigure et mènent une lutte continuelle contre elle en fauchant chaque matin la récolte qui a poussé en flamboyant au cours des vingt-quatre heures précédentes. Aujourd'hui, les hommes de race mongole sont, naturellement, exactement comme beaucoup d'entre nous le souhaitent . Ils passent pour la plupart leur vie avec des visages aussi lisses et imberbes que ceux d'un nourrisson. Mais le rasage semble être un instinct de la race humaine ; car beaucoup de ces gens, n'ayant pas de cheveux pour enlever leur visage, se rasent la tête. D'autres cependant se mettent résolument à l'œuvre pour forcer la nature à leur donner une barbe. L'un des principaux combattants de coqs à Dobbo était un Javanais, sorte de maître des cérémonies du ring, qui attachait les longerons et servait de second à l'un des combattants. Cet homme avait réussi, par une culture assidue, à dresser une paire de moustaches qui étaient un triomphe de l'art, car elles renfermaient chacune une douzaine de poils de plus de trois pouces de long, et qui, bien graissés et tordus, étaient distinctement visibles (lorsque pas très loin) comme un fil noir qui pend de chaque côté de sa bouche. Mais la difficulté était de trouver une barbe assortie, car la nature avait cruellement refusé de lui donner un rudiment de poil sur le menton, et le jardinier le plus talentueux ne pouvait pas faire grand-chose s'il n'avait rien à cultiver. Mais le vrai génie triomphe des difficultés. Bien qu'il n'y ait pas de poils sur le menton ; il y avait, sur un côté, un petit grain de beauté ou une tache de rousseur qui contenait (comme cela arrive souvent) quelques poils égarés. Ceux-ci avaient été exploités au maximum. Ils avaient atteint quatre ou cinq pouces de longueur et formaient un autre fil noir qui pendait à l'angle gauche du menton. Le propriétaire l'a porté comme s'il s'agissait de quelque chose de remarquable (et c'était certainement le cas) ; il le sentait souvent affectueusement, le passait entre ses doigts et était évidemment extrêmement fier de ses moustaches et de sa barbe !

L'une des choses les plus surprenantes liées à Aru était le bas prix excessif de tous les articles de fabrication européenne ou indigène. Nous étions ici à deux mille milles au-delà de Singapour et de Batavia, qui sont eux-mêmes des magasins de « l'Extrême-Orient », dans un endroit peu visité et presque inconnu des commerçants européens ; tout nous parvenait par au moins deux ou trois mains, souvent bien plus ; pourtant, les calicots anglais et les tissus de coton américains pouvaient être achetés pour 8 shillings. la pièce, des mousquets pour 15 shillings, des ciseaux communs et des couteaux allemands à trois demi-deniers chacun, et autres couverts, cotonnades et faïences dans la même proportion. Les indigènes de ce pays isolé peuvent, en fait, acheter toutes ces choses à peu près au même prix que nos ouvriers de chez nous, mais en réalité beaucoup moins cher, car le produit de quelques heures de travail permet le sauvage achète en abondance ce qui est pour lui un luxe, tandis que pour l'Européen ce sont des choses nécessaires à la vie. Le barbare n'est ni plus heureux ni mieux loti pour ce bon marché. Au contraire, cela a sur lui un effet des plus préjudiciables. Il lui faut l'aiguillon de la nécessité pour le forcer à travailler ; et si le fer était aussi cher que l'argent, et le calicot aussi cher que le satin, l'effet lui serait bénéfique. Dans l'état actuel des choses, il a plus d'heures d'inactivité, reçoit un approvisionnement plus constant en tabac et peut s'enivrer d'arack plus fréquemment et plus complètement ; car votre homme Aru dédaigne de se saouler à moitié - un verre plein d'arack n'est qu'un léger stimulant, et rien de moins qu'un demi-gallon d'alcool ne le rendra ivre à sa propre satisfaction.

Il n'est pas agréable de réfléchir sur cet état de choses. Au moins la moitié des vastes multitudes de peuples non civilisés, à qui notre gigantesque système manufacturier, notre énorme capital et notre concurrence intense imposent les produits de nos métiers à tisser et de nos ateliers, ne seraient pas du tout dans une situation physique plus mauvaise et seraient certainement améliorés moralement, si tous les articles que nous leur fournissons étaient le double ou le triple de leurs prix actuels. Si en même temps la différence de coût, ou une grande partie de celle-ci, pouvait se retrouver dans les poches des ouvriers des manufactures, des milliers de personnes passeraient du besoin au confort, de la famine à la santé, et seraient retirées de l'un des les principales incitations à la criminalité. Il est difficile pour un Anglais de ne pas contempler avec orgueil nos manufactures et notre commerce gigantesques et sans cesse croissants, et de ne pas considérer comme bon tout ce qui rend leur progrès encore plus rapide, soit en abaissant le prix auquel les articles peuvent être produits, soit en découvrant de nouveaux marchés vers lesquels ils peuvent être envoyés. Toutefois, si l'on posait ici la question si fréquemment posée aux adeptes des sciences les moins populaires : « Cui bono ? », il serait plus difficile d'y répondre qu'on ne l'imaginait. Les avantages, même pour le petit nombre qui les récolte, seraient perçus comme étant principalement physiques, tandis que les maux moraux et intellectuels largement répandus résultant d'un travail incessant, de bas salaires , d'habitations surpeuplées et d'occupations monotones, pour peut-être un nombre aussi grand que ceux qui obtiennent un avantage réel pourraient être considérés comme présentant une balance du mal si grande, qu'elle amènerait les plus grands admirateurs de nos manufactures et de notre commerce à douter de l'opportunité de leur développement ultérieur. On dira : « Nous ne pouvons pas l'arrêter ; les capitaux doivent être employés ; notre population doit être maintenue au travail ; si nous hésitons un instant, d'autres nations qui nous poussent actuellement à bout iront de l'avant, et la ruine nationale s'ensuivra. » Une partie de cela est vraie, d'autres sont fausses. Il s'agit sans aucun doute d'un problème difficile que nous devons résoudre ; et j'ai tendance à penser que c'est cette difficulté qui fait conclure aux hommes que ce qui semble un état de choses nécessaire et inaltérable doit être bon, et que ses avantages doivent être plus grands que ses maux. C'était le sentiment des partisans américains de l'esclavage ; ils ne voyaient pas de moyen facile et confortable de s'en sortir. Dans notre propre cas, cependant, il faut espérer que si un examen attentif de la question dans toutes ses audiences montre que la prépondérance du mal naît de l'immensité de nos industries et de notre commerce, un mal qui doit continuer à croître avec leur augmentation. - Il y a suffisamment de sagesse politique et de véritable philanthropie chez les Anglais pour les inciter à détourner leur richesse surabondante vers d'autres canaux. Le fait qui a conduit à ces remarques est sûrement frappant : que dans l'un des coins les plus reculés de la terre, les sauvages peuvent acheter des vêtements à meilleur marché que les habitants du pays où ils sont fabriqués ; que l'enfant du tisserand frémisse dans le vent de l'hiver, incapable d'acheter des articles accessibles aux indigènes sauvages d'un climat tropical, où les vêtements ne sont qu'un ornement ou un luxe, devrait nous faire réfléchir avant de considérer avec une admiration sans mélange le système qui a conduit à de tels un résultat, et nous amène à envisager avec une certaine suspicion une extension ultérieure de ce système. Il ne faut pas oublier non plus que notre commerce n'est pas un accroissement purement naturel. Elle a toujours été encouragée par la législature et contrainte à une luxuriance contre nature par la protection de nos flottes et de nos armées. La sagesse et la justice de cette politique ont déjà été mises en doute. Dès donc qu'on voit que l'extension de nos manufactures et de notre commerce serait un mal, le remède n'est pas loin de chercher.

Après six semaines de confinement à la maison , j'étais enfin bien et je pouvais reprendre mes promenades quotidiennes en forêt. Je ne l'ai cependant pas trouvé aussi productif qu'à mon arrivée à Dobbo . Il y avait une stagnation humide autour des sentiers et les insectes étaient très rares. Dans certains de mes meilleurs lieux de collecte, je trouvais maintenant une masse de bois pourri, mêlé de jeunes pousses et envahi par des plantes grimpantes, mais je parvenais toujours à ajouter quelque chose quotidiennement à mes vastes collections. J'ai rencontré un jour un curieux exemple de défaillance de l'instinct, qui, en le montrant faillible, fait qu'on doute fort qu'il soit autre chose qu'une habitude héréditaire, dépendant de délicates modifications de la sensation. Des marins abattirent un arbre de bonne dimension et, comme c'est toujours mon habitude, je le visitai quotidiennement pendant quelque temps à la recherche d'insectes. Parmi d'autres coléoptères vinrent des essaims de petits foreurs cylindriques (Platypus, Tesserocerus , etc.) et commencèrent à faire des trous dans l'écorce. Au bout d'un jour ou deux, j'ai été surpris d'en trouver des centaines coincés dans les trous qu'ils avaient forés et, après examen, j'ai découvert que la sève laiteuse de l'arbre était de la nature de la gutta-percha, durcissant rapidement à l'exposition à l'air, et coller les petits animaux dans des tombes auto-creusées. L'habitude de percer des trous dans les arbres pour y déposer leurs œufs ne s'accompagnait pas d'une connaissance instinctive suffisante des arbres qui leur convenaient et de ceux qui leur étaient destructeurs. Si, comme c'est très probable, ces arbres ont une odeur attractive pour certaines espèces de foreurs, cela pourrait très probablement conduire à leur disparition ; tandis que d'autres espèces, à qui la même odeur était désagréable, et qui évitaient par conséquent les arbres dangereux, survivraient et seraient créditées par nous d'un instinct, alors qu'elles seraient en réalité guidées par une simple sensation.

Ces curieux petits coléoptères, les Brenthidae , étaient très abondants à Aru. Les femelles ont un rostre pointu, avec lequel elles creusent des trous profonds dans l'écorce des arbres morts, enfouissant souvent le rostre jusqu'aux yeux, et dans ces trous elles déposent leurs œufs. Les mâles sont plus grands et ont le rostre dilaté à l'extrémité, et se terminant parfois par une paire de mâchoires de bonne taille. J'ai vu une fois deux mâles se battre ensemble ; chacun avait une jambe avant posée sur le cou de l'autre, et la tribune était courbée dans une attitude de défi et paraissant des plus ridicules. Une autre fois, deux se battaient pour une femelle qui se tenait tout près, occupée à s'ennuyer. Ils se bousculaient avec leurs rostres, se griffaient et se cognaient, apparemment dans la plus grande rage, bien que leurs cottes de mailles aient dû les sauver tous deux de la blessure. Mais le petit s'enfuit bientôt, se reconnaissant vaincu. Chez la plupart des Coléoptères, la femelle est plus grande que le mâle, et il est donc intéressant, en ce qui concerne la sélection sexuelle, que dans ce cas, comme chez les coléoptères où les mâles combattent ensemble, ils soient non seulement mieux armés. , mais aussi beaucoup plus gros que les femelles. Au moment où nous partions, un bel arbre, allié à Erythrina, était en fleur, montrant ses masses de grandes fleurs pourpres dispersées çà et là dans la forêt. Si on l'avait vu d'une élévation, cela aurait eu un bel effet ; d'en bas, je ne pouvais apercevoir que des masses de couleurs magnifiques , groupées en grappes et en festons, autour desquelles des troupeaux de loris bleus et orange voletaient et hurlaient.

Beaucoup de personnes sont mortes à Dobbo cette saison ; Je crois qu'il y en a une vingtaine. Ils ont été enterrés dans un petit bosquet de Casuarinas derrière chez moi. Parmi les commerçants se trouvait un. Prêtre mahométan, qui surveillait les funérailles, qui furent très simples. Le corps a été enveloppé dans un nouveau tissu de coton blanc et transporté sur une bière jusqu'à la tombe. Tous les spectateurs se sont assis par terre et le prêtre a scandé quelques versets du Coran. Les tombes étaient entourées d'une légère balustrade en bambou, et un petit poteau de tête en bois sculpté était placé pour marquer l'endroit. Il y avait aussi dans le village une petite mosquée, où tous les vendredis les fidèles allaient prier. C'est probablement plus éloigné de La Mecque que n'importe quelle autre mosquée dans le monde et marque l'extension la plus orientale de la religion mahométane. Les Chinois, ici comme ailleurs, montraient leur richesse et leur civilisation supérieures par des pierres tombales en granit massif apportées de Singapour, avec des inscriptions profondément gravées, dont les caractères sont peints en rouge, bleu et or. Personne n'a plus de respect pour les tombes de ses proches et de ses amis que ce peuple étrange, omniprésent et avide d'argent.

Peu de temps après notre retour à Dobbo , mon garçon Macassar, Baderoon , a pris son salaire et m'a quitté parce que je l'avais grondé pour sa paresse. Il s'occupa alors du jeu et, au début, eut un peu de chance, acheta des ornements et eut beaucoup d'argent. Puis sa chance tourna ; il a tout perdu, a emprunté de l'argent et l'a perdu, et a été obligé de devenir l'esclave de son créancier jusqu'à ce qu'il ait réglé sa dette. C'était un garçon vif et actif quand il le voulait, mais il avait tendance à être oisif et avait une si incorrigible propension au jeu qu'il le conduirait très probablement à devenir esclave à vie.

La fin du mois de juin approchait, la mousson de l'Est s'était progressivement installée et, d'ici une ou deux semaines, Dobbo serait déserte. Les préparatifs du départ étaient partout visibles, et chaque jour ensoleillé (plutôt rare maintenant) les rues étaient aussi bondées et animées que des ruches. Des tas de tripangs furent finalement séchés et emballés dans des sacs ; des coquillages de nacre, liés avec des rotins en paquets commodes, étaient toute la journée transportés jusqu'à la plage pour y être chargés ; les tonneaux d'eau furent remplis, et les toiles et les voiles furent réparées et renforcées pour le retour à la maison avant le fort vent d'est. Presque chaque jour, des groupes d'indigènes arrivaient des parties les plus éloignées des îles, avec des cargaisons de bananes et de canne à sucre à échanger contre du tabac, du sagou, du pain et d'autres produits de luxe, avant le départ général. Les Chinois tuèrent leur gros cochon et firent leur festin d'adieu, et m'envoyèrent gentiment du porc et une bassine de ragoût de nid d'oiseau, qui n'avait guère plus de goût qu'un plat de vermicelles. Mon garçon Ali revenait de Wanumbai , où je l'avais envoyé seul pendant quinze jours pour acheter des oiseaux du Paradis et préparer les peaux ; il m'a apporté seize spécimens glorieux, et s'il n'avait pas été très malade de fièvre et de fièvre, il aurait pu en obtenir le double. Il avait vécu avec les gens dont j'avais occupé la maison, et c'est une preuve de leur bonté, s'ils étaient traités équitablement, que bien qu'il ait emporté avec lui une quantité de dollars en argent pour payer les oiseaux qu'ils capturaient, aucune tentative n'a été faite pour les voler. lui, ce qui aurait pu se faire dans la plus parfaite impunité. Il a été bien traité lorsqu'il était malade et m'a été ramené avec le solde des dollars qu'il n'avait pas dépensés.

Le peuple Wanumbai , comme presque tous les habitants des îles Aru, est de parfaits sauvages et je n'ai vu aucun signe d'une quelconque religion. Il y a cependant trois ou quatre villages sur la côte où résident des maîtres d'école d'Amboyna, et où les gens sont nominalement chrétiens et sont dans une certaine mesure instruits et civilisés. Je n'ai pas pu acquérir une véritable connaissance des coutumes du peuple Aru pendant le peu de temps que j'ai passé parmi eux, mais ils ont évidemment été considérablement influencés par leur longue association avec les commerçants mahométans. Ils enterrent souvent leurs morts, bien que la coutume nationale soit d'exposer le corps sur une scène surélevée jusqu'à ce qu'il se décompose. Bien qu'il n'y ait pas de limite au nombre d'épouses qu'un homme peut avoir, ils dépassent rarement une ou deux. Une femme est régulièrement achetée aux parents, le prix étant un large assortiment d'articles, comprenant toujours des gongs, de la vaisselle et du tissu. Ils m'ont dit que certaines tribus tuaient les vieillards et les vieilles femmes lorsqu'ils ne pouvaient plus travailler, mais j'ai vu beaucoup de gens très âgés et décrépits , qui semblaient assez bien soignés. Il ne fait aucun doute que tous ceux qui ont de nombreuses relations avec les commerçants Bugis et Cerames perdent progressivement bon nombre de leurs coutumes indigènes, d'autant plus que ces gens s'installent souvent dans leurs villages et épousent des femmes indigènes.

Le commerce exercé à Dobbo est très considérable. Cette année, il y avait quinze grands praus de Macassar, et peut-être une centaine de petits bateaux de Ceram, Goram et Ke . Les cargaisons Macassar valent environ 1 000 £. chacun, et les autres bateaux enlèvent peut-être environ 3 000 £, de sorte que le total des exportations peut être estimé à 18 000 £. par an. Les objets les plus gros et les plus volumineux sont les nacres et les tripangs , ou « bêche - de- mer », avec de plus petites quantités d'écailles de tortue, de nids d'oiseaux comestibles, de perles, de bois d'ornement, de bois d'œuvre et d'oiseaux de paradis. Ceux-ci sont achetés avec une variété de produits. D'arack, d'une force à peu près égale à celle du rhum ordinaire des Antilles, 3 000 boîtes, contenant chacune quinze bouteilles d'un demi-gallon, sont consommées chaque année. Les tissus indigènes des Célèbes sont très appréciés pour leur durabilité et de grandes quantités sont vendues, ainsi que du calicot anglais blanc et des cotons américains écrus, de la vaisselle commune, des couverts grossiers, des mousquets, de la poudre à canon, des gongs, des petits canons en laiton et des défenses d'éléphants. Ces trois derniers articles constituent la richesse du peuple Aru, avec laquelle ils payent leurs femmes, ou qu'ils thésaurisent comme « biens immobiliers ». Le tabac est très demandé pour être mâché, et il doit être très fort, sinon un homme Aru n'y prêtera pas attention. Sachant combien ces gens travaillent généralement peu, la masse des produits obtenus annuellement montre que les îles doivent être assez densément peuplées, surtout le long des côtes, puisque les neuf dixièmes de l'ensemble sont des productions marines.

Ce fut le 2 juillet que nous quittions Aru, suivis de tous les praus de Macassar, au nombre d'une quinzaine, qui avaient accepté de partir en compagnie. Nous sommes passés au sud de Banda, puis avons dirigé plein ouest, sans voir de terre pendant trois jours, jusqu'à ce que nous apercevions quelques îles basses à l'ouest de Bouton. Nous avions un vent de sud-est fort et constant jour et nuit, qui nous portait à environ cinq nœuds par heure, là où un clipper en aurait fait douze. Le ciel était continuellement nuageux, sombre et menaçant, avec des averses occasionnelles, jusqu'à ce que nous soyons à l'ouest de Bouru , quand le temps s'est éclairci et que nous avons profité du ciel ensoleillé de la saison sèche pour le reste de notre voyage. C'est donc ici que se divisent les saisons des régions orientales et occidentales de l'archipel. À l'ouest de cette ligne, de juin à décembre, le temps est généralement beau et souvent très sec, le reste de l'année étant la saison des pluies. À l'est, le temps est extrêmement incertain, chaque île et chaque côté d'une île ayant ses propres particularités. La différence ne semble pas tant résider dans la répartition des précipitations que dans celle des nuages et de l'humidité de l'atmosphère. A Aru, par exemple, lorsque nous sommes partis, les petits ruisseaux étaient tous à sec, même si le temps était maussade ; tandis qu'en janvier, février et mars, lorsque nous avions le soleil le plus chaud et les jours les plus beaux, ils coulaient toujours. La période la plus sèche de toute l'année à Aru se produit en septembre et octobre, tout comme à Java et à Célèbes. Les saisons des pluies correspondent donc à celles des îles occidentales, même si le climat est très différent. La mer des Moluques est d'une couleur d'un bleu très profond , bien distinct du bleu clair et clair de l'Atlantique. Par temps nuageux et maussade , il paraît absolument noir, et lorsqu'il est couvert d'écume, il a un aspect sévère et colérique. Le vent resta bon et fort pendant tout notre voyage, et nous atteignîmes Macassar en parfaite sécurité le soir du 11 juillet, après avoir fait la traversée d'Aru (plus de mille milles) en neuf jours et demi.

Mon expédition aux îles Aru avait été un grand succès. Bien que j'étais depuis des mois confiné à la maison par maladie, et que j'eusse perdu beaucoup de temps par manque de moyens de locomotion, et en manquant la bonne saison au bon endroit, j'ai emporté avec moi plus de neuf mille spécimens d'animaux naturels. objets, d'environ seize cents espèces distinctes. J'avais fait la connaissance d'une race d'hommes étrange et peu connue ; Je m'étais familiarisé avec les commerçants d'Extrême-Orient ; J'avais goûté aux délices de l'exploration d'une faune et d'une flore nouvelles, l'une des plus remarquables, des plus belles et des moins connues au monde ; et j'avais réussi dans le but principal pour lequel j'avais entrepris le voyage, à savoir obtenir de beaux spécimens des magnifiques oiseaux du paradis et pouvoir les observer dans leurs forêts natales. Ce succès m'a incité à poursuivre mes recherches aux Moluques et en Nouvelle-Guinée pendant près de cinq ans encore, et c'est toujours la partie de mon voyage sur laquelle je repense avec la plus entière satisfaction.

CHAPITRE XXXIII.
LES ÎLES ARU—GÉOGRAPHIE PHYSIQUE ET ASPECTS DE

NATURE.

Dans ce chapitre, je propose de donner un aperçu général de la géographie physique des îles Aru et de leurs relations avec les pays environnants ; et je pourrai ainsi incorporer les informations obtenues auprès des commerçants et des travaux d'autres naturalistes avec mes propres observations dans ces régions extrêmement intéressantes et peu connues.

On peut dire que le groupe Aru est constitué d'une très grande île centrale entourée d'un certain nombre de petites îles. La grande île est appelée par les indigènes et les commerçants « Tang- busar » (grande ou continent), pour la distinguer dans son ensemble de Dobbo ou de l'une des îles détachées. Il est d'une forme oblongue irrégulière, d'environ quatre-vingts milles du nord au sud, et de quarante ou cinquante milles de l'est à l'ouest, direction dans laquelle il est traversé par trois canaux étroits, le divisant en quatre parties. Ces canaux sont toujours appelés rivières par les commerçants, ce qui m'a beaucoup intrigué jusqu'au moment où j'ai traversé l'un d'eux et j'ai vu à quel point ce nom était extrêmement applicable. Le canal nord, appelé rivière de Watelai , a environ un quart de mille de large à son entrée, mais se rétrécit bientôt pour avorter le huitième de mille, largeur qu'il conserve, avec peu de variations, pendant toute sa longueur de près de cinquante mètres. miles, jusqu'à ce qu'il s'élargisse à nouveau à son embouchure orientale. Son parcours est modérément sinueux et les écheveaux sont généralement secs et quelque peu élevés. En de nombreux endroits, on trouve des falaises basses de calcaire corallien dur, plus ou moins usées par l'action de l'eau ; tandis que parfois des espaces plats s'étendent depuis les rives jusqu'aux basses chaînes de collines un peu à l'intérieur des terres. Quelques petits ruisseaux y entrent de droite et de gauche, à l'embouchure desquels se trouvent de petites îles rocheuses. La profondeur est très régulière, allant de dix à quinze brasses, et elle a ainsi tous les traits d'une vraie rivière, si ce n'est l'eau salée et l'absence de courant. Les deux autres rivières, dont les noms sont Vorkai et Maykor , auraient un caractère général très similaire ; mais ils sont plutôt proches les uns des autres et ont un certain nombre de canaux transversaux coupant l'étendue plate qui les sépare. Du côté sud du Maykor, les rives sont très rocheuses, et de là jusqu'à l'extrémité sud d'Aru s'étend une étendue ininterrompue de pays assez élevés et très rocheux, pénétré de nombreux petits ruisseaux, dans les hautes falaises calcaires bordées par les oiseaux comestibles. les nids d'Aru sont principalement obtenus. Tous mes informateurs ont déclaré que les deux rivières du sud sont plus grandes que le Watelai .

L'ensemble d'Aru est bas, mais en aucun cas aussi plat qu'on l'a représenté, ou qu'on le voit depuis la mer. La majeure partie est un sol rocheux sec, avec une surface quelque peu ondulée, s'élevant ici et là en collines abruptes, ou découpée en ravins abrupts et étroits. À l'exception des étendues de marécages qui se trouvent à l'embouchure de la plupart des petites rivières, il n'y a pas de terrain absolument plat, bien que la plus grande élévation ne dépasse probablement pas deux cents pieds. La roche qui apparaît partout dans les ravins et les ruisseaux est un calcaire corallien, en certains endroits mou et malléable, en d'autres si dur et cristallin qu'il ressemble à notre calcaire de montagne.

Les petites îles qui entourent le massif central sont très nombreuses ; mais la plupart d'entre elles se trouvent du côté est, où elles forment une frange s'étendant souvent à dix ou quinze milles des îles principales. A l'ouest, il y en a très peu, Wamma et Palo Pabi étant les chefs, avec Ougia et Wassia à l'extrémité nord-ouest. Du côté de l'est, la mer est partout peu profonde et pleine de coraux ; et c'est ici que se trouvent les coquilles de perles qui constituent l'un des principaux produits de base du commerce d'Aru. Toutes les îles sont couvertes d'une forêt dense et très élevée.

Les caractéristiques physiques décrites ici présentent un intérêt particulier et, autant que je sache, sont dans une certaine mesure uniques ; car je n'ai pu trouver aucune autre trace d'une île de la taille d'Aru traversée par des canaux qui ressemblent exactement à de véritables rivières. L'origine de ces canaux était pour moi une énigme complète, jusqu'à ce qu'après une longue considération de l'ensemble des phénomènes naturels présentés par ces îles, je suis arrivé à une conclusion que je vais maintenant essayer d' expliquer . Il y a trois manières de concevoir que des îles qui ne sont pas volcaniques aient été formées ou aient été réduites à leur état actuel, par élévation, par affaissement ou par séparation d'un continent ou d'une île plus grande. L'existence de roches coralliennes ou de plages surélevées loin à l'intérieur des terres indique une élévation récente ; les îles coralliennes du lagon, et celles qui sont dotées de récifs-barrières ou encerclant, ont subi un affaissement ; tandis que nos propres îles, dont les productions sont entièrement celles du continent voisin, en ont été séparées. Or, les îles Aru sont toutes constituées de roches coralliennes, et la mer adjacente est peu profonde et pleine de coraux, il est donc évident qu'elles ont été élevées du dessous de l'océan à une époque pas très lointaine. Mais si nous supposons que cette élévation est la première et la seule cause de leur état actuel, nous nous trouverons tout à fait incapables d'expliquer les curieux canaux fluviaux qui les divisent. Les fissures pendant le bouleversement ne produiraient pas la largeur régulière, la profondeur régulière ou les courbes sinueuses qui les caractérisent ; et l'action des marées et des courants pendant leur élévation pourrait former des détroits de largeur et de profondeur irrégulières, mais non les canaux semblables à des rivières qui existent réellement. Si, encore une fois, nous supposons que le dernier mouvement a été un affaissement réduisant la taille des îles, ces canaux sont tout aussi inexplicables ; car l'affaissement conduirait nécessairement à l'inondation de toutes les étendues basses sur les rives des anciennes rivières, et oblitérerait ainsi leurs cours ; tandis que ceux-ci restent parfaits et de largeur à peu près uniforme d'un bout à l'autre.

Or, si ces canaux ont jamais été des rivières, ils doivent provenir de régions plus élevées, et cela doit être vers l'est, car au nord et à l'ouest, le fond de la mer s'enfonce à une courte distance du rivage jusqu'à une profondeur insondable ; tandis qu'à l'est, une mer peu profonde, ne dépassant nulle part cinquante brasses, s'étend jusqu'à la Nouvelle-Guinée, sur une distance d'environ cent cinquante milles. Une élévation de trois cents pieds seulement transformerait toute cette mer en terres moyennement élevées et ferait des îles Aru une partie de la Nouvelle-Guinée ; et les rivières qui ont leurs embouchures à Utanata et Wamuka auraient pu alors couler à travers Aru, dans les canaux qui sont maintenant occupés par l'eau salée. Puis la terre intermédiaire s'est effondrée, nous devons supposer que la terre qui constitue aujourd'hui Aru est restée presque stationnaire, une supposition peu improbable, si l'on considère la grande étendue de la mer peu profonde et la très petite quantité de dépression que la terre a besoin d'avoir. subi pour le produire.

Mais le fait que les îles Aru aient été autrefois liées à la Nouvelle-Guinée ne repose pas sur cette seule preuve. Il y a une ressemblance si frappante entre les productions des deux pays qu'elle n'existe qu'entre portions d'un territoire commun. J'ai collecté une centaine d'espèces d'oiseaux terrestres dans les îles Aru, et environ quatre-vingts d'entre elles ont été trouvées sur le continent de la Nouvelle-Guinée. Parmi ceux-ci se trouvent le grand casoar sans ailes, deux espèces de dindes à broussailles épaisses et deux de grives à ailes courtes ; qui n'aurait certainement pas pu franchir les 150 milles de pleine mer jusqu'à la côte de la Nouvelle-Guinée. Cette barrière est également efficace pour de nombreux autres oiseaux qui ne vivent que dans les profondeurs de la forêt, comme les chasseurs de rois (Dacelo gaudichaudi), les troglodytes chasseurs de mouches (Todopsis), le grand pigeon couronné (Goura coronata), et les petites tourterelles des bois (Ptilonopus perlatus , P. aurantiifrons et P. coronulatus). Maintenant, pour montrer l'effet réel d'une telle barrière, prenons l'île de Ceram, qui est exactement à la même distance de la Nouvelle-Guinée, mais qui en est séparée par une mer profonde. Sur environ soixante-dix oiseaux terrestres habitant Ceram, seulement quinze se trouvent en Nouvelle-Guinée, et aucun d'entre eux n'est une espèce terrestre ou forestière. Le casoar est distinct ; les martins-pêcheurs, les perroquets, les pigeons, les moucherolles, les chèvrefeuilles, les grives et les coucous sont presque toujours des espèces bien distinctes. De plus, au moins vingt genres communs à la Nouvelle-Guinée et à Aru ne s'étendent pas jusqu'au Ceram, indiquant avec une force que tout naturaliste appréciera que ces deux derniers pays ont reçu leur faune d'une manière radicalement différente. De plus, un vrai kangourou se trouve à Aru, et la même espèce se trouve à Mysol , qui est également papoue dans ses productions, tandis que soit la même espèce, soit une espèce étroitement voisine, habite la Nouvelle-Guinée ; mais aucun animal de ce type ne se trouve à Ceram, qui n'est qu'à soixante milles de Mysol . Un autre petit animal marsupial (Perameles doreyanus) est commun à Aru et en Nouvelle-Guinée. Les insectes montrent exactement les mêmes résultats. Les papillons d'Aru sont tous soit des espèces de Nouvelle-Guinée, soit des formes très légèrement modifiées ; tandis que ceux de Céram sont plus distincts que ne le sont les oiseaux des deux pays.

Il est maintenant généralement admis que nous pouvons raisonner en toute sécurité sur des faits tels que ceux qui fournissent un lien dans les archives géologiques défectueuses. Les mouvements ascendants et descendants qu'un pays a subis, ainsi que la succession de ces mouvements, peuvent être déterminés avec une grande exactitude ; mais la géologie seule ne peut rien nous dire sur les terres qui ont entièrement disparu sous l'océan. Ici, la géographie physique et la répartition des animaux et des plantes sont du plus grand service. En constatant la profondeur des mers qui séparent un pays d'un autre, nous pouvons juger des changements qui s'opèrent. S'il existe d'autres preuves d'affaissement, une mer peu profonde implique une ancienne connexion des terres adjacentes ; mais si cette preuve fait défaut, ou s'il y a des raisons de soupçonner un soulèvement des terres, alors la mer peu profonde peut être le résultat de ce soulèvement et peut indiquer que les deux pays seront unis dans le futur, mais pas que ils l'étaient auparavant. La nature des animaux et des plantes qui habitent ces pays nous permettra cependant presque toujours de trancher cette question. M. Darwin nous a montré comment nous pouvons déterminer dans presque tous les cas, si une île a jamais été reliée à un continent ou à une terre plus vaste, par la présence ou l'absence de mammifères terrestres et de reptiles. Ce qu'il appelle « îles océaniques » ne possède aucun de ces groupes d'animaux, bien qu'elles puissent avoir une végétation luxuriante et un bon nombre d'oiseaux, d'insectes et de coquillages ; et nous concluons donc qu'ils sont originaires du milieu de l'océan et n'ont jamais été reliés aux masses de terre les plus proches. Sainte-Hélène, Madère et la Nouvelle-Zélande sont des exemples d'îles océaniques. Ils possèdent toutes les autres classes de vie, parce qu'ils ont des moyens de dispersion sur de vastes espaces marins, que les mammifères terrestres et les oiseaux n'ont pas, comme l'expliquent en détail les "Principes de géologie" de Sir Charles Lyell et "l'Origine des espèces" de M. Darwin. ". D'un autre côté, une île peut n'avoir jamais été réellement reliée aux continents ou aux îles adjacents, et pourtant posséder des représentants de toutes les classes d'animaux, car de nombreux mammifères terrestres et certains reptiles ont les moyens de traverser de courtes distances maritimes. Mais dans ces cas , le nombre d'espèces qui ont ainsi migré sera très petit, et il y aura de grandes carences même chez les oiseaux et les insectes volants, que nous pouvons imaginer pouvoir facilement traverser. L'île de Timor (comme je l'ai déjà montré au chapitre XIII) a ce rapport avec l'Australie ; car, bien qu'il contienne plusieurs oiseaux et insectes de formes australiennes, aucun mammifère ou reptile australien n'y est trouvé, et un grand nombre des formes les plus abondantes et les plus caractéristiques d'oiseaux et d'insectes australiens sont totalement absents. Comparez cela avec les îles britanniques, dans lesquelles une grande proportion des plantes, insectes, reptiles et mammifères des parties adjacentes du continent sont entièrement représentées, alors qu'il n'y a pas de déficiences remarquables de groupes étendus, comme cela se produit toujours lorsqu'il y a il y a des raisons de croire qu'il n'y a pas eu une telle connexion . Le cas de Sumatra, de Bornéo, de Java et du continent asiatique est tout aussi clair ; de nombreux grands mammifères, oiseaux terrestres et reptiles sont communs à tous, tandis qu'un grand nombre d'autres sont de formes étroitement apparentées. Or, la géologie nous a appris que cette représentation par formes alliées dans une même localité implique un laps de temps, et nous en déduisons qu'en Grande-Bretagne, où presque toutes les espèces sont absolument identiques à celles du continent, la séparation a été très récente ; tandis qu'à Sumatra et à Java, où un nombre considérable d'espèces continentales sont représentées par des formes alliées, la séparation était plus éloignée.

Ces exemples nous montrent combien l'étude de la répartition géographique des animaux et des plantes est un complément important aux données géologiques, pour déterminer l'état antérieur de la surface de la terre ; et combien il est impossible de comprendre le premier sans tenir compte du second. Les productions des îles Aru offrent la preuve la plus étrange qu'à une époque peu lointaine elles faisaient partie de la Nouvelle-Guinée ; et les caractéristiques physiques particulières que j'ai décrites indiquent qu'ils devaient se trouver alors à peu près au même niveau qu'aujourd'hui, ayant été séparés par l'affaissement de la grande plaine qui les reliait autrefois à elle.

Les personnes qui ont formé les idées habituelles sur la végétation des tropiques et qui se représentent l'abondance et l'éclat des fleurs, et l'aspect magnifique de centaines d'arbres forestiers couverts de masses de fleurs colorées, seront surprises d'apprendre que, bien que la végétation à Aru est très luxuriante et variée, et offrirait une abondance de plantes fines et curieuses pour orner nos serres, mais les fleurs lumineuses et voyantes sont, en règle générale, totalement absentes, ou si très rares qu'elles ne produisent aucun effet sur l'environnement général. paysage. Pour donner des détails : j'ai visité cinq localités distinctes dans les îles, j'ai erré quotidiennement dans les forêts et j'ai parcouru plus de cent milles de côte et de rivière pendant une période de six mois, la plupart par un temps très beau, et jusqu'au moment où j'étais sur le point de partir, je n'ai jamais vu une seule plante d'un éclat ou d'une beauté saisissante, à peine un arbuste égal à une aubépine, ou une plante grimpante égale à un chèvrefeuille ! On ne peut pas dire que la saison de la floraison ne soit pas arrivée, car j'ai vu beaucoup d'herbes, d'arbustes et d'arbres forestiers en fleurs, mais tous avaient des fleurs d'une teinte verte ou blanc verdâtre, non supérieure à nos tilleuls. Çà et là, sur les rives des rivières et sur les côtes, se trouvent quelques Convolvulaceae, qui n'égalent pas nos jardins Ipomaeas , et dans les ombres les plus profondes de la forêt de belles Zingiberaceae écarlates et violettes , mais si peu nombreuses et si dispersées qu'elles ne sont rien au milieu de la masse verte. et une végétation sans fleurs. Pourtant les nobles Cycadacées et les pins à vis, hauts de trente ou quarante pieds, les fougères arborescentes élégantes, les palmiers élevés et la variété de plantes belles et curieuses qui partout rencontrent le regard, attestent la chaleur et l'humidité des tropiques, et la fertilité des tropiques. du sol.

Il est vrai qu'Aru m'a semblé exceptionnellement pauvre en fleurs, mais ce n'est qu'une exagération d'un caractère tropical général ; car toute mon expérience dans les régions équatoriales de l'ouest et de l'est m'a convaincu que dans les régions les plus luxuriantes des tropiques, les fleurs sont moins abondantes, en moyenne moins voyantes, et sont beaucoup moins efficaces pour ajouter de la couleur au paysage . que dans les climats tempérés. Je n'ai jamais vu sous les tropiques des masses de couleurs aussi brillantes que celles que même l'Angleterre peut montrer dans ses communes couvertes d'ajoncs, ses flancs de montagnes bruyères, ses clairières de jacinthes sauvages, ses champs de coquelicots, ses prairies de renoncules et d'orchidées - tapis de jaune, violet, bleu azur et pourpre ardent, que les tropiques peuvent rarement présenter. Nous avons de plus petites masses de couleur dans nos aubépines et nos crabiers, nos houx et nos sorbiers, nos perches ; les digitales, les primevères et les vesces pourpres, qui revêtent de couleurs gaies toute la longueur et la largeur de notre pays. Ces beautés sont toutes communes. Ils sont caractéristiques du pays et du climat ; il ne faut pas les chercher, mais ils réjouissent l'œil à chaque pas. Dans les régions de l'équateur, en revanche, qu'il s'agisse de forêt ou de savane, un vert sombre revêt la nature universelle. Vous pouvez voyager pendant des heures, voire des jours, sans rien trouver qui puisse briser la monotonie. Les fleurs sont partout rares, et tout ce qui est frappant ne se rencontre qu'à des intervalles très éloignés.

L'idée que la nature présente des couleurs gaies sous les tropiques, et que l'aspect général de la nature y est plus brillant et plus varié que chez nous, est même devenue le fondement des théories de l'art, et il nous a été interdit d'utiliser des couleurs vives. dans nos vêtements et dans les décorations de nos habitations, parce qu'on pensait que nous agissions ainsi à l'encontre des enseignements de la nature. L'argument lui-même est très médiocre, car on pourrait soutenir avec une égale justice que, comme nous possédons des facultés pour l'appréciation des couleurs , nous devrions suppléer aux défauts de la nature et utiliser les teintes les plus gaies dans les régions où le paysage est plus beau. le plus monotone. Mais l'hypothèse sur laquelle repose l'argument est totalement fausse, de sorte que même si le raisonnement était valable, nous n'aurions pas à craindre d'outrager la nature, en décorant nos maisons et nos personnes de toutes ces teintes gaies qui sont si abondamment répandues sur notre nos champs et nos montagnes, nos haies, nos bois et nos prairies.

Il est très facile de comprendre ce qui a conduit à cette vision erronée de la nature de la végétation tropicale. Dans nos serres et lors de nos expositions florales, nous rassemblons les plus belles plantes à fleurs des régions les plus éloignées de la terre et les exposons dans une proximité les unes des autres qui n'existe jamais dans la nature. Une centaine de plantes distinctes, toutes avec des fleurs brillantes, étranges ou magnifiques, forment un spectacle merveilleux lorsqu'elles sont rassemblées ; mais peut-être qu'on ne pourra jamais voir deux de ces plantes ensemble à l'état naturel, chacune habitant une région éloignée ou une station différente. De plus, tous les pays extra-européens modérément chauds sont généralement confondus avec les tropiques, et une vague idée se forme que tout ce qui est éminemment beau doit provenir des régions les plus chaudes de la terre. Mais la réalité est tout le contraire. Les rhododendrons et les azalées sont des plantes des régions tempérées, les plus grands lys proviennent du Japon tempéré et une grande proportion de nos plantes à fleurs les plus voyantes sont originaires de l'Himalaya, du Cap, des États-Unis, du Chili ou de la Chine et du Japon. , toutes les régions tempérées. Il est vrai qu'il y a un grand nombre de fleurs grandioses et magnifiques sous les tropiques, mais la proportion qu'elles représentent par rapport à la masse de la végétation est extrêmement petite ; de sorte que ce qui paraît une anomalie est néanmoins un fait, et l'effet des fleurs sur l'aspect général de la nature est bien moindre dans les régions équatoriales que dans les régions tempérées de la terre.

CHAPITRE XXXIV.
NOUVELLE -GUINÉE.— DOREY.

(MARS À JUILLET 1858.)

APRÈS mon retour de Gilolo à Ternate, en mars 1858, je pris des dispositions pour mon voyage tant souhaité vers le continent de la Nouvelle-Guinée, où je prévoyais que mes collections dépasseraient celles que j'avais constituées aux îles Aru. La pauvreté de Ternate en articles utilisés par les Européens a été démontrée par mes recherches vaines dans tous les magasins pour des choses aussi courantes que de la farine, des cuillères en métal, des fioles à large ouverture, de la cire d'abeille, un canif, un pilon et un mortier en pierre ou en métal. J'ai emmené avec moi quatre serviteurs : mon chef Ali et un garçon de Ternate nommé Jumaat (vendredi), pour tirer ; Lahagi , un homme d'âge moyen, pour couper du bois et m'aider à collecter des insectes ; et Loisa , une cuisinière javanaise. Comme je savais que je devrais construire une maison à Dorey, où j'allais, j'emportai avec moi quatre-vingts cadjans , ou nattes imperméables, faites de feuilles de pandanus, pour couvrir mes bagages au premier débarquement et pour aider à couvrir ma maison. après.

Nous sommes partis le 25 mars à bord de la goélette Hester Helena, appartenant à mon ami M. Duivenboden , et nous sommes partis pour un voyage commercial le long de la côte nord de la Nouvelle-Guinée. Par temps calme et léger, nous avons mis trois jours à atteindre Gane , près de l'extrémité sud de Gilolo , où nous sommes restés pour remplir nos tonneaux d'eau et acheter quelques provisions. Nous avons obtenu des volailles, des œufs, du sagou, des plantains, des patates douces, des citrouilles jaunes, des piments, du poisson et de la viande de cerf séchée ; et dans l'après-midi du 29, nous avons continué notre voyage vers le port de Dorey . Il ne nous fut cependant pas facile de nous entendre ; car si près de l'équateur les moussons perdent complètement leur régularité, et après avoir passé la pointe sud de Gilolo nous avons eu des calmes, de légers souffles de vent et des courants contraires, qui nous ont tenus pendant cinq jours en vue des mêmes îles entre elle et Papa. Une rafale nous amena à l'entrée du détroit de Dampier, où nous fûmes de nouveau encalminés et passâmes encore trois jours à ramper à travers eux. Plusieurs pirogues indigènes nous arrivèrent alors de Waigiou d'un côté et de Batanta de l'autre, apportant quelques coquillages communs, des nattes de feuilles de palmier, des noix de coco et des citrouilles. Ils étaient très extravagants dans leurs exigences, étant habitués à vendre leurs bagatelles aux baleiniers et aux navires chinois, dont les équipages achètent n'importe quoi dix fois sa valeur. Mes seuls achats furent un flotteur appartenant à une lance-tortue, sculpté pour ressembler à un oiseau, et une boîte en feuille de palmier très bien faite , pour laquelle j'offris un anneau de cuivre et un mètre de calicot. Les canots étaient très étroits et munis d'une balancier, et dans certains d'entre eux il n'y avait qu'un seul homme, qui ne semblait pas hésiter à sortir seul à huit ou dix milles du rivage. Les gens étaient des Papous, ressemblant beaucoup aux indigènes d'Aru.

Lorsque nous sommes sortis du détroit et que nous étions assez dans le grand océan Pacifique, nous avons eu un vent constant pour la première fois depuis notre départ de Ternate, mais malheureusement il était droit devant et nous avons dû le combattre, virer de bord et repartir. la côte de la Nouvelle-Guinée. J'ai regardé avec un intense intérêt ces montagnes escarpées, se retirant crête après crête vers l'intérieur, où le pied de l'homme civilisé n'avait jamais foulé. Il y avait le pays du casoar et du kangourou arboricole, et ces forêts sombres produisaient le plus extraordinaire et le plus beau des habitants à plumes de la terre : les espèces variées d'oiseaux du paradis. Encore quelques jours et j'espérais être à la poursuite de ceux-ci, et des insectes non moins beaux qui les accompagnent. Nous n'eûmes cependant encore pendant plusieurs jours que des calmes et de légers vents contraires, et ce n'est que le 10 avril qu'une belle brise d'ouest s'installa, suivie d'une nuit de bourrasques, qui nous éloignèrent de l'entrée du port de Dorey . Le lendemain matin , nous entrâmes et arrivâmes mouiller au large de la petite île de Mansinam , sur laquelle demeuraient deux missionnaires allemands, MM. Otto et Geisler. Le premier monta aussitôt à bord pour nous souhaiter la bienvenue et nous invita à descendre à terre et à déjeuner avec lui. Nous fûmes ensuite présentés à son compagnon, qui souffrait terriblement d'un abcès au talon, qui le retenait de la maison depuis six mois, et à sa femme, une jeune Allemande, absente depuis seulement trois mois. Malheureusement , elle ne parlait ni malais ni anglais et a dû deviner nos compliments pour son excellent petit-déjeuner par la justice que nous lui avons rendue.

Ces missionnaires étaient des ouvriers et avaient été envoyés comme étant plus utiles parmi les sauvages que parmi les personnes d'une classe supérieure. Ils étaient ici depuis environ deux ans et M. Otto avait déjà appris à parler couramment la langue papou et avait commencé à traduire certaines parties de la Bible. Cependant, la langue est si pauvre qu'il faut utiliser un nombre considérable de mots malais ; et il est très douteux qu'il soit possible de transmettre l'idée d'un tel livre à un peuple dans un état de civilisation si bas. Les seuls convertis nominaux à ce jour sont quelques femmes ; et quelques-uns des enfants vont à l'école et apprennent à lire, mais ils ne font que peu de progrès. Il y a un aspect de cette mission qui, je crois, interférera matériellement avec son effet moral. Les missionnaires sont autorisés à faire du commerce pour renflouer les très petits salaires qui leur sont accordés en provenance d'Europe et sont bien sûr obligés d'appliquer le principe commercial consistant à acheter à bas prix et à vendre cher, afin de réaliser un profit. Comme tous les sauvages, les indigènes sont assez insouciants de l'avenir, et lorsque leurs petites récoltes de riz sont récoltées , ils en apportent une grande partie aux missionnaires et le vendent contre des couteaux, des perles, des haches, du tabac ou tout autre article dont ils pourraient avoir besoin. . Quelques mois plus tard, pendant la saison des pluies, quand la nourriture se fait rare, ils viennent la racheter et donnent en échange de l'écaille de tortue, du tripang , de la muscade sauvage ou d'autres produits. Bien entendu, le riz est vendu à un prix beaucoup plus élevé que celui auquel il a été acheté, ce qui est tout à fait équitable et équitable, et l'opération est dans l'ensemble tout à fait bénéfique aux indigènes, qui autrement consommeraient et gaspilleraient leur nourriture lorsqu'elle était abondante, et puis mourir de faim – et pourtant je ne peux pas imaginer que les indigènes voient les choses sous cet angle. Ils doivent considérer les missionnaires commerciaux avec une certaine suspicion et ne peuvent pas être aussi sûrs du désintéressement de leurs enseignements, comme ce serait le cas s'ils agissaient comme les Jésuites à Singapour. La première chose que doit faire le missionnaire, lorsqu'il s'efforce d'améliorer les sauvages, est de les convaincre par ses actions que cela vient parmi eux pour leur seul bénéfice, et non pour ses propres fins privées. Pour ce faire, il doit agir d'une manière différente des autres hommes, en ne faisant pas de commerce et en profitant des nécessités de ceux qui veulent vendre, mais en donnant plutôt à ceux qui sont dans la détresse. Il serait bon qu'il se conforme dans une certaine mesure aux coutumes indigènes, et qu'il s'efforce ensuite de montrer comment ces coutumes pourraient être graduellement modifiées, de manière à être plus saines et plus agréables. Quelques hommes énergiques et dévoués agissant de cette manière pourraient probablement apporter une nette amélioration morale aux tribus sauvages les plus basses, tandis que les missionnaires commerçants, enseignant ce que Jésus a dit, mais ne faisant pas ce qu'il a fait, ne peuvent guère faire plus que leur donner un très peu du vernis superficiel de la religion.

Le port de Dorey est situé dans une belle baie, à une extrémité de laquelle s'avance une pointe élevée qui, avec deux ou trois petites îles, forme un mouillage abrité. Le seul navire qu'il contenait à notre arrivée était un brick hollandais, chargé de charbons destinés à l'usage d'un vapeur de guerre, qui était attendu quotidiennement pour une expédition d'exploration le long des côtes de la Nouvelle-Guinée, dans le but de fixer une localité pour une colonie. Le soir, nous lui rendîmes visite et débarquâmes au village de Dorey, pour chercher un endroit où je pourrais construire ma maison. M. Otto a également pris des dispositions pour moi avec certains des chefs indigènes, afin d'envoyer des hommes couper du bois, des rotins et du bambou le lendemain.

Les villages de Mansinam et de Dorey présentaient pour moi des caractéristiques tout à fait nouvelles. Les maisons sont toutes entièrement immergées dans l'eau et on y accède par de longs ponts grossiers. Ils sont très bas, avec un toit en forme de grand bateau, du bas vers le haut. Les poteaux qui soutiennent les maisons, les ponts et les plates-formes sont de petits bâtons tordus, placés sans aucune régularité et semblant s'effondrer. Les sols sont également formés de bâtons, également irréguliers, et si lâches et si éloignés les uns des autres, qu'il m'a été presque impossible d'y fixer des murs. Les murs sont constitués de bouts de planches, de vieux bateaux, de nattes pourries, d'attaps et de feuilles de palmier, coincées n'importe comment çà et là, et ayant en tout l'aspect le plus misérable et le plus délabré qu'il soit possible de concevoir. Sous les avant-toits de nombreuses maisons sont suspendus des crânes humains, trophées de leurs batailles contre les sauvages Arfaks de l'intérieur, qui viennent souvent les attaquer. Un grand bâtiment du conseil en forme de bateau est soutenu par des poteaux plus grands, dont chacun est grossièrement sculpté pour représenter une figure humaine nue, masculine ou féminine, et d'autres sculptures encore plus révoltantes sont placées sur la plate-forme devant l'entrée. La vue d'un ancien village d'habitants du lac, donnée comme frontispice de « L'Antiquité de l'homme » de Sir Charles Lyell, est principalement fondée sur un croquis de ce même village de Dorey ; mais l'extrême régularité des structures qui y sont représentées n'a pas sa place dans l'original, pas plus qu'elle n'en avait probablement dans les villages lacustres actuels.

Les gens qui habitent ces misérables huttes ressemblent beaucoup aux insulaires de Ke et d'Aru, et beaucoup d'entre eux sont très beaux, grands et bien faits, avec des traits bien coupés et de grands nez aquilins. Leur couleur est d'un brun foncé, se rapprochant souvent du noir, et les fines têtes de cheveux crépus en forme de tignasse semblent être plus courantes qu'ailleurs et sont considérées comme un grand ornement, une longue fourchette en bambou à six dents y étant coincée. servir de peigne; et ceci est assidûment utilisé dans les moments d'inactivité pour empêcher la masse densément croissante de s'emmêler et de s'emmêler. La plupart ont des cheveux courts et laineux, qui ne semblent pas capables d'un développement aussi luxuriant. Une croissance de poils à peu près semblable à celle-ci, et presque aussi abondante, se rencontre chez les métis entre les Indiens et les Nègres de l'Amérique du Sud. Cela peut-il être une indication que les Papous sont métis ?

Pendant les trois premiers jours qui suivirent notre arrivée , je fus entièrement occupé, du matin au soir, à construire une maison, avec l'aide d'une douzaine de Papous et de mes propres hommes. C'était une immense difficulté de faire travailler nos ouvriers , car à peine un d'entre eux savait parler un mot de malais ; et ce n'était que par des gesticulations les plus énergiques et en faisant une pantomime régulière de ce qu'on voulait, que nous pouvions les amener à faire n'importe quoi. Si nous leur faisions comprendre qu'il faudrait quelques perches supplémentaires, que deux auraient facilement pu couper, six ou huit insisteraient pour aller ensemble, bien que nous ayons besoin de leur aide pour d'autres choses. Un matin, dix d'entre eux sont venus travailler, n'amenant qu'un seul hélicoptère à eux deux, même s'ils savaient que je n'en avais pas de prêt à l'emploi.

Je choisis un endroit à environ deux cents mètres de la plage, sur un terrain élevé, au bord du chemin principal qui mène du village de Dorey au ravitaillement et à la forêt. À moins de vingt mètres se trouvait un petit ruisseau ; ce qui nous a fourni une eau excellente et un endroit agréable pour nous baigner. Il n'y avait que des sous-bois bas à défricher, tandis que quelques beaux arbres forestiers se trouvaient à une courte distance, et nous coupâmes le bois sur une vingtaine de mètres à la ronde pour nous donner de la lumière et de l'air. La maison, environ vingt pieds sur quinze ; était construit entièrement en bois, avec un plancher de bambou, une seule porte en chaume et une grande fenêtre donnant sur la mer, à laquelle je fixais ma table, et fermais à côté mon lit, dans une petite cloison. J'ai acheté aux indigènes un certain nombre de très grandes nattes en feuilles de palmier, qui faisaient d'excellents murs ; tandis que les nattes que j'avais moi-même apportées servaient sur le toit et étaient recouvertes d'attaps dès que nous pouvions les faire fabriquer. Dehors, et plutôt derrière, il y avait une petite cabane, utilisée pour cuisiner, et un banc couvert sur lequel mes hommes pouvaient s'asseoir pour écorcher les oiseaux et les animaux. Quand tout fut fini, je fis monter mes marchandises et mes provisions, les disposai commodément à l'intérieur, puis payai mes Papous avec des couteaux et des hachoirs et les renvoyai. Le lendemain, notre goélette partit pour les îles les plus orientales, et je me trouvai assez établi comme le seul habitant européen de la vaste île de Nouvelle-Guinée.

Comme nous avions quelques doutes sur les indigènes, nous dormîmes d'abord avec des fusils chargés à côté de nous et un poste de montre ; mais au bout de quelques jours, trouvant le peuple amical et sûr qu'il n'oserait pas attaquer cinq hommes bien armés, nous ne prenons plus de précautions. Il nous restait encore un jour ou deux de travail pour terminer la maison, arrêter les fuites, installer nos étagères suspendues pour sécher les spécimens à l'intérieur et à l'extérieur, tracer le chemin jusqu'à l'eau et créer un espace dégagé et sec devant le cheval.

Le 17, le paquebot n'étant pas arrivé, le charbonnier partit, étant resté ici un mois, conformément à son contrat ; et le même jour mes chasseurs sortirent chasser pour la première fois et rapportèrent un magnifique pigeon couronné et quelques oiseaux communs. Le lendemain, ils eurent plus de succès, et j'étais ravi de les voir revenir avec un Oiseau de Paradis tout en plumage, une paire de beaux loris papous (Lorius domicella), quatre autres loris et perroquets, un quiscale bronzé (Gracula dumonti), un chasseur de rois (Dacelo gaudichaudi), un martin-pêcheur à queue de raquette (Tanysiptera galatea) et deux ou trois autres oiseaux de moindre beauté.

Je suis allé moi-même visiter le village indigène sur la colline derrière Dorey et j'ai emporté avec moi un petit cadeau de tissu, de couteaux et de perles, pour m'assurer de la bonne volonté du chef et lui demander d'envoyer des hommes pour attraper ou tirer. des oiseaux pour moi. Les maisons étaient éparpillées dans des clairières grossièrement cultivées. Deux que j'ai visités consistaient en un passage central, de chaque côté duquel s'ouvraient de courts passages, donnant accès à deux pièces, dont chacune était une maison abritant une famille distincte. Ils étaient élevés à au moins quinze pieds au-dessus du sol, sur une forêt complète de poteaux, et étaient si grossiers et si délabrés que certains des petits passages avaient des ouvertures dans le sol faites de bâtons lâches, à travers lesquelles un enfant pouvait tomber. Les habitants semblaient un peu plus laids que ceux du village de Dorey. Ce sont sans aucun doute les véritables indigènes de cette partie de la Nouvelle-Guinée, vivant à l'intérieur et vivant de la culture et de la chasse. Les hommes de Dorey, en revanche, sont des habitants du rivage, des pêcheurs et des commerçants dans une certaine mesure, et ont donc le caractère d'une colonie émigrée d'un autre district. Ces montagnards ou « Arfaks » différaient beaucoup par leurs caractéristiques physiques. Ils étaient généralement noirs, mais certains étaient bruns comme les Malais. Leurs cheveux, quoique toujours plus ou moins crépus, étaient parfois courts et emmêlés, au lieu d'être longs, lâches et laineux ; et cela semblait être une différence constitutionnelle, et non l'effet du soin et de la cultivation. Près de la moitié d'entre eux souffraient de cette maladie cutanée. Le vieux chef parut très content de son présent et promit (par l'intermédiaire d'un interprète que j'avais amené avec moi) de protéger mes hommes lorsqu'ils viendraient tirer là-bas, et aussi de me procurer des oiseaux et des animaux. Tout en conversant, ils fumaient le tabac de leur propre culture, dans des pipes taillées dans une seule pièce de bois et dotées d'un long manche droit.

Nous étions arrivés à Dorey vers la fin de la saison des pluies, alors que tout le pays était trempé d'humidité. Les sentiers indigènes étaient si négligés qu'ils n'étaient souvent que de simples tunnels recouverts de végétation, et dans de tels endroits il y avait toujours une effrayante accumulation de boue . . Pour le Papou nu, cela ne constitue pas un obstacle. Il le traverse à gué , et le prochain cours d'eau le rend à nouveau pur ; mais pour moi, qui portais des bottes et des pantalons, c'était une chose des plus désagréables de devoir me mettre à genoux chaque matin dans un trou de boue. L'homme que j'avais amené avec moi pour couper du bois est tombé malade peu après notre arrivée, sinon je l'aurais envoyé ouvrir de nouveaux chemins dans les pires endroits. Pendant les dix premiers jours, il pleuvait généralement tous les après-midi et toute la nuit , mais en sortant toutes les heures par beau temps, je parvenais à vivre assez bien mes collections d'oiseaux et d'insectes, retrouvant la plupart de ceux collectés par Lesson lors de sa visite dans la région. Coquille, ainsi que de nombreuses nouveautés. Il semble cependant que Dorey ne soit pas l'endroit idéal pour les oiseaux de paradis, aucun des indigènes n'étant habitué à les conserver. Ceux vendus ici proviennent tous d' Amberbaki , à une centaine de kilomètres à l'ouest, où les Doreyans vont faire du commerce.

Les îles de la baie, ainsi que les basses terres proches de la côte, semblent avoir été formées par des récifs coralliens récemment soulevés et sont très parsemées de masses de coraux mais peu altérées. La crête derrière ma maison, qui s'étend jusqu'à la pointe, est également entièrement constituée de roche corallienne, bien qu'il y ait des signes d'une fondation stratifiée dans les ravins, et la roche elle-même est plus compacte et cristalline. Il s'agit donc, probablement plus ancien, d'une élévation plus récente ayant exposé les fonds bas et les îles. De l'autre côté de la baie s'élève la grande masse des montagnes d'Arfak , que les navigateurs français disent avoir environ dix mille pieds de hauteur, et habitées par des tribus sauvages. Ceux-ci sont tenus dans une grande crainte par les Dorey, qui ont souvent été attaqués et pillés par eux, et dont certains de leurs crânes sont accrochés à l'extérieur de leurs maisons. Si j'avais l'impression d'aller dans la forêt en direction des montagnes, les petits garçons du village me criaient : « Arfaki ! Arfaki ? tout comme ils l'avaient fait après la Leçon, près de quarante ans auparavant.

Le 15 mai, le vapeur de guerre hollandais Etna arriva ; mais les charbons étant partis, il fut obligé de rester jusqu'à leur retour. Le capitaine savait quand le charbonnier devait arriver et combien de temps il était affrété pour rester à Dorey, et il aurait pu remonter le temps, mais il supposait qu'il l'attendrait et ne se pressa donc pas. Le paquebot était à l'ancre juste en face de chez moi, et j'avais l'avantage d'entendre sonner les cloches toutes les demi-heures, ce qui était bien agréable après le silence monotone de la forêt. Le capitaine, le médecin, l'ingénieur et quelques autres officiers me rendirent visite ; les serviteurs venaient au ruisseau pour laver les vêtements, et le fils du prince de Tidore , avec un ou deux compagnons, pour se baigner ; autrement , je les voyais peu et je n'étais pas dérangé par les visiteurs autant que je m'y attendais. Vers cette époque, le temps s'installa assez beau, mais ni les oiseaux ni les insectes ne devinrent beaucoup plus abondants, et les nouveaux oiseaux furent très rares. Aucun des oiseaux du paradis, à l'exception du commun , n'a jamais été rencontré, et nous cherchions encore en vain plusieurs des beaux oiseaux que Lesson avait obtenus ici. Les insectes étaient assez abondants, mais en moyenne pas aussi fins que ceux d'Amboyna, et j'arrivai à contrecœur à la conclusion que Dorey n'était pas une bonne localité pour la collecte. Les papillons étaient très rares et étaient pour la plupart les mêmes que ceux que j'avais obtenus à Aru.

Parmi les insectes des autres ordres, le plus curieux et le plus nouveau était un groupe de mouches à cornes, dont j'ai obtenu quatre espèces distinctes, se fixant sur les arbres tombés et sur les troncs en décomposition. Ces insectes remarquables, qui ont été décrits par M. WW Saunders comme un nouveau genre, sous le nom d' Elaphomia ou mouches à cerf, mesurent environ un demi-pouce de long, ont un corps mince et de très longues pattes, qu'ils rapprochent ainsi. afin d'élever leur corps bien au-dessus de la surface sur laquelle ils se tiennent. La paire de pattes avant est beaucoup plus courte et est souvent tendue directement vers l'avant, de manière à ressembler à une antenne. Les cornes naissent sous l'œil et semblent être un prolongement de la partie inférieure de l'orbite. Chez l'espèce la plus grande et la plus singulière, nommée Elaphomia cervicornis ou mouche du cerf à cornes de cerf, ces cornes sont presque aussi longues que le corps, ayant deux branches, avec deux petits chicots près de leur bifurcation, de manière à ressembler aux cornes d'un cerf. Ils sont noirs, avec les pointes pâles, tandis que le corps et les pattes sont brun jaunâtre et les yeux (lorsqu'ils sont vivants) violets et verts. L'espèce suivante (Elaphomia wallacei) est de couleur brun foncé , rayé et tacheté de jaune. Les cornes mesurent environ un tiers de la longueur de l'insecte, sont larges, plates et constituées d'une mousse triangulaire allongée. Ils sont d'une belle couleur rose , bordés de noir, et dotés d'une bande centrale pâle. La partie antérieure de la tête est également rose et les yeux rose violet, traversés d'une bande verte, donnant à l'insecte un aspect très élégant et singulier. La troisième espèce (Elaphomia alcicornis , la mouche du cerf à cornes d'élan) est un peu plus petite que les deux déjà décrites, mais ressemblant en couleur Élaphomie wallacei . Les cornes sont très remarquables , étant soudainement dilatées en une plaque plate, fortement dentée autour du bord extérieur, et ressemblant étonnamment aux cornes de l'élan, d'après lequel il doit son nom. Elles sont de couleur jaunâtre , bordées de brun et terminées de noir sur les trois dents supérieures. La quatrième espèce (Elaphomia brevicornis , la mouche du cerf à cornes courtes) diffère considérablement des autres. Il est de forme plus grosse, d'une couleur presque noire , avec un anneau jaune à la base de l'abdomen ; les ailes ont des rayures sombres, et la tête est comprimée et dilatée latéralement, avec de très petites cornes plates ; qui sont noires avec un centre pâle et ressemblent exactement au rudiment des cornes des deux espèces précédentes. Aucune des femelles n'a de trace de cornes, et M. Saunders place dans le même genre une espèce qui n'a pas de cornes dans les deux sexes (Elaphomia politique). Il est d'une couleur noire brillante et ressemble à Elaphomia. cervicornis par sa forme, sa taille et son aspect général. Les figures ci-dessus représentent ces insectes dans leur taille naturelle et dans des attitudes caractéristiques.

Les indigènes m'apportaient rarement quelque chose. Ce sont de pauvres créatures et tirent rarement sur un oiseau, un cochon ou un kangourou, ou même sur le couscous lent, semblable à un opossum. Les kangourous arboricoles se trouvent ici, mais ils doivent être très rares, car mes chasseurs, bien que se promenant quotidiennement dans la forêt, ne les ont jamais vus. Les cacatoès, les loris et les perroquets étaient en réalité les seuls oiseaux communs. Même les pigeons étaient rares et peu variés, même si nous recevions occasionnellement le beau pigeon couronné, qui était toujours le bienvenu comme ajout à notre garde-manger peu meublé.

Juste avant l'arrivée du bateau à vapeur, je m'étais blessé à la cheville en grimpant parmi les troncs et les branches d'arbres tombés (qui constituaient mon meilleur terrain de chasse aux insectes) et, comme d'habitude avec les blessures aux pieds dans ce climat, cela s'est transformé en un ulcère tenace, gardant moi à la maison depuis plusieurs jours. Lorsqu'il guérit, il fut suivi d'une inflammation interne du pied que, sur l'avis du médecin, j'ai appliqué sans cesse pendant quatre ou cinq jours, faisant apparaître une forte tuméfaction inflammatoire du tendon au-dessus du talon. Il a fallu l'injecter des sangsues, des piqûres et des traitements avec des onguents et des cataplasmes pendant plusieurs semaines, jusqu'à ce que je sois presque poussé au désespoir, car le temps était enfin beau, et j'étais excité en voyant de grands papillons voler devant ma porte, et en pensant aux vingt ou trente nouvelles espèces d'insectes que je devrais avoir chaque jour. Et cela aussi en Nouvelle-Guinée – un pays que je ne visiterai peut-être plus jamais , – un pays dans lequel aucun naturaliste n'avait jamais résidé auparavant, – un pays qui contenait plus d'objets naturels étranges, nouveaux et beaux que toute autre partie du globe. . Le naturaliste saura apprécier mes sentiments, assis du matin au soir dans ma petite cabane, incapable de bouger sans béquille, et mon seul réconfort les oiseaux que mes chasseurs rapportaient chaque après-midi, et les quelques insectes capturés par mon homme Ternate, Lahagi , qui sortait désormais quotidiennement à ma place, mais qui bien sûr n'a pas reçu le quart de ce que j'aurais dû obtenir. Pour ajouter à mes ennuis, tous mes hommes étaient plus ou moins malades, les uns avec de la fièvre, d'autres avec de la dysenterie ou de la fièvre ; à un moment donné, il y en avait trois autres que moi, tous impuissants, le seul raton laveur se portant bien et ayant assez de travail pour nous servir. Le prince de Tidore et le résident de Panda étaient tous deux à bord du bateau à vapeur et cherchaient des oiseaux du paradis, envoyant des hommes dans toutes les directions, de sorte que je n'avais aucune chance d'obtenir même des peaux indigènes des espèces les plus rares ; et tous les oiseaux, insectes ou animaux que les gens de Dorey devaient vendre étaient emmenés à bord du bateau à vapeur, où l'on trouvait des acheteurs pour tout, et où une plus grande variété d'articles était offerte en échange que ce que j'avais à montrer.

Après un mois de détention étroite dans la maison , je pus enfin sortir un peu, et à peu près au même moment je réussis à me procurer un bateau et six indigènes pour emmener Ali et Lahagi à Amberbaki et les ramener à la fin de un mois. Ali était chargé d'acheter tous les oiseaux du paradis qu'il pouvait obtenir, et d'abattre et d'écorcher tous les autres oiseaux rares ou nouveaux ; et Lahagi devait récolter des insectes, dont j'espérais qu'ils seraient plus abondants qu'à Dorey. Lorsque je recommençai mes promenades quotidiennes à la recherche des insectes, je trouvai un grand changement dans le voisinage et un changement très agréable pour moi. Pendant tout ce temps, l'équipage du navire et les soldats javanais amenés à bord d'une annexe (un voilier arrivé peu après l'Etna) avaient été employés à abattre, scier et fendre de grands arbres pour en faire du bois de chauffage. permettre au bateau à vapeur de regagner Amboyna si le charbonnier ne revenait pas ; et ils avaient également dégagé un certain nombre de sentiers larges et droits à travers la forêt dans diverses directions, au grand étonnement des indigènes, qui ne pouvaient pas comprendre ce que tout cela signifiait. J'avais maintenant des promenades variées et beaucoup de bois mort pour chercher des insectes ; mais malgré ces avantages, ils n'étaient pas aussi nombreux que je les avais trouvés à Sarawak, à Amboyna ou à Batchian , ce qui confirmait mon opinion que Dorey n'était pas une bonne localité. Il est cependant fort probable qu'à une station située à quelques kilomètres de l'intérieur, à l'écart des roches corallines récemment élevées et de l'influence de l'air marin, on pourrait obtenir une récolte beaucoup plus abondante.

Un après-midi, je montai à bord du bateau à vapeur pour rendre la visite au capitaine, et on me montra de très jolis croquis (par l'un des lieutenants), réalisés sur la côte sud, ainsi qu'à la montagne d'Arfak, où ils avaient fait une excursion . D'après ces descriptions et celles du capitaine, il apparut que les habitants d' Arfak étaient semblables à ceux de Dorey, et je ne pus rien entendre sur la race aux cheveux raides qui, selon Lesson, habite l'intérieur, mais que personne n'a jamais vue, et le récit dont je soupçonne qu'elle provient d'une erreur. Le capitaine m'a dit qu'il avait fait une étude détaillée d'une partie de la côte sud, et que si le charbon arrivait, il devrait s'en aller immédiatement vers Humboldt Pay, par 141° de longitude est, qui est la ligne jusqu'où les Hollandais revendiquent la Nouvelle-Guinée. A bord de l'annexe, je trouvai un frère naturaliste, un Allemand nommé Rosenberg, qui était dessinateur du personnel des géomètres. Il avait amené deux hommes avec lui pour tirer et écorcher les oiseaux, et avait pu acheter quelques peaux rares auprès des indigènes. Parmi ceux-ci se trouvait une paire de superbes Paradise Pie (Astrapia nigra) en assez bonne conservation. Ils ont été amenés de l'île de Jobie , qui est peut-être son pays d'origine, car c'est certainement l'une des espèces les plus rares de pigeon couronné (Goura steursii), dont un a été ramené vivant et vendu à bord. Jobie , cependant, est un endroit très dangereux, et les marins y sont souvent assassinés lorsqu'ils sont à terre ;

parfois les navires eux-mêmes sont attaqués. Wandammen , sur le continent en face de Jobie , où l'on dit qu'il y a beaucoup d'oiseaux, est encore pire, et dans l'un ou l'autre de ces endroits, ma vie n'aurait pas valu une semaine d'achat si j'avais osé vivre seul et sans protection comme à Dorey. À bord du bateau à vapeur, ils avaient deux kangourous arboricoles vivants. Ils diffèrent principalement du kangourou terrestre par une queue plus velue , non épaissie à la base et non utilisée comme accessoire ; et par les puissantes griffes des pattes antérieures, par lesquelles ils saisissent l'écorce et les branches, et saisissent les feuilles dont ils se nourrissent. Ils se déplacent par petits sauts sur leurs pattes postérieures, qui ne semblent pas particulièrement bien adaptées pour grimper aux arbres. On a supposé que ces kangourous arboricoles étaient une adaptation spéciale aux forêts marécageuses et à moitié noyées de la Nouvelle-Guinée, au lieu de la forme habituelle du groupe, qui n'est adaptée qu'au terrain sec. M. Windsor Earl fait grand cas de cette théorie, mais malheureusement, les kangourous arboricoles se trouvent principalement dans la péninsule septentrionale de la Nouvelle-Guinée, qui est entièrement composée de collines et de montagnes avec très peu de terres plates, tandis que le kangourou du Les îles basses et plates d'Aru (Dorcopsis asiaticus) sont une espèce terrestre. Une supposition plus probable semble être que le kangourou arboricole ait été modifié pour lui permettre de se nourrir du feuillage des vastes forêts de la Nouvelle-Guinée, car celles-ci constituent le grand trait naturel qui distingue ce pays de l'Australie.

Le 5 juin, le charbonnier arriva, après avoir été renvoyé d'Amboyne, avec quelques provisions de frais supplémentaires pour le vapeur. Le bois, qui avait été presque entièrement embarqué, fut de nouveau déchargé, le charbon rentré, et le 17, le paquebot et le tendre partirent pour la baie de Humboldt. Nous étions alors de nouveau un peu tranquilles et prenions quelque chose à manger ; car pendant que les navires étaient là, chaque morceau de poisson ou de légume était embarqué à bord, et je devais souvent faire servir un petit perroquet pour deux repas. Mes hommes reviennent maintenant d' Amberbaki , mais, hélas, ne m'apportent presque rien. Ils avaient visité plusieurs villages et avaient même fait un voyage de deux jours dans l'intérieur, mais ils n'avaient trouvé aucune peau d'oiseau de paradis à acheter, sauf l'espèce commune, et même très peu de celles-là. Les oiseaux trouvés étaient les mêmes qu'à Dorey, mais étaient encore plus rares. Aucun des indigènes, près de la côte, ne chasse ni ne prépare les oiseaux de paradis, qui viennent de loin dans l'intérieur, sur deux ou trois chaînes de montagnes, passant par troc de village en village jusqu'à ce qu'ils atteignent la mer. Là, les indigènes de Dorey les achètent et, à leur retour chez eux, les vendent aux commerçants Bugis ou Ternate. Il est donc inutile pour un voyageur de se rendre dans un endroit particulier de la côte de la Nouvelle-Guinée où des oiseaux rares du paradis ont pu être achetés, dans l'espoir d'obtenir des spécimens fraîchement tués auprès des indigènes ; et cela montre aussi la rareté de ces oiseaux dans une localité donnée, puisque du district d'Amberbaki , endroit célèbre, où au moins cinq ou six espèces ont été obtenues, aucune des plus rares n'a été obtenue cette année. Le prince de Tidore , qui les aurait certainement eus s'il en avait eu, fut obligé de s'accommoder de quelques-uns des jaunes communs. Je pense qu'il est probable qu'une résidence plus longue à Dorey, un peu plus loin à l'intérieur, pourrait montrer que plusieurs des espèces les plus rares y ont été trouvées, car j'ai obtenu une seule femelle du Ptiloris à fine poitrine. magnifique . On m'a parlé à Ternate d'un oiseau qui n'est certainement pas encore connu en Europe, un oiseau roi du paradis noir, avec la queue enroulée et les beaux panaches latéraux de l'espèce commune, mais tout le reste du plumage est d'un noir brillant. Les habitants de Dorey n'en savaient rien, bien qu'ils reconnaissaient par description la plupart des espèces de loutres.

Lorsque le paquebot est parti, j'avais une forte crise de fièvre. Au bout d'une semaine environ, je m'en remis, mais cela fut suivi d'une telle douleur dans tout l'intérieur de la bouche, de la langue et des gencives, que pendant plusieurs jours je ne pus rien mettre de solide entre mes lèvres, et je fus obligé de subsister entièrement. slops, bien qu'à d'autres égards très bien. Au même moment, deux de mes hommes tombèrent de nouveau malades, l'un de fièvre, l'autre de dysenterie, et tous deux tombèrent très mal. J'ai fait ce que j'ai pu pour eux avec mon petit stock de médicaments, mais ils sont restés quelques semaines jusqu'à ce que le 26 juin le pauvre Jumaat meure. Il avait environ dix-huit ans, originaire, je crois, de Bouton, et c'était un garçon tranquille, peu actif, mais faisant son travail assez régulièrement et aussi bien qu'il le pouvait. Comme mes hommes étaient tous mahométans , je les ai laissés l'enterrer à leur manière, en leur donnant du coton neuf comme linceul.

Le 6 juillet, le paquebot revint de l'est. Le temps était encore terriblement humide, alors que, selon la règle, il aurait dû faire beau et sec. Nous n'avions presque rien à manger et nous étions tous malades. Les fièvres, les rhumes et la dysenterie nous attaquaient continuellement et me faisaient désirer m'éloigner de la Nouvelle-Guinée, autant que j'avais toujours eu envie d'y venir. Le capitaine de l'Etna me rendit visite et me fit un récit très intéressant de son voyage. Ils étaient restés plusieurs jours dans la baie de Humboldt et trouvèrent que c'était un endroit beaucoup plus beau et plus intéressant que Dorey, ainsi qu'un meilleur port . Les indigènes étaient plutôt simples, rarement visités, sauf par des baleiniers errants, et ils étaient supérieurs au peuple Dorey, moralement et physiquement. Ils sont allés complètement nus. Leurs maisons étaient certaines dans l'eau et d'autres à l'intérieur des terres, et toutes étaient soigneusement et bien construites ; leurs champs étaient bien cultivés et les chemins qui y conduisaient restaient clairs et ouverts, ce à quels égards Dorey est abominable. Ils furent timides au début et s'opposèrent aux bateaux par des manifestations hostiles, perlant leurs étraves et laissant entendre qu'ils tireraient si on essayait d'atterrir. Très judicieusement, le capitaine céda, mais jeta à terre quelques cadeaux, et après deux ou trois essais, ils furent autorisés à débarquer, à circuler et à visiter le pays, et furent approvisionnés en fruits et légumes. Toute communication avec eux se faisait par signes, l'interprète de Dorey, qui accompagnait le paquebot, ne pouvant comprendre un mot de leur langue. Aucun nouvel oiseau ou animal n'a été obtenu, mais dans leurs ornements, les plumes des oiseaux du Paradis ont été vues, montrant, comme on pouvait s'y attendre, que ces oiseaux se déplacent loin dans cette direction, et probablement dans toute la Nouvelle-Guinée.

Il est curieux qu'un amour rudimentaire de l'art coexiste avec un état de civilisation aussi bas. Les habitants de Dorey sont de grands sculpteurs et peintres. L'extérieur des maisons, partout où il y a une planche, est couvert de figures grossières mais caractéristiques. Les proues hautes de leurs bateaux sont ornées de masses de filigranes ouverts, découpés dans des blocs de bois massifs, et souvent de conception de très bon goût. Comme figure de proue ou pinacle, il y a souvent une figure humaine, avec une tête de plumes de casoar pour imiter la « vadrouille » papoue. Les flotteurs de leurs lignes de pêche, les batteurs en bois utilisés pour tremper l'argile pour leurs poteries, leurs boîtes à tabac et autres articles ménagers, sont recouverts de sculptures de bon goût et souvent élégantes. Ne savions-nous pas déjà qu'un tel goût et une telle habileté sont compatibles avec une barbarie totale, nous pourrions difficilement croire que les mêmes personnes, dans d'autres domaines, manquent absolument de tout sens d'ordre, de confort ou de décence. Et pourtant c'est le cas. Ils vivent dans les masures les plus misérables, les plus folles et les plus sales, qui sont absolument dépourvues de tout ce qu'on peut appeler des meubles ; on n'y voit pas un tabouret, ni un banc, ni une planche, aucune brosse ne semble être connue, et les vêtements qu'ils portent sont souvent des écorces sales, ou des haillons, ou des sacs. Le long des sentiers par lesquels ils passent quotidiennement vers et depuis leurs aires d'approvisionnement, pas une branche en surplomb ou une bruyère éparse ne semble jamais coupée, de sorte qu'il faut brosser une végétation dense, se faufiler sous des arbres tombés et des plantes grimpantes épineuses, et patauger dans des étangs. de boue et de bourbier, qui ne peuvent pas sécher parce que le soleil ne peut pas pénétrer. Leur nourriture est presque entièrement composée de racines et de légumes, avec du poisson ou du gibier seulement comme luxe occasionnel, et ils sont par conséquent très sujets à diverses maladies de peau, les enfants en particulier étant souvent des objets d'apparence misérable, partout tachés d'éruptions et de plaies. Si ces gens ne sont pas des sauvages, où en trouverons-nous ? Pourtant, ils ont tous un amour décidé pour les beaux-arts et consacrent leurs loisirs à exécuter des œuvres dont le bon goût et l'élégance seraient souvent admirés dans nos écoles de dessin !

Pendant la dernière partie de mon séjour en Nouvelle-Guinée, le temps était très humide, mon seul tireur était malade et les oiseaux se faisaient rares, de sorte que ma seule ressource était la chasse aux insectes. Je travaillais très dur chaque heure de beau temps et obtenais chaque jour un certain nombre de nouvelles espèces. Chaque arbre mort et chaque bûche tombée a été fouillé et fouillé à nouveau ; et parmi les feuilles sèches et pourries qui pendaient encore sur certains arbres abattus, je trouvai une abondante récolte de minuscules Coléoptères. Bien que je n'aie jamais trouvé par la suite autant de grands et beaux coléoptères qu'à Bornéo, j'ai néanmoins obtenu ici une grande variété d'espèces. Pendant les deux ou trois premières semaines, alors que je cherchais les meilleurs endroits, j'ai capturé environ 30 espèces différentes de coléoptères par jour, en plus d'environ la moitié de ce nombre de papillons et de quelques autres ordres. Mais ensuite, jusqu'à la toute dernière semaine, j'ai observé en moyenne 49 espèces par jour. Le 31 mai, j'en ai prélevé 78 espèces distinctes, un nombre plus grand que celui que j'avais jamais capturé auparavant, obtenu principalement parmi les arbres morts et sous les écorces pourries. Une bonne et longue marche par une belle journée sur la colline et jusqu'aux plantations des indigènes, capturant tout ce qui n'est pas très commun qui se présentait sur mon chemin, produirait environ 60 espèces ; mais le dernier jour de juin , je rapportai à la maison pas moins de 95 espèces distinctes de coléoptères, un nombre plus grand que celui que j'ai jamais obtenu en un jour avant ou depuis. C'était une belle journée chaude, et je la consacrai à une recherche parmi les feuilles mortes, à battre les feuillages et à chasser sous les écorces pourries, dans toutes les meilleures stations que j'avais découvertes au cours de mes promenades. J'étais absent de dix heures du matin jusqu'à trois heures de l'après-midi, et il me fallait six heures de travail à la maison pour épingler et disposer tous les spécimens et séparer les espèces. Bien que T travaillait déjà quotidiennement sur ce cliché depuis deux mois et demi et ait obtenu plus de 800 espèces de coléoptères, le travail de cette journée en a ajouté 32 nouvelles. Parmi ceux-ci se trouvaient 4 Longicorns , 2 Caribidae , 7 Staphylinidae , 7 Curculionidae, 2 Copridae , 4 Chrysomelidae , 3 Heteromera , 1 Elates et 1 Buprestis . Même le dernier jour de ma sortie, j'ai obtenu 10 nouvelles espèces ; de sorte que, bien que j'aie recueilli plus d'un millier d'espèces distinctes de coléoptères dans un espace ne dépassant pas beaucoup un mile carré pendant les trois mois de ma résidence à Dorey, je ne peux pas croire que cela représente la moitié des espèces habitant réellement le même endroit, ou un quart. de ce qui pourrait être obtenu dans une zone s'étendant sur vingt milles dans chaque direction.

Le 22 juillet, la goélette Hester Helena arriva, et cinq jours après nous fîmes adieu à Dorey, sans grand regret, car dans aucun endroit que j'ai visité je n'ai rencontré plus de privations et d'ennuis. Des pluies continuelles, des maladies continuelles, peu de nourriture saine, avec une épidémie de fourmis et de limes, surpassant tout ce que j'avais rencontré auparavant, exigeaient toute l' ardeur d'un naturaliste pour les affronter ; et lorsqu'ils n'étaient pas compensés par un grand succès dans la collection, ils devenaient d'autant plus insupportables. Ce voyage longuement réfléchi et tant désiré en Nouvelle-Guinée n'avait réalisé aucune de mes attentes. Au lieu d'être bien meilleur que les îles Aru, c'était bien pire dans presque tous les domaines. Au lieu de produire plusieurs des oiseaux du Paradis les plus rares, je n'en avais même pas vu un seul, et je n'avais obtenu aucun oiseau ou insecte d'une qualité exceptionnelle. Je ne peux cependant pas nier que Dorey était très riche en fourmis. Une petite espèce noire était excessivement abondante. Presque tous les arbustes et arbres en étaient plus ou moins infestés, et ses grands nids de papier étaient visibles partout. Ils ont immédiatement pris possession de ma maison, construisant un grand nid sur le toit et formant des tunnels de papier le long de presque tous les poteaux. Ils pullulaient sur ma table pendant que j'étais en train de déposer mes insectes, de les emporter sous mon nez, et même de les arracher des cartes sur lesquelles ils étaient collés si je les laissais un instant. Ils rampaient continuellement sur mes mains et mon visage, pénétraient dans mes cheveux et se promenaient à volonté sur tout mon corps, sans produire beaucoup d'inconvénients jusqu'à ce qu'ils commencent à mordre, ce qu'ils faisaient dès qu'ils rencontraient un obstacle à leur passage, et avec une vive acuité. ce qui m'a fait sursauter à nouveau et me précipiter pour me déshabiller et expulser le délinquant. Ils ont également visité mon lit, de sorte que cette nuit n'a apporté aucun soulagement à leurs persécutions ; et je crois en vérité que pendant mes trois mois et demi de résidence à Dorey, je n'ai jamais été, pendant une seule heure, entièrement libre d'eux. Ils n'étaient pas aussi voraces que beaucoup d'autres espèces, mais leur nombre et leur omniprésence rendaient nécessaire d'être constamment en garde contre eux.

Les mouches qui me dérangeaient le plus étaient de grandes espèces de mouches bleues ou de mouches à souffler. Ceux-ci se sont installés en essaims sur mes peaux d'oiseaux lorsqu'ils ont été mis à sécher pour la première fois, remplissant leur plumage de masses d'œufs qui, s'ils étaient négligés, produisaient le lendemain des asticots. Ils se glissaient sous les ailes ou sous le corps, là où il reposait sur la planche à sécher, le soulevant parfois d'un demi-pouce par la masse d'œufs déposés en quelques heures ; et chaque œuf était si fermement collé aux fibres des plumes, qu'il fallait beaucoup de temps et de patience pour les enlever sans blesser l'oiseau. Dans aucune autre localité, je n'ai jamais été touché par un tel fléau.

Le 29, nous avons quitté Dorey et nous attendions à un voyage de retour rapide, car c'était la période de l'année où nous aurions dû avoir des vents constants du sud et de l'est. Au lieu de cela, cependant, nous avions des calmes et des brises d'ouest, et il nous fallut dix-sept jours avant d'atteindre

Ternate, une distance de cinq cents milles seulement, ce qui, avec des vents moyens, aurait pu être parcouru en cinq jours. C'était un grand plaisir pour moi de me retrouver dans ma maison confortable, dégustant du lait avec mon thé et mon café, du pain et du beurre frais, ainsi que de la volaille et du poisson tous les jours pour le dîner. Ce voyage en Nouvelle-Guinée nous avait tous épuisés, et je résolus de rester et de recruter avant de commencer de nouvelles expéditions. Mes voyages ultérieurs à Gilolo et Batchian ont déjà été racontés, et si ; il ne me reste plus qu'à raconter ma résidence à Waigiou , dernier territoire papou que j'ai visité à la recherche des oiseaux de paradis.

CHAPITRE XXXV.
VOYAGE DE CERAM À WAIGIOU.

(JUIN ET JUILLET 1860.)

Dans mon vingt-cinquième chapitre, j'ai décrit mon arrivée à Wahai , en route vers Mysol et Waigiou , îles qui appartiennent au district papou, et dont le récit suit naturellement celui de ma visite sur le continent de la Nouvelle-Guinée. Je reprends maintenant mon récit à mon départ de Wahai , avec l'intention de transporter divers provisions nécessaires à mon assistant, M. Allen, à Silinta , à Mysol , puis de continuer mon voyage vers Waigiou . On se souvient que je voyageais dans un petit prau que j'avais acheté et aménagé à Goram , et que, ayant été abandonné par mon équipage sur la côte de Ceram, j'avais obtenu à Wahai quatre hommes qui, avec mon Chasseur amboynais , constituait mon équipage.

Entre Ceram et Mysol , il y a soixante milles de mer libre, et le long de ce large canal la mousson de l'est souffle fortement ; de sorte qu'avec les praus indigènes, qui ne résistent pas au vent, il faut faire preuve de prudence lors de la traversée. Afin de nous donner une marge de manœuvre suffisante, nous repartirent de Wahai vers l'est, le long de la côte de Ceram, avec la brise de terre ; mais le matin (18 juin), je n'étais pas allé aussi loin que je l'espérais. Mon pilote, un vieux marin expérimenté, nommé Gurulampoko , m'a assuré qu'il y avait un courant orienté vers l'est et que nous pourrions facilement faire escale jusqu'à Silinta , à Mysol . À mesure que nous quittions la terre, le vent força, et il y avait une mer considérable, ce qui fit plonger et rouler violemment mon petit vaisseau. Au coucher du soleil, nous n'avions pas encore parcouru la moitié du chemin, mais nous pouvions voir distinctement Mysol . Toute la nuit, nous avons marché avec inquiétude, et au lever du jour, en regardant dehors avec inquiétude, j'ai constaté que nous étions tombés beaucoup plus à l'ouest pendant la nuit, sans doute à cause du fait que le pilote était somnolent et ne tenait pas le bateau suffisamment près du vent. . Nous pouvions voir distinctement les montagnes, mais il était clair que nous n'atteindrions pas Silinta et que nous aurions quelques difficultés à atteindre l'extrême ouest de l'île. La mer était maintenant très agitée et notre prau était continuellement battu sous le vent par les vagues, et après une autre journée de fatigue, nous avons constaté que nous ne pouvions pas du tout atteindre Mysol , mais que nous pourrions peut-être atteindre l'île appelée Pulo . Kanary , à une dizaine de kilomètres au nord-ouest. De là, nous pourrions attendre un vent favorable pour atteindre Waigamma , sur le côté nord de l'île, et visiter Allen au moyen d'un petit bateau.

Vers neuf heures du soir, à ma grande satisfaction, nous nous trouvâmes sous le vent de cette île, dans une eau tout à fait calme, car j'avais été très malade et mal à l'aise, et n'avais presque rien mangé depuis la matinée précédente. Nous nous approchions lentement du rivage, dont l'eau douce et sombre nous indiquait que nous pouvions nous approcher en toute sécurité ; et nous nous félicitions d'être bientôt au mouillage, avec la perspective d'un café chaud, d'un bon souper et d'un bon sommeil, lorsque le vent tomba complètement et qu'il fallut sortir les rames pour ramer. Nous n'étions pas à plus de deux cents mètres du rivage, lorsque je remarquai que nous ne semblions pas nous rapprocher, bien que les hommes ramaient fort, mais que nous dérivions vers l'ouest, et que le prau ne voulait pas obéir au gouvernail, mais tombait continuellement, et nous a donné beaucoup de peine pour la faire remonter. Bientôt, une belle ondulation de l'eau nous apprit que nous étions saisis par un de ces courants perfides qui contrarient si souvent tous les efforts du voyageur dans ces mers ; les hommes, désespérés, jetèrent les rames, et en quelques minutes nous dérivâmes de nouveau sous le vent de l'île, assez au large, et perdîmes notre dernière chance d'atteindre Mysol ! Levant notre foc, nous nous arrêtâmes et, le matin, nous nous trouvâmes à seulement quelques milles de l'île, mais avec un vent si constant soufflant de sa direction qu'il nous était impossible d'y revenir.

Nous faisons maintenant route vers le nord, espérant bientôt avoir un vent plus sud. Vers midi, la mer était beaucoup plus douce et avec un vent de SSE nous nous dirigeions vers Salwatty , que j'espérais atteindre, car j'y trouvais facilement un bateau pour apporter des provisions et des provisions à mon compagnon de Mysol . Ce vent ne dura cependant pas longtemps, mais s'apaisa en un calme ; et un léger vent d'ouest se levant, avec un banc de nuages sombres, nous donna de nouveau l'espoir d'atteindre Mysol . Mais nous avons été bientôt à nouveau déçus. Le vent d'ESE recommença à souffler avec violence, et continua toute la nuit en rafales irrégulières, et avec une courte mer croisée nous secoua impitoyablement, et prit si continuellement nos voiles, que nous fûmes enfin obligés de courir devant lui avec notre foc. seulement, pour ne pas se laisser submerger par notre lourde grand-voile. Après une autre nuit misérable et anxieuse, nous nous rendîmes compte que nous avions dérivé vers l'ouest de l'île de Poppa, et le vent étant de nouveau un peu du sud, nous fîmes toutes voiles pour l'atteindre. Nous n'y parvînmes pas, en passant au nord-ouest, lorsque le vent souffla de nouveau fort de l'ESE, et notre dernier espoir de trouver un refuge jusqu'à un meilleur temps fut frustré. C'était une affaire très sérieuse pour moi, car je ne pouvais pas dire comment Charles Allen réagirait si, après m'avoir attendu en vain, il retournait à Wahai et découvrait que j'en étais parti depuis longtemps et que je n'y étais pas retourné depuis. entendu parler de. Un événement tel que la disparition d'une île longue de quarante milles ne lui viendrait guère à l'esprit, et il conclurait soit que notre bateau avait sombré, soit que mon équipage m'avait assassiné et s'était enfui avec lui. Cependant, comme il m'était désormais physiquement impossible de le rejoindre, la seule chose à faire était de faire de mon mieux pour me rendre à Waigiou et de confier à notre rencontre des commerçants qui pourraient lui communiquer la nouvelle de ma sécurité.

Trouvant sur ma carte un groupe de trois petites îles, à vingt-cinq milles au nord de Poppa, je résolus, si possible, de m'y reposer un jour ou deux. Nous pourrions mettre la tête de notre bateau au NE par le N. ; mais une grosse mer venant de l'est nous repoussait si continuellement de notre route, et nous faisions tellement de marge, que je trouvai que nous ferions tout ce que nous pourrions faire pour les atteindre. C'était un point délicat que de garder la tête dans la meilleure direction, ni assez près du vent pour arrêter notre route, ni assez libre pour nous entraîner trop loin sous le vent. Je dirigeais moi-même continuellement le timonier, et, par une vigilance incessante, je réussis, juste au coucher du soleil, à amener notre bateau à l'ancre sous le vent de la pointe sud d'une des îles. Le mouillage n'était cependant pas bon, il y avait un récif de corail frangeant, asséché à basse mer, au-delà duquel, sur un fond parsemé de masses de corail, nous étions obligés de mouiller. Cela faisait maintenant quatre jours que nous nous balanciions sans cesse dans notre petit bateau non ponté, avec des déceptions et des anxiétés constantes, et c'était un grand réconfort de passer une nuit tranquille et relativement sûre. Mon ancien pilote n'avait jamais quitté le gouvernail plus d'une heure à la fois, lorsqu'un des autres le relevait pour un peu de sommeil ; j'ai donc décidé le lendemain matin de chercher un port sûr et pratique et de me reposer à terre pendant une journée.

Le matin, constatant qu'il nous serait nécessaire de contourner une pointe rocheuse, je voulais que mes hommes descendent à terre et coupent une corde de jungle, par laquelle nous empêcherions d'être à nouveau repêchés, car le vent soufflait directement au large. . Malheureusement, je me suis laissé contredire par le pilote et l'équipage, qui ont tous déclaré que c'était la chose la plus simple possible et qu'ils feraient le tour de la pointe en quelques minutes. Ils levèrent donc l'ancre, installèrent le foc et commencèrent à ramer ; mais, comme je l'avais craint, nous dérivâmes rapidement au large et dus jeter l'ancre de nouveau dans des eaux plus profondes et beaucoup plus loin. Les deux meilleurs hommes, un Papou et un Malais, nagèrent alors sur le rivage, chacun portant une hachette, et allèrent dans la jungle chercher des plantes grimpantes en guise de corde. Après environ une heure, notre ancre a lâché prise et a commencé à glisser. Cela m'a beaucoup alarmé, et nous avons lâché notre ancre de rechange et, après avoir déployé tout notre câble, nous avons semblé à nouveau assez en sécurité. Nous étions maintenant très impatients du retour des hommes, et nous allions tirer avec nos mousquets pour les rappeler, lorsque nous les remarquâmes sur la plage, à quelque distance de là, et presque immédiatement nos ancres glissèrent de nouveau, et nous nous éloignâmes lentement dans les profondeurs. eau. Nous saisissâmes aussitôt les rames, mais constatâmes que nous ne pouvions pas contrecarrer le vent et le courant, et nos cris frénétiques adressés aux hommes ne furent entendus que lorsque nous eûmes parcouru une longue distance ; car ils semblaient chasser des coquillages sur la plage. Très vite cependant, ils nous regardèrent et, au bout de quelques minutes, semblèrent comprendre leur situation ; car ils se précipitèrent dans l'eau, comme pour s'enfuir à la nage, mais revinrent sur le rivage, comme s'ils avaient peur de tenter cette tentative. Nous avions d'abord levé nos ancres pour ne pas arrêter notre rame ; mais maintenant, constatant que nous ne pouvions rien faire, nous les laissâmes pendre tous deux par toute la longueur des câbles. Cela arrêta beaucoup notre route, et nous dérivâmes très lentement du rivage, dans l'espoir que les hommes formeraient en toute hâte un radeau, ou abattraient un arbre à bois tendre, et pagayeraient jusqu'à nous, car nous n'étions toujours pas plus d'un tiers. d'un mile du rivage. Ils semblaient cependant avoir à moitié perdu la raison, nous gesticulant sauvagement, courant le long de la plage, puis se dirigeant vers la forêt ; et juste au moment où nous pensions qu'ils avaient préparé un moyen pour tenter de nous atteindre, nous vîmes la fumée d'un feu qu'ils avaient allumé pour cuire leurs coquillages ! Ils avaient évidemment renoncé à toute idée de nous poursuivre, et nous étions obligés de considérer notre propre position.

Nous étions maintenant à environ un mille du rivage et à mi-chemin entre deux des îles, mais nous dérivions lentement vers la mer vers l'ouest, et notre seule chance de sauver encore les hommes était d'atteindre la rive opposée. Nous avons donc mis notre foc et ramé dur ; mais le vent tomba, et nous dérivâmes si rapidement que nous eûmes quelque difficulté à atteindre l'extrême ouest de l'île. Notre seul marin partit, puis nagea à terre avec une corde et nous aida à nous remorquer autour de la pointe jusqu'à un mouillage assez sûr et sécurisé, bien abrité du vent, mais exposé à une petite houle qui secoua notre ancre et nous rendit plutôt inquiets. Nous étions maintenant dans une triste situation, ayant perdu nos deux meilleurs hommes et doutant qu'il nous restait la force de hisser notre grand-voile. Nous n'avions que deux jours d'eau à bord, et la petite île rocheuse et volcanique ne nous promettait pas beaucoup de chance d'en trouver. La conduite des hommes à terre était telle qu'il était douteux qu'ils fassent une quelconque tentative sérieuse pour nous atteindre, bien qu'ils puissent le faire facilement, disposant de deux bons hélicoptères, avec lesquels ils pourraient en une journée amarrer un petit radeau à balancier sur ils pourraient traverser en toute sécurité les deux milles de mer calme avec le vent juste derrière, s'ils partaient de l'extrémité est de l'île, de manière à tenir compte du courant. Je ne pouvais qu'espérer qu'ils seraient assez sensés pour tenter le coup et déterminés à rester aussi longtemps que possible pour leur en donner l'occasion.

Nous avons passé une nuit anxieuse, craignant de casser à nouveau notre ancre ou notre câble en rotin. Dans la matinée (23 jours), trouvant tout en sécurité, j'ai pataugé jusqu'à terre avec mes deux hommes, laissant le vieux timonier et le cuisinier à bord, avec un mousqueton chargé nous rappellent en cas de besoin. Nous marchâmes d'abord le long de la plage, jusqu'à nous arrêter devant les falaises verticales de l'extrémité est de l'île, trouvant un endroit où de la viande avait été fumée, une carapace de tortue encore grasse et du bois coupé dont les feuilles étaient encore vertes, montrant qu'un bateau était venu ici très récemment. Nous sommes ensuite entrés dans la jungle, en nous frayant un chemin jusqu'au sommet de la colline, mais quand nous y sommes arrivés, nous n'avons rien vu, à cause de l'épaisseur de la forêt. En revenant, nous coupâmes quelques bambous et les aiguisâmes pour creuser de l'eau dans un endroit bas où poussaient des sagoutiers ; quand, juste au moment où nous allions commencer, Hoi, l' homme Wahai , appela pour dire qu'il avait trouvé de l'eau. C'était un trou profond parmi les sagoutiers, dans une argile noire et dure, plein d'eau fraîche, mais qui sentait horriblement mauvais à cause de la quantité de feuilles mortes et de déchets de sagoutiers qui y étaient tombés. J'en conclus hâtivement que c'était une source, ou que l'eau s'était infiltrée, nous avons tout mis en balles ainsi qu'une douzaine ou une vingtaine de seaux de boue et de détritus, espérant avoir la nuit une bonne réserve d'eau propre. Je suis ensuite monté à bord pour le petit-déjeuner, laissant mes deux hommes fabriquer un radeau en bambou pour nous transporter à terre et revenir sans patauger. J'avais à peine fini que notre câble s'est brisé et nous nous sommes heurtés aux rochers. Heureusement, tout s'est déroulé sans heurts et calmement, et aucun dégât n'a été causé. Nous cherchâmes et levâmes notre ancre, et nous trouvâmes que le câble avait été coupé en grinçant toute la nuit sur le corail. S'il avait cédé pendant la nuit, nous aurions pu dériver vers la mer sans notre ancre ou avoir été gravement endommagés. Le soir, nous sommes allés chercher de l'eau au puits, quand, à notre grand désarroi, nous n'avons trouvé qu'un peu de boue liquide au fond, et il est alors devenu évident que le trou était un trou qui avait été fait pour recueillir l'eau de pluie. et ne se remplirait plus jamais tant que persisterait la sécheresse actuelle. Comme nous ne savions pas ce que nous pourrions souffrir faute d'eau, nous avons rempli notre jarre de cette matière boueuse pour qu'elle se dépose. Dans l'après-midi, je passai de l'autre côté de l'île et fis un grand feu, afin que nos hommes puissent voir que nous étions toujours là.

Le lendemain (24), je décidai de faire une nouvelle recherche d'eau ; et, quand la marée fut basse, contourna une pointe rocheuse et se dirigea vers l'extrémité de l'île sans trouver aucun signe du moindre ruisseau. Au retour, remarquant un tout petit lit asséché d'un cours d'eau, je le remontai pour l'explorer, quoique tout fût si sec que mes hommes déclarèrent haut et fort qu'il était inutile d'y attendre de l'eau ; mais un peu plus haut, j'ai été récompensé en trouvant quelques pintes dans une petite piscine. Nous avons cherché plus haut dans chaque trou et canal où apparaissaient des traces d'eau, mais nous n'avons pas pu en trouver une goutte de plus. En envoyant un de mes hommes chercher une grande jarre et une tasse de thé, nous cherchâmes le long de la plage jusqu'à ce que nous trouvions des signes d'un autre cours d'eau asséché, et en remontant ce cours d'eau nous avons eu la chance de découvrir deux trous rocheux profonds et abrités contenant plusieurs gallons d'eau, assez pour remplissez tous nos pots. Lorsque la coupe est arrivée, nous avons apprécié une bonne boisson d'eau pure et fraîche, et avant de partir, je crois, nous avions emporté chaque goutte de l'île.

Dans la soirée, un prau de bonne taille est apparu en vue, se dirigeant apparemment vers l'île où nos hommes étaient restés, et nous avions quelques espoirs qu'ils pourraient être vus et récupérés, mais il est passé au milieu du chenal et n'a pas remarqué les signaux. nous avons essayé de faire. Cependant, j'étais maintenant assez tranquille quant au sort des hommes. Il y avait beaucoup de sagou sur notre île rocheuse, et il y en a probablement sur celle sur laquelle ils ont été laissés. Ils avaient des hachoirs, pouvaient abattre un arbre et faire du sagou, et trouveraient très probablement suffisamment d'eau en creusant. Les coquillages étaient abondants, et ils se débrouilleraient très bien jusqu'à ce qu'un bateau y accoste, ou jusqu'à ce que je puisse les envoyer et les chercher. Le lendemain, nous nous consacrâmes à couper du bois, à remplir nos jarres avec toute l'eau que nous pouvions trouver et à nous préparer à appareiller le soir. J'ai abattu un petit lory ressemblant beaucoup à une espèce commune à Ternate, ainsi qu'un étourneau brillant qui différait des oiseaux alliés de Ceram et de Matabello . De grands palombes et des corbeaux étaient les seuls autres oiseaux que j'ai vus, mais je n'ai pas obtenu de spécimens.

Le 25 juin, vers huit heures du soir, nous sommes partis et avons constaté qu'avec toutes les mains au travail, nous pouvions simplement hisser notre grand-voile. Nous avons eu un bon vent pendant la nuit et avons navigué vers le nord-est, nous retrouvant le matin à environ vingt milles à l'ouest de l'extrémité de Waigiou avec un certain nombre d'îles intermédiaires. Vers dix heures, nous avons couru à fond vers un récif de corail, ce qui nous a beaucoup alarmés, mais nous avons heureusement pu nous en sortir à nouveau sains et saufs. Vers deux heures de l' après-midi , nous atteignîmes un vaste récif de corail et naviguions à proximité de celui-ci, lorsque le vent tomba brusquement et nous y dérivâmes avant de pouvoir monter notre lourde grand-voile, que nous étions obligés de laisser tomber et tomber en partie par-dessus bord. Nous avons eu beaucoup de difficulté à descendre, mais nous sommes finalement rentrés dans les eaux profondes, bien qu'avec des récifs et des îles tout autour de nous. La nuit, nous ne savions que faire, personne à bord ne pouvant dire où nous étions ni quels dangers pouvaient nous environner, le seul de notre équipage connaissant la côte de Waigiou étant resté sur l' île . Nous avons donc pris toutes nos voiles et nous sommes laissés dériver, car nous étions à quelques milles de la terre la plus proche. Une légère brise se leva cependant et, vers minuit, nous nous retrouvâmes à nouveau heurtés à un récif de corail. Comme il faisait très sombre et que nous ne connaissions pas notre position, nous ne pouvions que deviner comment redescendre, et s'il y avait eu un peu plus de vent, nous aurions pu être mis en pièces. Cependant, au bout d'une demi-heure environ, nous descendîmes et pensâmes qu'il valait mieux jeter l'ancre sur le bord du récif jusqu'au matin. Peu après le jour du 7, constatant que notre prau n'avait subi aucun dommage, nous avons continué notre route avec des vents et des grains incertains, nous faufilant entre les îles et les récifs, et guidés seulement par une petite carte très incorrecte et tout à fait inutile, et par une notion générale de la direction que nous devons prendre. Dans l'après-midi, nous avons trouvé un mouillage convenable sous une petite île et sommes restés pour la nuit. J'ai abattu un gros pigeon fruitier nouveau pour moi, que j'ai depuis nommé Carpophaga . tumida . J'ai également vu et tiré sur le rare martin-pêcheur à tête blanche (Halcyon saurophaga), mais je ne l'ai pas tué. Le lendemain matin , nous avons continué à naviguer et, par un vent favorable, avons atteint les côtes de la grande île de Waigiou . En contournant un point, nous avons de nouveau couru jusqu'à un récif de corail avec notre grand-voile relevée, mais heureusement, le vent était presque tombé et, après beaucoup d'efforts, nous avons réussi à repartir en toute sécurité.

Nous devions maintenant rechercher le canal étroit entre les îles, dont nous savions qu'il se trouvait quelque part par ici, et qui mène aux villages du côté sud de Waigiou . En entrant dans une baie profonde qui semblait prometteuse, nous arrivâmes au fond, mais c'était alors le crépuscule, alors nous ancrâmes pour la nuit, et après avoir épuisé toute notre eau, nous ne pûmes cuire aucun riz pour le dîner. Le lendemain matin, tôt (le 29), nous débarquâmes au milieu des mangroves, et, un peu à l'intérieur des terres, trouvâmes un peu d'eau, ce qui soulagea considérablement notre anxiété et nous laissa libres de longer la côte à la recherche de l'ouverture ou de quelqu'un qui pourrait le faire . dirige-nous vers cela. Depuis trois jours que nous étions parmi les récifs et les îles, nous n'avions aperçu qu'un seul petit canot qui s'était approché assez près de nous, puis, malgré nos signaux, s'était éloigné dans une autre direction. Les rivages semblaient entièrement déserts ; pas une maison, ni un bateau, ni un être humain, ni une bouffée de fumée n'était visible ; et comme nous ne pouvions suivre que la route que le vent toujours changeant nous permettait (nos mains étant trop peu nombreuses pour ramer sur une certaine distance), nos chances d'arriver à notre destination semblaient plutôt lointaines et précaires. Après avoir atteint l'extrémité est de la baie profonde dans laquelle nous étions entrés, sans trouver aucun signe d'ouverture, nous nous tournâmes vers l'ouest ; et vers le soir nous avons eu la chance de trouver un petit village de sept misérables maisons construites sur pilotis dans l'eau. Heureusement, l'Orang-kaya, ou chef, pouvait parler un peu. Malay, et nous informa que l'entrée du détroit se trouvait en réalité dans la baie que nous avions examinée, mais qu'elle ne pouvait être vue que près de la côte. Il a dit que le détroit était souvent très étroit et serpentait entre des lacs, des rochers et des îles, et qu'il faudrait deux jours pour atteindre le grand village de Muka et trois jours de plus pour arriver à Waigiou . J'ai réussi à embaucher deux hommes pour nous accompagner à Muka , apportant un petit bateau pour revenir ; mais nous avons dû attendre une journée pour nos guides, alors j'ai pris mon fusil et j'ai fait une petite excursion dans la forêt. La journée était humide et pluvieuse, et je n'ai réussi à tirer que deux petits oiseaux, mais j'ai vu le grand cacatoès noir et j'ai aperçu un ou deux oiseaux de paradis, dont nous avions entendu les cris forts en approchant de la côte. En quittant le village le lendemain matin (1er juillet) avec un vent léger, il nous fallut toute la journée pour atteindre l'entrée du canal, qui ressemblait à une petite rivière et était masquée par une pointe en saillie, ce n'était donc pas étonnant que nous y soyons parvenus. pas le découvrir au milieu de la végétation forestière dense qui partout recouvre ces îles jusqu'au bord de l'eau. Un peu à l'intérieur, il est délimité par des rochers escarpés, après avoir serpenté parmi lesquels pendant environ deux milles, nous avons débouché sur ce qui semblait être un lac, mais qui était en fait un golfe profond ayant une entrée étroite sur la côte sud. Ce golfe était parsemé le long de ses rives d'un certain nombre d'îlots rocheux, pour la plupart en forme de champignon, dus au mangeur ayant usé la partie inférieure du calcaire corallien soluble, les laissant en surplomb de dix à vingt pieds. Chaque îlot était couvert d'arbustes et d'arbres aux boucles étranges, et était généralement couronné de palmiers élevés et élégants, qui parsemaient également les crêtes des rivages montagneux, formant un des paysages les plus singuliers et les plus pittoresques que j'aie jamais vu. Le courant qui nous avait fait traverser le détroit étroit cessa maintenant, et nous fûmes obligés de ramer, ce qui, avec notre prau court et lourd, était un travail lent. Je suis allé à terre plusieurs fois, mais les rochers étaient si escarpés, si pointus et si alvéolés, qu'il m'a été impossible de passer à travers le fourré enchevêtré dont ils étaient partout recouverts. Il nous a fallu trois jours pour arriver à l'entrée du golfe, puis le vent était tel qu'il nous empêchait d'aller plus loin, et nous aurions dû attendre des jours ou des larmes, quand , à ma grande surprise et à ma grande satisfaction, un Le bateau arriva de Muka avec l'un des chefs, qui avait mystérieusement appris que j'étais en route et était venu à mon secours en apportant un cadeau de noix de coco et de légumes. Connaissant parfaitement la côte et disposant de plusieurs hommes supplémentaires pour nous aider, il a réussi à faire avancer le prau à l'aviron, à la perche ou à la voile, et de nuit nous a amenés en toute sécurité au port , un grand soulagement après notre fastidieux et malheureux voyage. . Nous avions déjà passé huit jours parmi les récifs et les îles de Waigiou , parcourant une distance d'environ cinquante milles, et cela faisait à peine quarante jours que nous avions navigué de Goram .

Immédiatement à notre arrivée à Muka , j'engageai un petit bateau et trois indigènes pour aller à la recherche de mes hommes perdus, et j'envoyai un de mes propres hommes avec eux pour m'assurer qu'ils se rendaient à la bonne île. Au bout de dix jours , ils revinrent, mais à mon grand regret et déception, sans les hommes. Le temps avait été très mauvais, et bien qu'ils eussent atteint une île en vue de celle où se trouvaient les hommes, ils ne purent aller plus loin. Ils y avaient attendu six jours que le temps s'améliore, puis, n'ayant plus de provisions et l'homme que j'avais envoyé avec eux étant très malade et ne pensant pas qu'il vivrait, ils revinrent. Comme ils connaissaient maintenant l'île, j'étais déterminé à ce qu'ils fassent un nouvel essai et (en leur payant généreusement des couteaux, des mouchoirs et du tabac, ainsi que de nombreuses provisions) je les persuadai de repartir immédiatement et de faire une nouvelle tentative. Ils ne revinrent que le 29 juillet, après être restés quelques jours en chemin dans leur propre village de Bessir ; mais cette fois ils avaient réussi et avaient amené avec eux mes deux hommes perdus, en assez bonne santé, quoique maigres et faibles. Ils avaient vécu exactement un mois sur l'île, trouvé de l'eau et subsisté de racines et de tiges florales tendres d'une espèce de Bromelia, de coquillages et de quelques œufs de tortues. Après avoir nagé jusqu'à l'île, ils n'avaient entre eux qu'un pantalon et une chemise, mais ils avaient fait une cabane en feuilles de palmier et s'entendaient très bien dans l'ensemble. Ils voyaient que je les attendais trois jours sur l'île opposée, mais ils avaient eu peur de traverser, de peur que le courant ne les emportât vers la mer, où ils auraient été inévitablement perdus. Ils étaient sûrs que je les enverrais chercher à la première occasion, et semblaient plus reconnaissants que les indigènes ne le sont habituellement de ce que je l'ai fait ; tandis que j'étais très soulagé de savoir que mon voyage, bien que suffisamment malheureux, n'avait pas entraîné de perte de vie.

CHAPITRE XXXVI.
WAIGIOU.

(JUILLET À SEPTEMBRE 1860.)

LE village de Muka , sur la côte sud de Waigiou , se compose d'un certain nombre de huttes pauvres, en partie dans l'eau et en partie sur le rivage, et dispersées irrégulièrement sur un espace d'environ un demi-mille dans une baie peu profonde. Autour d'elle se trouvent quelques parcelles cultivées et une bonne partie de végétation ligneuse de seconde venue ; tandis que derrière, à une distance d'environ un demi-mille, s'élève la forêt vierge, à travers laquelle se trouvent quelques sentiers menant à des maisons et à des plantations situées à un ou deux milles à l'intérieur des terres. Le pays est plutôt plat et par endroits marécageux, et il y a un ou deux petits ruisseaux qui coulent derrière le village et se jettent dans la mer en contrebas. Constatant qu'aucune maison ne pouvait convenir à mon dessein, et ayant si souvent éprouvé les avantages de vivre à proximité ou juste à l'intérieur de la forêt, j'obtins l'aide d'une demi-douzaine d'hommes ; et après avoir choisi un endroit près du sentier et du ruisseau, et près d'un beau figuier qui se trouvait juste à l'intérieur de la forêt, nous défrichâmes le terrain et nous nous mis à construire une maison. Comme je ne m'attendais pas à rester ici aussi longtemps qu'à Dorey, je construisis un hangar long, bas et étroit, d'environ sept pieds de haut d'un côté et quatre de l'autre, qui ne demandait que peu de bois, et qui fut construit. très rapidement. Nos voiles, avec quelques vieilles attaques venues d'un village désert, formaient les murs, et une quantité de « cadjans », ou nattes de feuilles de palmier, en couvraient le toit. Le troisième jour, ma maison était terminée, et toutes mes affaires mises en place et confortablement rangées pour commencer le travail, et j'étais très heureux de m'être installé si vite et dans une si belle situation.

Jusqu'à présent, il faisait beau, mais la nuit , il a plu abondamment et nous avons constaté que notre toit en nattes ne retenait pas l'eau. Il a d'abord commencé à tomber, puis à se répandre sur tout. J'ai dû me lever au milieu de la nuit pour sécuriser mes boîtes à insectes, mon riz et autres denrées périssables, et pour trouver un endroit sec pour dormir, car mon lit était trempé. De nouvelles fuites ont continué à se former à mesure que la pluie continuait, et nous avons tous passé une nuit très misérable et sans sommeil. Le matin, le soleil brillait fort et tout était mis à sécher. Nous avons essayé de savoir pourquoi les tapis fuyaient et avons cru avoir découvert qu'ils étaient posés à l'envers. Après avoir tous changé là-bas et que tout soit sec et confortable le soir, nous nous sommes de nouveau couchés et, avant minuit, nous avons été de nouveau réveillés par un torrent de pluie et des fuites qui coulaient sur nous, toujours aussi fortes que jamais. Nous n'avions plus pu dormir cette nuit-là, et le lendemain notre toit était de nouveau mis en pièces, et nous sommes arrivés à la conclusion que la faute était que le toit n'avait pas assez de pente pour des nattes, alors qu'elle serait suffisante pour le chaume d'attaque habituel. J'ai donc acheté quelques attaches neuves et quelques anciennes, et dans les parties qu'elles ne voulaient pas couvrir, nous avons mis les nattes en double, et nous avons enfin eu la satisfaction de trouver notre toit assez étanche.

J'étais maintenant en mesure de commencer à travailler sur l'histoire naturelle de l'île. À mon arrivée , j'ai été surpris d'apprendre qu'il n'y avait pas d'oiseaux du paradis à Muka , alors qu'il y en avait beaucoup à Bessir , un endroit où les indigènes les attrapaient et préparaient les peaux. J'ai assuré aux gens que j'avais entendu le cri de ces oiseaux près du village, mais ils ne croient pas que je puisse connaître leur cri. Cependant, la toute première fois que je suis entré dans la forêt, non seulement je les ai entendus, mais je les ai vus, et j'étais convaincu qu'il y en avait beaucoup ; mais ils étaient très timides, et il fallut un certain temps avant que nous en obtenions. Mon chasseur a d'abord abattu une femelle, et un jour je me suis approché d'un beau mâle. Il s'agissait, comme je m'y attendais, de la rare espèce rouge, Paradisea rubra, qui seule habite cette île et qu'on ne trouve nulle part ailleurs. Il était assez bas, courant le long d'une branche à la recherche d'insectes, presque comme un pic, et les longs filaments noirs en forme de ruban de sa queue pendaient selon la double courbe la plus gracieuse qu'on puisse imaginer. Je l'ai couvert de mon fusil et j'allais utiliser le canon qui avait une très petite charge de poudre et de plomb numéro huit, pour ne pas endommager son plumage, mais le fusil a raté le tir, et il s'est enfui en un instant parmi les jungle la plus épaisse. Un autre jour, nous vîmes pas moins de huit beaux mâles à des moments différents, et nous leur tirâmes dessus quatre fois ; mais bien que d'autres oiseaux à la même distance tombaient presque toujours, ils s'enfuyaient tous, et je commençai à penser que nous n'allions pas attraper cette magnifique espèce. Enfin les fruits mûrirent sur le figuier voisin de ma maison, et beaucoup d'oiseaux vinrent s'en nourrir ; et un matin, alors que je prenais mon café, on aperçut un oiseau de paradis mâle posé sur son sommet. Je saisis mon fusil, courus sous l'arbre et, levant les yeux, je le vis voler de branche en branche, saisissant un fruit ici et un autre là, puis, avant d'avoir pu viser suffisamment pour tirer à une telle hauteur. car c'était l'un des arbres les plus élevés des tropiques), il se trouvait au fond de la forêt. Ils visitaient désormais l'arbre tous les matins ; mais ils restèrent si peu de temps, leurs mouvements étaient si rapides, et il était si difficile de les voir, à cause des arbres plus bas qui gênaient la vue, que ce ne fut qu'après plusieurs jours d'observation et un ou deux ratés, que j'ai abattu mon oiseau, un mâle au plumage le plus magnifique.

Cet oiseau diffère beaucoup des deux grandes espèces que j'avais déjà obtenues, et, bien qu'il manque de la grâce que lui donnent leurs longues traînes dorées, il est à bien des égards plus remarquable et plus beau. La tête, le dos et les épaules sont vêtus d'un jaune plus riche, la couleur vert métallique profond de la gorge s'étend plus loin au-dessus de la tête et les plumes sont allongées sur le front en deux petites crêtes érectiles. Les plumes latérales sont plus courtes, mais sont d'une riche couleur rouge, se terminant par de délicates pointes blanches, et les plumes médianes de la queue sont représentées par deux longues bandes rigides et brillantes, noires, fines et semi-cylindriques, et tombantes gracieusement en une courbe en spirale. Plusieurs autres oiseaux intéressants ont été obtenus, et environ une demi-douzaine d'oiseaux tout à fait nouveaux ; mais aucune d'une beauté remarquable, à l'exception de la charmante petite colombe, Ptilonopus pulchellus , que j'ai abattu avec plusieurs autres pigeons sur le même figuier près de chez moi. Il est d'une belle couleur verte dessus, avec un front du pourpre le plus riche, tandis qu'en dessous il est blanc cendré et jaune riche, rayé de rouge violet.

Le soir de notre arrivée à Muka , j'ai observé ce qui ressemblait à un spectacle d'aurores boréales, même si j'avais peine à croire que cela soit possible en un point un peu au sud de l'équateur. La nuit était claire et calme, et le ciel du nord présentait une lumière diffuse, avec une succession constante de faibles éclairs ou scintillements verticaux , exactement semblable à une aurore ordinaire en Angleterre. Le lendemain, il faisait beau, mais après cela, le temps était d'une météo sans précédent, si l'on considère qu'il aurait dû s'agir d'une mousson sèche. Pendant près d'un mois nous avons eu un temps pluvieux ; le soleil soit n'apparaissait pas du tout, soit seulement pendant une heure ou deux vers midi. Matin et soir, ainsi que presque toute la nuit, il pleuvait ou bruinait, et des vents violents, avec des nuages sombres, formaient le programme quotidien . A l'exception du fait qu'il ne faisait jamais froid, il faisait simplement un temps très mauvais en novembre ou en février anglais.

Les habitants de Waigiou ne sont pas vraiment des indigènes de l'île, qui ne possède pas d'« Alfuros », ou d'habitants aborigènes. Ils semblent être métis, en partie originaires de Gilolo , en partie originaires de Nouvelle-Guinée. Les Malais et les Alfuros de l'ancienne île se sont probablement installés ici, et beaucoup d'entre eux ont pris des femmes papoues de Salwatty ou de Dorey, tandis que l'afflux de personnes de ces endroits et d'esclaves a conduit à la formation d'une tribu présentant presque tous les transitions d'un type malais presque pur à un type entièrement papou. La langue parlée par eux est entièrement papou, étant celle qui est utilisée sur toutes les côtes de Mysol , Salwatty , le nord-ouest de la Nouvelle-Guinée et les îles du grand Geelvink . Bay, — un fait qui indique la manière dont les établissements côtiers se sont formés. Le fait qu'un si grand nombre d'îles situées entre la Nouvelle-Guinée et les Moluques, comme Waigiou , Guebe , Poppa, Obi, Batchian , ainsi que les péninsules sud et est de Gilolo , ne possèdent aucune tribu aborigène, mais sont habitées par des gens qui évidemment bâtards et vagabonds, est une preuve corroborante remarquable de la distinction des races malaise et papoue et de la séparation des zones géographiques qu'elles habitent. Si ces deux grandes races étaient des modifications directes l'une de l'autre, on devrait s'attendre à trouver dans la région intermédiaire quelque race indigène homogène présentant des caractères intermédiaires. Par exemple, entre les habitants les plus blancs de l'Europe et les Klings noirs de l'Inde du Sud, il existe dans les districts intermédiaires des races homogènes qui forment une transition graduelle de l'une à l'autre ; tandis qu'en Amérique, bien qu'il y ait une transition parfaite de l'Anglo-Saxon au nègre, et de l'Espagnol à l' Indien, il n'y a pas de race homogène formant une transition naturelle de l'un à l'autre. Dans l'archipel malais, nous avons un excellent exemple de deux races absolument distinctes, qui semblent s'être rapprochées et mêlées dans un territoire inoccupé à une époque très récente de l'histoire de l'homme ; et je suis convaincu qu'aucune personne sans préjugés ne pourrait les étudier sur place sans être convaincue que telle est la véritable solution du problème, plutôt que l'opinion presque universellement acceptée selon laquelle ils ne sont que des modifications d'une seule et même race.

Les habitants de Muka vivent dans cet état de pauvreté abjecte que l'on retrouve presque toujours là où le sagoutier abonde. Très peu d'entre eux prennent la peine de planter des légumes ou des fruits, mais vivent presque entièrement de sagou et de poisson, vendant un petit tripang ou une écaille de tortue pour acheter les rares vêtements dont ils ont besoin. Cependant, presque tous possèdent un ou plusieurs esclaves papous, du travail desquels ils vivent dans une oisiveté presque absolue, se contentant de petites excursions de pêche ou de commerce, pour s'amuser dans leur existence monotone. Ils sont sous le règne du sultan de Tidore et doivent chaque année payer un petit tribut d'oiseaux du paradis, d'écaille de tortue ou de sagou. Pour les obtenir, ils partent à la belle saison en voyage commercial vers le continent de la Nouvelle-Guinée, et obtiennent à crédit quelques marchandises auprès de quelque commerçant Ceram ou Bugis, concluent des négociations difficiles avec les indigènes et gagnent suffisamment pour payer leur tribut. et se laissent un petit bénéfice.

Un tel pays n'est pas très agréable à vivre, car comme il n'y a pas de superflu, il n'y a rien à vendre ; et sans un commerçant de Ceram qui résidait là pendant mon séjour, qui possédait un petit potager et dont les hommes recevaient de temps en temps quelques poissons de rechange, je n'aurais souvent rien eu à manger. Les volailles, les fruits et les légumes sont des produits de luxe très rarement achetés à Muka ; et même les noix de coco, si indispensables à la cuisine orientale, ne sont pas disponibles ; car bien qu'il y ait quelques centaines d'arbres dans le village, tous les fruits sont consommés verts, pour remplacer les légumes que les gens sont trop paresseux pour cultiver. Sans œufs, sans noix de coco ni plantains, nous avions des communs très courts, et le temps bruyant n'étant pas propice à la pêche, nous devions vivre du peu d'oiseaux comestibles que nous pouvions tirer, avec occasionnellement un couscous ou un opossum oriental, le seul quadrupède. , à l'exception des cochons, habitant l'île.

Je n'avais tiré que sur deux mâles Le paradis était sur mon arbre lorsqu'ils cessèrent de le visiter, soit parce que les fruits se raréfiaient, soit parce qu'ils étaient assez sages pour savoir qu'il y avait un danger. Nous avons continué à les entendre et à les voir dans la forêt, mais au bout d'un mois nous n'avions plus réussi à tirer ; et comme mon principal objectif en visitant Waigiou était d'obtenir ces oiseaux, je résolus d'aller à Bessir , où il y a un certain nombre de Papous qui les capturent et les conservent. J'ai loué un petit bateau à balancier pour ce voyage et j'ai laissé un de mes hommes garder ma maison et mes biens. Nous avons dû attendre plusieurs jours le beau temps, et finalement nous sommes partis tôt un matin et sommes arrivés tard dans la nuit, après un passage difficile et désagréable. Le village de Bessir a été construit dans l'eau à la pointe d'un îlot. La principale nourriture de la population était évidemment les coquillages, car de grands tas de coquillages s'étaient accumulés dans les eaux peu profondes entre les maisons et la terre, formant un véritable « dépotoir de cuisine » pour l'exploration de quelque futur archéologue. Nous avons passé la nuit dans la maison du chef et, le lendemain matin, nous sommes allés sur le continent pour chercher un endroit où je pourrais résider. Cette partie de Waigiou est en réalité une autre île au sud du canal étroit que nous avons traversé pour venir à Muka . Elle semble être presque entièrement constituée de coraux surélevés, alors que l'île du nord contient des roches cristallines dures. Les rives étaient une série de falaises calcaires basses, usées par l'eau, de sorte que la partie supérieure surplombait généralement. A des intervalles éloignés se trouvaient de petites criques et des ouvertures, d'où de petits ruisseaux descendaient de l'intérieur ; et dans l'un d'eux, nous avons atterri, tirant notre bateau sur une plage de sable blanc. Immédiatement au-dessus se trouvait une grande plantation d'ignames et de plantains nouvellement construite, ainsi qu'un petit chaud, dont le chef a dit que nous pourrions avoir l'utilité, si cela me convenait. C'était une maison de nain, d'à peine huit pieds carrés, élevée sur des poteaux de telle sorte que le sol était à quatre pieds et demi au-dessus du sol, et la partie la plus élevée de la crête à seulement cinq pieds au-dessus de la farine. Comme je mesure six pieds et un pouce en bas, j'ai regardé cela avec une certaine consternation ; mais constatant que les autres maisons étaient beaucoup plus éloignées de l'eau, étaient terriblement sales et remplies de monde, j'acceptai aussitôt la petite et résolus d'en tirer le meilleur parti. Au début , j'ai pensé à retirer le plancher, ce qui le laisserait suffisamment haut pour pouvoir entrer et sortir sans se baisser ; mais alors il n'y aurait pas assez de place, alors je l'ai laissé tel quel, je l'ai fait nettoyer à fond et j'ai monté mes bagages. L'étage supérieur me servait de chambre à coucher et de débarras. Dans la partie inférieure (qui était toute ouverte tout autour), j'installai une petite table, disposai mes cartons, installai des étagères suspendues, posai par terre une natte avec ma chaise en osier dessus, accrochai une autre natte au vent. sur le côté, puis j'ai découvert qu'en me penchant en deux et en me glissant prudemment, je pouvais m'asseoir sur ma chaise avec la tête juste à côté du plafond. Ici, j'ai vécu assez confortablement pendant six semaines, prenant tous mes repas et effectuant tout mon travail à ma petite table, vers et depuis laquelle je devais me glisser en position semi-horizontale une douzaine de fois par jour ; et, après quelques coups violents sur la tête en me levant brusquement de ma chaise, j'appris à m'accommoder des circonstances. Nous avons installé une petite cuisine en pente, mais à l'extérieur, et un banc sur lequel mes gars pouvaient écorcher leurs oiseaux. Le soir, je montais dans mon petit loft, ils étendaient leurs nattes par terre, et nous, aucun de nous ne se plaignait de notre logement.

Ma première affaire fut de faire venir les hommes habitués à attraper les oiseaux du paradis. Plusieurs sont venus, et je leur ai montré mes hachettes, mes perles, mes couteaux et mes mouchoirs ; et je leur expliquai, du mieux que je pouvais par signes, le prix que je donnerais pour les spécimens fraîchement tués. C'est l'usage universel de tout payer d'avance ; mais un seul homme osa à cette occasion emporter des marchandises d'une valeur de deux oiseaux. Les autres étaient méfiants et voulaient voir le résultat du premier marché avec l'étrange homme blanc, le seul à être jamais venu sur leur île. Au bout de trois jours, mon homme m'apporta le premier oiseau, un spécimen très beau et vivant, mais attaché dans un petit sac, et par conséquent ses plumes de la queue et des ailes étaient très écrasées et blessées. J'ai essayé de lui expliquer, ainsi qu'aux autres qui l'accompagnaient, que je les voulais aussi parfaits que possible et qu'ils devaient soit les tuer, soit les garder sur un perchoir avec une ficelle à la jambe. Comme ils étaient maintenant apparemment convaincus que tout était juste et que je n'avais aucune arrière-pensée sur eux, six autres ont emporté des marchandises ; certains pour un oiseau, certains pour plus et un pour jusqu'à six. Ils dirent qu'ils devaient parcourir un long chemin pour les récupérer et qu'ils reviendraient dès qu'ils en attraperaient. A intervalles de quelques jours ou d'une semaine, certains d'entre eux revenaient m'amener un ou plusieurs oiseaux ; mais bien qu'ils n'en apportèrent pas davantage dans des sacs, leur état ne s'améliora pas beaucoup. Comme ils les attrapaient au loin dans la forêt, ils ne venaient presque jamais avec un, mais l'attachaient par la jambe à un bâton et le mettaient dans leur maison jusqu'à ce qu'ils en attrapaient un autre. La pauvre créature faisait de violents efforts pour s'échapper, se retrouvait parmi les cendres, ou se pendait suspendue par la jambe jusqu'à ce que le membre soit enflé et à moitié putréfié, et mourait parfois de faim et d'inquiétude. L'un avait sa belle tête toute souillée par la poix d'une torche dammar ; un autre était mort depuis si longtemps que son estomac devenait vert. Heureusement, cependant, la peau et le plumage de ces oiseaux sont si fermes et si forts qu'ils supportent mieux le lavage et le nettoyage que presque toutes les autres espèces ; et je parvenais en général à les nettoyer si bien qu'ils ne différaient pas sensiblement de ceux sur lesquels j'avais tiré moi-même.

Quelques-uns m'en furent apportés le jour même de leur capture, et j'eus l'occasion de les examiner dans toute leur beauté et leur vivacité. Dès que j'ai constaté qu'ils étaient généralement ramenés vivants, j'ai demandé à un de mes hommes de fabriquer une grande cage en bambou avec des auges pour la nourriture et l'eau, dans l'espoir de pouvoir en garder quelques-uns. J'ai demandé aux indigènes de m'apporter des branches d'un fruit qu'ils aimaient beaucoup, et j'ai été heureux de constater qu'ils le mangeaient avec avidité, et qu'ils prenaient également n'importe quel nombre de sauterelles vivantes que je leur donnais, en leur enlevant les pattes et les ailes, puis les avaler. Ils buvaient beaucoup d'eau et étaient constamment en mouvement, sautant dans la cage de perchoir en perchoir, s'accrochant au dessus et aux côtés, et se reposant rarement un instant le premier jour jusqu'à la tombée de la nuit. Le deuxième jour, ils étaient toujours moins actifs, bien qu'ils mangeaient aussi librement qu'auparavant ; et le matin du troisième jour , on les retrouvait presque toujours morts au fond de la cage, sans aucune cause apparente. Certains d'entre eux mangeaient du riz bouilli ainsi que des fruits et des insectes ; mais après en avoir essayé plusieurs successivement, pas un sur dix ne vécut plus de trois jours. Le deuxième ou le troisième jour, ils étaient ennuyeux et, dans plusieurs cas , ils étaient pris de convulsions et tombaient du perchoir, mourant quelques heures après. J'ai essayé des oiseaux immatures aussi bien que des oiseaux entièrement plumés, mais sans plus de succès, et j'ai finalement abandonné cette tâche comme une tâche désespérée et j'ai limité mon attention à conserver les spécimens dans le meilleur état possible.

Les oiseaux rouges du paradis ne sont pas abattus avec des flèches émoussées, comme dans les îles Aru et dans certaines régions de la Nouvelle-Guinée, mais ils sont pris au piège d'une manière très ingénieuse. Un grand Arum grimpant porte un fruit rouge réticulé dont les oiseaux sont très friands. Les chasseurs attachent ce fruit à un gros bâton fourchu et se munissent d'une corde fine mais solide. Ils s'infiltrent ensuite dans un arbre de la forêt sur lequel ces oiseaux ont l'habitude de se percher, et en grimpant dessus, ils attachent le bâton à une branche et disposent la corde en un nœud coulant si ingénieusement que lorsque l'oiseau vient manger le fruit, ses pattes sont brisées . attrapé, et en tirant sur le bout de la corde qui pend jusqu'au sol, il se détache de la branche et fait tomber l'oiseau. Quelquefois, quand la nourriture est abondante ailleurs, le chasseur reste assis du matin au soir sous son arbre, la corde à la main, et même pendant deux ou trois jours entiers de suite, sans même se faire mordre ; tandis que, d'un autre côté, s'il est très chanceux, il peut attraper deux ou trois oiseaux par jour. Il n'y a à Bessir que huit ou dix hommes qui pratiquent cet art inconnu ailleurs dans l'île. Je résolus donc de rester le plus longtemps possible, car c'était ma seule chance d'obtenir une bonne série de spécimens ; et bien que j'étais presque affamé, tout ce que l'homme civilisé pouvait manger étant rare ou totalement absent, j'ai finalement réussi.

Les légumes et les fruits des plantations environnantes ne suffisaient pas aux besoins des habitants et étaient presque toujours déterrés ou cueillis avant qu'ils ne soient mûrs. Il était très rare que nous puissions acheter un peu de poisson ; il n'y avait pas de volailles ; et nous étions réduits à vivre de pigeons et de cacatoès coriaces, avec notre riz et notre sagou, et parfois nous ne pouvions pas nous en procurer. Ayant déjà fait ce voyage pendant huit mois, mon stock de tous les condiments, épices et beurre, était épuisé, et il me fut impossible de manger suffisamment de ma nourriture insipide et désagréable pour maintenir ma santé. Je suis devenu très maigre et faible, et j'ai eu une curieuse maladie connue (j'ai entendu dire depuis) sous le nom de fièvre sourcilière. Chaque matin, immédiatement après le petit-déjeuner, une douleur intense s'installait sur un petit point de la tempe droite. C'était une brûlure intense, aussi grave que le pire mal de dents, et qui durait environ deux heures, commençant généralement à midi. Lorsque cela a finalement cessé, j'ai eu une crise de fièvre, qui m'a laissé si faible et si incapable de manger notre nourriture habituelle, que je suis sûr que ma vie a été sauvée par quelques boîtes de soupe que j'avais longtemps réservées à une telle extrémité. . J'allais souvent chercher des légumes et j'ai trouvé un grand trésor dans un grand nombre de plants de tomates sauvages et portant de petits fruits de la taille d'une groseille. J'ai également fait bouillir les sommités des plants de citrouilles et des fougères, en guise de verdure, et j'ai parfois obtenu quelques papayes vertes. Les indigènes, lorsqu'ils ont faim, vivent d'algues charnues qu'ils font bouillir jusqu'à ce qu'elles soient tendres. J'ai essayé cela aussi, mais je l'ai trouvé trop salé et amer pour être supporté.

Vers la fin du mois de septembre, il me fut absolument nécessaire de revenir, afin d'effectuer notre voyage de retour avant la fin de la mousson d'Est. La plupart des hommes qui avaient accepté mon paiement avaient amené les oiseaux pour lesquels ils avaient convenu. Un pauvre garçon avait eu le malheur de ne pas en avoir, et il rapporta très honnêtement la hache qu'il avait reçue d'avance ; un autre, qui avait accepté six, m'apporta le cinquième deux jours avant mon départ, et repartit aussitôt dans la forêt pour chercher l'autre. Il n'est cependant pas revenu, et nous avons chargé notre bateau, et nous étions sur le point de partir, lorsqu'il est arrivé en courant après nous en brandissant un oiseau qu'il m'a tendu en disant avec une grande satisfaction : « Maintenant, je vous dois rien." C'étaient des exemples remarquables et tout à fait inattendus d'honnêteté parmi les sauvages, où il leur aurait été très facile d'être malhonnête sans craindre d'être découvert ou puni.

Le pays autour de Bessir était très vallonné et accidenté, hérissé de roches corallines dentelées et alvéolées, et de curieux petits gouffres et ravins. Les sentiers passaient souvent à travers ces fentes rocheuses qui, au fond de la forêt, étaient extrêmement sombres et sombres, et souvent pleines de plantes herbacées à fines feuilles et de curieuses Lycopodiacées au feuillage bleu . C'est dans de tels endroits que j'ai obtenu plusieurs de mes plus beaux petits papillons, comme Sospita statira et Taxila pulchra, les magnifiques Amblypodes bleus Hercule et bien d'autres. Aux lisières des plantations j'ai trouvé le beau Deudorix bleu despoena , et dans les bois ombragés la belle Lycaena wallacei . Ici aussi, j'ai obtenu la belle Thyca aruna , de l'orange la plus riche sur la face supérieure ; tandis qu'en dessous, il est pourpre intense et noir brillant ; et un superbe spécimen d'un Ornithoptère vert , absolument frais et parfait, et qui reste encore une des gloires de mon cabinet.

Ma collection d'oiseaux, bien que peu riche en nombre d'espèces, était pourtant très intéressante. J'ai reçu un autre spécimen du rare cerf-volant de Nouvelle-Guinée (Henicopernis longicauda), un grand nouveau goatsucker (Podargus superciliaris), et un pigeon terrestre des plus curieux d'un genre entièrement nouveau, et remarquable par son bec long et puissant. Il a été nommé Hénicophaps albifrons . J'ai également été très heureux d'obtenir une belle série d'un gros fruit-pigeon avec une protubérance sur le bec (Carpophaga tumida), et de vérifier qu'il ne s'agissait pas, comme on l'avait supposé jusqu'ici, d'un caractère sexuel, mais qu'il se retrouvait également chez les oiseaux mâles et femelles. Je n'ai recueilli que soixante-treize espèces d'oiseaux à Waigiou , mais douze d'entre elles étaient entièrement nouvelles et beaucoup d'autres très rares ; et comme j'avais emporté avec moi vingt-quatre beaux spécimens de Paradisea rubra, je ne regrettais pas ma visite dans l'île, bien qu'elle n'eût nullement répondu à mes attentes.

CHAPITRE XXXVII.
VOYAGE DE WAIGIOU À TERNATE.

(29 SEPTEMBRE Au 5 NOVEMBRE 1860.)

J'avais laissé le vieux pilote à Waigiou pour s'occuper de ma maison et mettre le prau en état de naviguer, calfeutrer son fond et s'occuper des ouvrages supérieurs, du chaume et des anneaux. À mon retour, je le trouvai presque prêt et commençai immédiatement à faire mes bagages et à préparer le voyage. Notre grand-voile formait un côté de notre maison, mais la fessée et le foc avaient été rangés dans le toit, et en les ouvrant pour voir si des réparations étaient nécessaires, nous avons constaté avec horreur que des rats en avaient fait leur nid, et les avait rongés en vingt endroits. Nous avons donc dû acheter des nattes et fabriquer de nouvelles voiles, ce qui nous a retardé jusqu'au 29 septembre, date à laquelle nous avons enfin quitté Waigiou .

Il nous fallut quatre jours avant de pouvoir nous éloigner de la terre, et il fallut traverser des détroits étroits, assaillis de récifs et de hauts-fonds, et pleins de forts courants, de sorte qu'un vent défavorable nous arrêta complètement . Un jour, alors que le ciel était presque clair, une marée contraire et un vent contraire nous ont ramenés à dix milles de notre mouillage de la nuit précédente. Ce retard nous faisait craindre de manquer d'eau si nous étions encalminés en mer, et nous décidâmes donc, si possible, d'aborder l'île où nos hommes avaient été perdus et qui se trouvait directement sur notre route. Le vent était cependant, comme d'habitude, contraire, étant SSW au lieu de SSE, comme il aurait dû être à cette époque de l'année, et tout ce que nous pouvions faire était d'atteindre l'île de Gagie, où nous arrivâmes à l'ancre au clair de lune . sous des collines volcaniques nues. Le matin, nous avons essayé de pénétrer dans une baie profonde, au fond de laquelle des pêcheurs Galela nous ont dit qu'il y avait de l'eau, mais un vent contraire nous en a empêché. Cependant, contre la récompense d'un mouchoir, ils nous emmenèrent sur place dans leur bateau et nous remplissâmes nos bocaux et nos bambous. Nous sommes ensuite allés jusqu'à leur camping sur la côte nord de l'île pour essayer d'acheter quelque chose à manger, mais nous n'avons trouvé que de la viande de tortue fumée aussi noire et dure que des morceaux de charbon. Un peu plus loin, il y avait une plantation appartenant aux Guebe , mais sous la garde d'un esclave papou, et le lendemain matin nous avons obtenu des plantains et quelques légumes en échange d'un mouchoir et de quelques couteaux. En quittant cet endroit, notre ancre s'était encrassée dans quelque rocher ou dans quelque rondin coulé en eau très profonde, et après de nombreuses tentatives infructueuses, nous fûmes obligés de couper notre câble en rotin et de le laisser derrière nous. Il ne nous restait plus qu'une seule ancre.

Parti tôt, le 4 octobre, le même vent de SSW persistait et nous commencions à craindre de devoir à peine franchir la pointe sud de Gilolo . La nuit du 5 était pleine de grains, avec du tonnerre, mais après minuit, il faisait assez beau, et nous avancions avec un vent léger et regardions la côte de Gilolo , que nous pensions approcher, lorsque nous entendîmes un bruit sourd. un bruit rugissant, comme un surf puissant, derrière nous. Peu de temps après, le rugissement augmenta et nous vîmes apparaître une ligne blanche d'écume qui nous dépassa rapidement sans faire de mal, tandis que notre bateau s'élevait facilement sur la vague. A de courts intervalles, dix ou douzaines d'autres nous rejoignaient avec une rapidité bêlante, et alors la mer redevenait parfaitement lisse, comme auparavant. J'en ai immédiatement conclu qu'il devait s'agir d'ondes sismiques ; et en nous référant aux anciens voyageurs , nous constatons que ces mers ont été longtemps sujettes à des phénomènes similaires. Dampier les rencontra près de Mysol et de la Nouvelle-Guinée et les décrit ainsi : « Nous avons trouvé ici des marées très étranges, qui coulaient en ruisseaux, formant une grande mer et rugissant si fort que nous pouvions les entendre avant qu'elles n'arrivent à moins d'un mile de nous. " La mer autour d'eux semblait toute brisée et secouait le navire de manière à ce qu'il ne réponde pas à sa barre. Ces ondulations duraient généralement dix ou douze minutes, puis la mer devenait aussi calme et lisse qu'un étang. Nous sonnions souvent quand nous étions en pleine mer. Nous étions au milieu d'eux, mais nous ne trouvions aucun terrain, et nous ne pouvions pas non plus nous apercevoir qu'ils nous poussaient d'une manière ou d'une autre. Nous avons eu en une nuit plusieurs de ces marées, qui venaient principalement de l'ouest, et le vent étant de ce côté, nous les entendions communément un longtemps avant leur arrivée, et nous abaissions parfois nos huniers, pensant que c'était un coup de vent. Ils étaient très longs, du nord au sud, mais leur largeur ne dépassait pas 200 mètres, et ils avançaient à grande allure. Car, bien que nous ayons eu peu de vent pour nous déplacer, pourtant ces mondes disparaissent bientôt et laissent l'eau très douce, et juste avant de les rencontrer, nous avons rencontré une grande houle, mais elle ne s'est pas brisée. Quelque temps après, j'appris qu'un tremblement de terre avait été ressenti sur la côte de Gilolo le jour même où nous avions rencontré ces curieuses vagues.

Le jour venu, nous avons aperçu à quelques milles les terres de Gilolo , mais la pointe était malheureusement un peu au vent de nous. Nous avons essayé de nous préparer autant que possible pour le contourner, mais alors que nous approchions du rivage, nous nous sommes heurtés à un fort courant se dirigeant vers le nord, qui nous a entraînés si rapidement avec lui que nous avons dû nous éloigner à nouveau pour sortir du rivage. son influence. Parfois nous approchions un peu du sujet, et nos espérances reprenaient ; puis le vent tomba, et nous nous éloignâmes lentement. La nuit nous a trouvés à peu près dans la même position que celle que nous avions occupée le matin, nous avons donc accroché notre ancre avec environ quinze brasses de câble pour éviter la dérive. Le 7 au matin , nous étions cependant à bonne distance de la côte, et nous pensions maintenant que notre seule chance serait de nous rapprocher de la côte, où il pourrait y avoir un courant de retour, et nous pourrions alors ramer. Le prau était lourd, et mes hommes étaient très pauvres en travail, de sorte qu'il nous fallut six heures pour arriver au bord du récif qui bordait le rivage ; et comme le vent pouvait à tout moment souffler dessus, notre situation était très dangereuse. Heureusement, à peu de distance se trouvait une baie sablonneuse, où un petit ruisseau arrêtait la croissance du corail ; et le soir nous y sommes arrivés et avons jeté l'ancre pour la nuit. Ici, nous avons trouvé des hommes Galela tirant sur des cerfs et des cochons ; mais ils ne pouvaient pas ou ne voulaient pas parler malais, et nous ne pouvions obtenir d'eux que peu d'informations. Nous avons découvert que le long du rivage, le courant changeait avec la marée, tandis qu'à environ un mille au large, il était toujours à sens unique et contre nous ; et cela nous donna quelques espoirs de revenir au point dont nous étions maintenant éloignés de vingt milles. Le lendemain matin, nous avons découvert que les hommes de Galela étaient partis avant le jour, ayant peut-être une vague crainte de nos intentions, me prenant très probablement pour un pirate. Dans la matinée, un bateau est passé et les gens nous ont informés que, à une courte distance plus loin de la pointe, il y avait un port bien meilleur, où se trouvaient beaucoup d' hommes Galela , dont nous pourrions probablement obtenir de l'aide.

A trois heures de l'après-midi, quand le courant tourna, nous partîmes ; mais ayant un vent contraire, je progressai lentement. Au crépuscule, nous atteignîmes l'entrée du port , mais un tourbillon et une rafale de vent nous emportèrent vers la mer. Après le coucher du soleil, il y eut une brise de terre et nous naviguâmes un peu vers le sud-est. Le calme se fit alors, et nous jetâmes notre ancre à quarante brasses, pour tenter de contrecarrer le courant ; mais cela ne nous servit pas de grand chose, et le matin nous nous trouvâmes à bonne distance du rivage, juste en face de notre mouillage de la veille, que nous atteignîmes de nouveau en ramant durement. J'ai donné aux hommes ce jour-là pour se reposer et dormir ; et le lendemain (10 octobre) nous repartîmes à deux heures du matin avec une brise de terre. Après les avoir mis sur leurs rames et leur avoir donné l'ordre de rester près du rivage et de ne jamais sortir en mer, je descendis au fond, étant plutôt malade. Au lever du jour, je constatai, à mon grand étonnement, que nous étions de nouveau loin au large, et on me dit que le vent avait tourné progressivement vers l'avant et nous avait emportés - aucun d'eux n'avait le sens de démonter la voile et de ramer. à terre, ou pour m'appeler. Dès qu'il fit jour, nous nous aperçûmes que nous avions dérivé en arrière, que nous nous trouvions de nouveau en face de notre ancien mouillage et que, pour la troisième fois, il fallut ramer fort pour y parvenir. En approchant du rivage, je vis que le courant nous était favorable , et nous continuâmes à descendre la côte jusqu'à ce que nous soyons près de l'entrée du port inférieur . Au moment où nous nous félicitions d'y être enfin parvenus, une forte rafale de sud-est s'est produite, nous repoussant et nous rendant impossible l'entrée. N'aimant pas l'idée de revenir encore une fois, je résolus d'essayer de jeter l'ancre, et j'y parvins, dans des eaux très profondes et près des récifs ; mais les vents dominants étaient tels que, si nous ne tenions pas, nous n'aurions aucune difficulté à prendre la mer. Le temps que le grain soit passé, le courant s'était retourné contre nous et nous nous attendions à devoir attendre jusqu'à quatre heures de l'après-midi, heure à laquelle nous avions l'intention d'entrer dans le port .

Mais maintenant arrivait le point culminant de nos ennuis. La houle produite par la rafale nous a fait beaucoup secouer notre câble, qui s'est brusquement cassé au fond de l'eau. Nous avons dérivé vers la mer et avons immédiatement mis notre grand-voile, mais nous étions maintenant sans aucune ancre et dans un navire si mal équipé qu'il ne pouvait pas être ramé contre le courant le plus faible ou le moindre vent, ce serait une folie de s'approcher de ces rivages dangereux que dans le calme le plus parfait. Il ne nous restait également que trois jours de nourriture. Il était donc hors de question de faire d'autres tentatives pour contourner la pointe sans assistance, et je résolus aussitôt de courir vers le village de Gani-diluar , à environ dix milles plus au nord, où nous comprenions qu'il y avait un bon port , et où nous pourrions trouver des provisions et quelques rameurs supplémentaires. Jusqu'ici, les vents et les courants s'opposaient invariablement à notre passage vers le sud, et nous aurions pu nous attendre à ce qu'ils nous soient favorables maintenant que nous avions tourné notre beaupré dans une direction opposée. Mais le calme s'est immédiatement calmé, puis au bout d'un moment une brise de terre d'ouest s'est installée, qui ne nous a pas servi, et nous avons dû encore ramer pendant des heures, et quand la nuit est venue, nous n'avions pas atteint le village. Nous avons cependant eu la chance de trouver une crique profonde et abritée où l'eau était assez douce, et nous avons construit une ancre temporaire en remplissant un sac de pierres de notre lest, qui, bien sécurisé par un réseau de rotins, nous a maintenus en sécurité pendant tout le temps. la nuit. Le lendemain matin, mes hommes descendirent à terre pour couper du bois propre à fabriquer de nouvelles ancres, et vers midi, le courant tournant en notre faveur , nous nous dirigâmes vers le village, où nous trouvâmes un mouillage excellent et bien protégé.

Après enquête, nous avons découvert que les chefs résidaient à l'autre Gani, sur le côté ouest de la péninsule, et qu'il était nécessaire d'envoyer des messagers (environ une demi-journée de voyage) pour les informer de mon arrivée et les supplier de nous aider. moi. Je réussis alors à acheter un peu de sagou, de la viande de cerf séchée et des noix de coco, ce qui soulagea aussitôt notre besoin immédiat de manger. La nuit, nous avons constaté que notre sac d'expiers nous tenait toujours très bien et nous avons dormi tranquillement.

Le lendemain (12 octobre), mes hommes se mirent à fabriquer des ancres et des rames. L'ancre malaise indigène est ingénieusement construite à partir d'un morceau de bois fourchu résistant, la douve étant renforcée par des rotins torsadés qui la lient à la tige, tandis que la traverse est formée d'une longue pierre plate, fixée de la même manière. Ces ancres, lorsqu'elles sont bien faites, tiennent extrêmement bien, et, à cause du coût du fer, sont encore presque universellement utilisées à bord des plus petits praus. Dans l'après-midi, les chefs arrivèrent et me promirent autant de rameurs que je pourrais mettre sur le prau, et m'apportèrent également quelques œufs et un peu de riz, qui étaient très acceptables. Le 14, il y a eu toute la journée un vent du nord qui nous aurait été précieux quelques jours plus tôt, mais qui n'est plus qu'alléchant. Le 16, tout étant prêt, nous partîmes au point du jour avec deux nouvelles ancres et dix rameurs qui comprenaient leur travail. Le soir, nous étions arrivés à plus de la moitié du chemin et avons jeté l'ancre pour la nuit dans une petite baie. Le lendemain, à trois heures du matin, j'ai ordonné de lever l'ancre, mais le câble en rotin s'est séparé près du fond, ayant été irrité par des rochers, et nous avons alors perdu notre troisième ancre au cours de ce malheureux voyage. La journée fut calme, et à midi nous dépassâmes la pointe sud de Gilolo , ce qui nous avait retardé de onze jours, alors que tout le voyage pendant cette mousson n'aurait pas dû occuper plus de la moitié de ce temps. Après avoir contourné ce point, notre route était exactement dans la direction opposée à celle qu'elle avait été, et maintenant, comme d'habitude, le vent changea en conséquence, venant du nord et du nord-ouest, de sorte que nous devions encore ramer chaque mille en remontant . au village de Gani , que nous n'atteignîmes que le 18 au soir. Un commerçant Bugis qui résidait là-bas et le Senaji , ou chef, étaient très gentils ; le premier m'a aidé avec une ancre de rechange et un câble, et m'a fait cadeau de quelques légumes, et le second a préparé des gâteaux de sagou frais pour mes hommes ; et je donnai à rue quelques volailles, une bouteille d'huile et des citrouilles. Comme le temps était encore très incertain, je fis quatre hommes supplémentaires pour m'accompagner à Ternate, d'où nous partîmes dans l'après-midi du 20.

Nous avons dû ramer toute la nuit, les brises de terre étant trop faibles pour nous permettre de naviguer à contre-courant. Dans l'après-midi du 21, nous avons eu une heure de vent favorable, qui s'est bientôt transformé en une grosse rafale de pluie, et mes hommes maladroits ont laissé la grand-voile prendre de court et ont failli nous renverser, déchirant la voile ; et, ce qui était pire, perdre une heure de bon vent. La nuit était calme et nous avons peu progressé.

Le 22, nous avons eu un léger vent contraire. Un peu avant midi, nous passâmes, à l'aide de nos rames, le détroit de Paciencia , la partie la plus étroite du chenal entre Batchian et Gilolo . Les premiers navigateurs portugais les ont bien nommés, car les courants sont très forts et les tourbillons sont si nombreux que, même avec un vent favorable, les navires sont souvent incapables de les traverser. Dans l'après-midi, un fort vent du nord (fort devant) nous oblige à mouiller à deux reprises. La nuit était presque calme et nous avancions lentement avec nos rames.

Le 23, nous avions encore du vent devant, ou du calme. Nous avons ensuite retraversé vers le continent de Gilolo sur les conseils de nos hommes Gani , qui connaissaient bien la côte. Au moment où nous traversions, nous avons eu un autre grain de nord avec de la pluie et avons dû mouiller au bord d'une barrière de corail pour la nuit. J'ai appelé mes hommes vers trois heures du matin du 24, mais il n'y avait pas de vent pour nous aider et nous avons ramé lentement. Au lever du jour, il y eut une bonne brise du sud, mais elle ne dura qu'une heure. Tout le reste de la journée, nous n'avons eu que des calmes, des vents légers devant nous et des grains, et nous n'avons fait que très peu de progrès.

Le 25, nous avons dérivé jusqu'au milieu du chenal, mais nous n'avons fait aucun progrès. Dans l'après-midi, nous avons navigué et ramé jusqu'à l'extrémité sud de Kaióa et avons atteint le village à minuit. J'ai décidé de rester ici quelques jours pour me reposer et recruter, et dans l'espoir d'avoir un temps meilleur. J'ai acheté des oignons et d'autres légumes, ainsi que beaucoup d'œufs, et mes hommes ont préparé des gâteaux au sagou frais. J'allais quotidiennement à mon ancien terrain de chasse à la recherche d'insectes, mais avec très peu de succès. Le temps était maintenant humide et pluvieux, et la vie des insectes semblait stagner. Nous avons résisté cinq jours, pendant lesquels douze personnes sont mortes dans le village, la plupart dues à une simple fièvre intermittente, dont les indigènes ignorent tout à fait le traitement. Pendant tout ce voyage, j'avais beaucoup souffert des lèvres brûlées par le soleil, du fait de m'être exposé toute la journée sur le pont à chercher notre sécurité parmi les hauts-fonds et les récifs près de Waigiou . Le sel de l'air les affectait tellement qu'ils ne guérissaient pas, mais devenaient excessivement douloureux et saignaient au moindre contact, et pendant longtemps ce fut avec beaucoup de difficulté que je pus manger, étant obligé d'ouvrir très grand la bouche. , et mettez-en chaque bouchée avec la plus grande prudence. Je les ai constamment couverts de pommade, ce qui était en soi très désagréable, et ils m'ont causé une douleur presque constante pendant plus d'un mois, car ils ne se sont rétablis que lorsque je suis revenu à Ternate et que j'ai pu rester une semaine à l'intérieur.

Un bateau parti pour Ternate, le lendemain de notre arrivée, fut obligé de revenir le lendemain, à cause du mauvais temps. Le 31, nous nous rendîmes au mouillage à l'embouchure du port , afin d'être prêts à partir à la première occasion favorable .

Le 1er novembre, j'ai appelé mes hommes à une heure du matin et nous sommes partis avec la marée en notre faveur . Jusqu'alors, la nuit avait été généralement calme, mais cette fois-ci , nous avons eu une forte rafale d'ouest avec de la pluie, qui a retourné notre prau et nous a obligés à jeter l'ancre. Une fois le courant passé , nous avons continué à ramer toute la nuit, mais le vent en face a contrecarré le courant en notre faveur , et nous n'avons que peu avancé. Peu après le lever du soleil, le vent est devenu plus fort et plus défavorable, et comme nous avions un rivage sous le vent dangereux que nous ne pouvions pas franchir, nous avons dû faire demi-tour et prendre le large vers l'OSO. Cette série de vents contraires et de mauvais temps depuis notre départ , n'ayant pas eu un seul jour de bon vent, était très remarquable. Mes hommes croyaient fermement qu'il y avait quelque chose de malheureux dans le bateau et me dirent que j'aurais dû subir une certaine cérémonie avant de partir, consistant à percer un trou dans le fond et à y verser une sorte d'huile sainte. Il faut se rappeler que c'était la saison de la mousson du sud-est, et pourtant nous n'avions pas eu même une demi-journée de vent du sud-est depuis notre départ de Waigiou . Des vents contraires, des grains et des courants nous ont entraînés à leur guise pendant le reste de la journée. La nuit était également agitée et changeante, et nous obligeait à travailler dur, à prendre les voiles et à ramer dans les intervalles.

Le lever du soleil du 2 nous a trouvé au milieu du canal de dix milles entre Kaióa et Makian . Grains et averses se sont succédé dans la matinée. A midi, c'était un calme plat, après quoi une légère brise d'ouest nous a permis d'atteindre dans la soirée un village sur Makian . Ici, j'ai acheté des pumelos (Citrus decumana), des noix de kanary et du café, et j'ai laissé mes hommes passer une nuit de sommeil.

La matinée du 3 était belle et nous avons ramé lentement le long de la côte de Makian . Le capitaine d'un petit prau au mouillage, me voyant sur le pont et devinant qui j'étais, nous fit signe de nous arrêter et m'apporta une lettre de Charles Allen, qui m'informa qu'il était à Ternate depuis vingt jours et qu'il attendait avec impatience. mon arrivée. C'était une bonne nouvelle, car j'étais également inquiet pour lui, et cela me remontait le moral. Un léger vent du sud s'est alors levé et nous pensions avoir du beau temps. Cependant, il se transforma bientôt en son ancien quartier, l'ouest ; des nuages denses se sont accumulés dans le ciel et, en moins d'une demi-heure, nous avons eu la rafale la plus violente que nous ayons connue de tout notre voyage. Heureusement, nous avons descendu notre grande grand-voile à temps, sinon les conséquences auraient pu être graves. C'était un petit ouragan ordinaire, et mon vieux timonier Bugis s'est mis à crier "Allah ! il Allah !" pour nous préserver. Nous ne pouvions que maintenir notre foc, qui était presque réduit en miettes, mais, en le manipulant avec soin, il nous maintenait devant le vent, et le prau se comportait très bien. Notre petit bateau (acheté à Gani) remorquait vers l'arrière et se remplit bientôt d'eau, de sorte qu'il se détacha et que nous ne le vîmes plus. Au bout d'une heure environ, la fureur du vent s'apaisa un peu, et en deux heures supplémentaires, nous pûmes hisser notre grand-voile, ris et en berne haut. Vers le soir, le temps s'éclaircit et se calma, et la mer, qui était assez haute, descendit bientôt. N'étant pas moi-même un grand marin, j'avais été considérablement alarmé, et même le vieux timonier m'a assuré qu'il n'avait jamais été dans une pire bourrasque de sa vie. Il était maintenant plus que jamais confirmé dans son opinion sur la malchance du bateau et sur l'efficacité de l'huile sainte que tous les Bugis praus avaient versée par leurs fonds. En fait, il imputait entièrement notre sécurité et la fin rapide de la tempête à ses propres prières, disant en riant : « Oui, c'est toujours ainsi que nous procédons à bord de nos praus ; quand les choses vont au pire, nous nous levons et criez nos prières aussi fort que possible, et alors Tuwan Allah nous aide.

Après cela, il nous fallut encore deux jours pour atteindre Ternate, ayant jusqu'au bout nos calmes, rafales et vents contraires habituels ; et une fois, nous avons dû regagner notre mouillage à cause de violentes rafales de vent alors que nous approchions de la ville. En regardant l'ensemble de mon voyage sur ce navire depuis le moment où j'ai quitté Goram en mai, il apparaîtra que mes expériences de voyage dans un prau indigène n'ont pas été encourageantes. Mon premier équipage s'est enfui ; deux hommes se sont perdus pendant un mois sur une île déserte ; nous nous sommes échoués dix fois sur des récifs coralliens ; nous avons perdu quatre ancres ; les voiles étaient dévorées par les rats ; le petit bateau s'est perdu vers l'arrière ; nous avons mis trente-huit jours pour le voyage de retour, ce qui n'aurait pas dû en prendre douze ; nous manquions souvent de nourriture et d'eau ; nous n'avions pas de lampe-boussole, car il n'y avait pas une goutte d'huile à Waigiou lorsque nous partîmes ; et pour couronner le tout, pendant l'ensemble de nos voyages de Goram par Ceram à Waigiou, et de Waigiou à Ternate, occupant en tout soixante-dix-huit jours, soit seulement douze jours en moins de trois mois (le tout dans ce qui était censé être le moment favorable) . saison), nous n'avons pas eu un seul jour de bon vent. Nous étions toujours bien calés, luttant toujours contre le vent, la marée et la dérive, et dans un navire qui ne naviguait guère à moins de huit points du vent. Tout marin admettra que mon premier voyage sur mon propre bateau a été des plus malheureux.

Charles Allen avait obtenu une collection passable d'oiseaux et d'insectes à Mysol, mais bien moins qu'il ne l'aurait fait si je n'avais pas eu le malheur de manquer de lui rendre visite. Après avoir attendu encore une semaine ou deux jusqu'à ce qu'il soit presque affamé, il retourna à Wahai à Ceram et apprit, à sa grande surprise, que j'étais parti quinze jours auparavant. Il y fut retardé plus d'un mois avant de pouvoir regagner le côté nord de Mysol , où il trouva une bien meilleure localité, mais ce n'était pas encore la saison des oiseaux du paradis ; et avant d'en avoir obtenu plusieurs de l'espèce commune, le dernier prau était prêt à partir pour Ternate, et il fut obligé de profiter de l'occasion, car il s'attendait à ce que je l'attende là-bas.

Ceci conclut le récit de mes pérégrinations. Je me rendis ensuite à Timor, puis à Bourn, Java et Sumatra, lieux déjà décrits. Charles Allen fit un voyage en Nouvelle-Guinée, dont un bref récit sera donné dans mon prochain chapitre sur les Oiseaux du Paradis. A son retour, il se rendit aux îles Sula et fit une collection très intéressante qui servit à déterminer les limites du groupe zoologique de Célèbes, comme je l'ai déjà expliqué dans mon chapitre sur l'histoire naturelle de cette île. Son prochain voyage fut à Florès et Solor , où il obtint des matériaux précieux, que j'ai utilisés dans mon chapitre sur l'histoire naturelle du groupe de Timor. Il se rendit ensuite à Coti , sur la côte est de Bornéo, d'où j'étais très désireux d'obtenir des collections, car c'est une localité toute nouvelle, aussi éloignée que possible du Sarawak, et j'en avais entendu de très bons récits. À son retour de là à Sourabaya à Java, il devait se rendre dans la totalement inconnue Sumba ou île du bois de santal. Malheureusement, à son arrivée à Coti , il fut pris d'une fièvre terrible et, après y être resté quelques semaines, il fut emmené à Singapour dans un très mauvais état, où il arriva après mon départ pour l'Angleterre. Une fois rétabli , il a obtenu un emploi à Singapour et j'ai perdu ses services de collectionneur.

Les trois derniers chapitres de mon ouvrage traiteront des oiseaux du paradis, de l'histoire naturelle des îles papoues et des races humaines dans l'archipel malais.

CHAPITRE XXXVIII.
LES OISEAUX DE PARADIS.

COMME beaucoup de mes voyages ont été faits dans le but exprès d'obtenir des spécimens d'oiseaux du paradis et d'apprendre quelque chose de leurs habitudes et de leur répartition ; et étant (pour autant que je sache) le seul Anglais qui ait vu ces merveilleux oiseaux dans leurs forêts natales et qui ait obtenu des spécimens de beaucoup d'entre eux, je propose de donner ici, sous une forme cohérente, le résultat de mes observations et enquêtes. .

Lorsque les premiers voyageurs européens atteignirent les Moluques à la recherche de clous de girofle et de noix de muscade, qui étaient alors des épices rares et précieuses, on leur présenta des tibias séchés d'oiseaux si étranges et si beaux qu'ils excitaient l'admiration même de ces voyageurs en quête de richesse. Les commerçants malais leur donnèrent le nom de " Manuk dewata ," ou oiseaux de Dieu; et les Portugais, trouvant qu'ils n'avaient ni pattes ni ailes, et ne pouvant rien apprendre d'authentique à ce sujet, les appelèrent " Passaros de Col, " ou oiseaux du soleil; tandis que les savants Hollandais , qui écrivait en latin, les appelait "Avis paradiseus ", ou Oiseau du Paradis. John van Linschoten donne ces noms en 1598, et nous dit que personne n'a vu ces oiseaux vivants, car ils vivent dans les airs, toujours tournés vers le soleil, et ne se posent jamais sur la terre jusqu'à ce qu'ils meurent, car ils n'ont ni pattes ni ailes, comme, ajoute-t-il, on peut le voir par les oiseaux transportés en Inde, et quelquefois en Hollande, mais étant très coûteux, ils étaient alors rarement vus en Europe. Plus de cent ans plus tard, M. William Funnel, qui accompagnait Dampier et rédigeait un récit du voyage, vit des spécimens à Amboyna et apprit qu'ils venaient à Banda pour manger des noix de muscade, ce qui les enivrait et les faisait tomber sans connaissance. lorsqu'ils furent tués par des fourmis. Jusqu'en 1760, lorsque Linné nomma la plus grande espèce, Paradisea. apoda (l'oiseau du paradis sans pattes), aucun spécimen parfait n'avait été vu en Europe et on ne savait absolument rien d'eux. Et même aujourd'hui, cent ans plus tard, la plupart des livres affirment qu'ils migrent chaque année vers Ternate, Banda et Amboyna ; tandis que le fait est qu'ils sont aussi complètement inconnus dans ces îles à l'état sauvage qu'ils le sont en Angleterre. Linnaeus connaissait également une petite espèce, qu'il nomma Paradisea regia (l'oiseau roi du paradis), et depuis lors neuf ou dix autres ont été nommées, toutes décrites pour la première fois à partir de peaux conservées par les sauvages de Nouvelle-Guinée, et généralement plus ou moins imparfait. Ils sont tous connus aujourd'hui dans l'archipel malais sous le nom de « Burong coati », ou oiseaux morts, ce qui indique que les commerçants malais ne les ont jamais vus vivants.

Les Paradiseidae sont un groupe d'oiseaux de taille moyenne, alliés dans leur structure et leurs habitudes aux corbeaux, aux étourneaux et aux chèvrefeuilles australiens ; mais ils sont caractérisés par des développements extraordinaires du plumage, sans égal dans aucune autre famille d'oiseaux. Chez plusieurs espèces, de grandes touffes de plumes délicates et de couleurs vives jaillissent de chaque côté du corps, sous les ailes, formant des traînes, des éventails ou des boucliers ; et les plumes médianes de la queue sont souvent allongées en fils, tordues en formes fantastiques ou ornées des teintes métalliques les plus brillantes. Chez une autre espèce, ces plumes accessoires naissent de la tête, du dos ou des épaules ; tandis que l'intensité de la couleur et de l'éclat métallique manifesté par leur plumage ne peut être égalée par aucun autre oiseau, à l'exception peut-être des colibris, et n'est même pas surpassée par ceux-ci. Ils ont été généralement classés en deux familles distinctes, les Paradiseidae et les Epimachidae , ces dernières étant caractérisées par un bec long et mince, et supposées être alliées aux Huppes fasciées ; mais les deux groupes sont si étroitement liés dans tous les points essentiels de structure et d'habitudes, que je les considérerai comme formant les subdivisions d'une même famille. Je vais maintenant donner une brève description de chacune des espèces connues, puis ajouter quelques remarques générales sur leur histoire naturelle.

Le grand oiseau du paradis (Paradisea apoda de Linnaeus) est la plus grande espèce connue, mesurant généralement dix-sept ou dix-huit pouces du bec au bout de la queue. Le corps, les ailes et la queue sont d'un riche brun café, qui s'approfondit sur la poitrine jusqu'à un violet noirâtre ou un brun pourpre. Tout le dessus de la tête et du cou est d'un jaune paille extrêmement délicat, les plumes étant courtes et serrées, de manière à ressembler à de la peluche ou du velours ; la partie inférieure de la gorge jusqu'à l'œil est revêtue de plumes écailleuses de couleur vert émeraude et d'un riche éclat métallique, et des plumes veloutées d'un vert encore plus foncé s'étendent en bande sur le front et le menton jusqu'à l'œil. , qui est jaune vif. Le bec est bleu plomb pâle ; et les pieds, qui sont plutôt grands, très forts et bien formés, sont d'un rose cendré pâle. Les deux plumes médianes de la queue n'ont pas de toiles, sauf une très petite à la base et à l'extrémité extrême, formant des cirrhes filiformes, qui s'étalent en une double courbe élégante et varient de vingt-quatre à trente-quatre. pouces de long. De chaque côté du corps, sous les ailes, jaillit une touffe dense de plumes longues et délicates, parfois longues de deux pieds, de la couleur or-orange la plus intense et très brillante, mais virant vers les extrémités en brun pâle . Cette touffe de plumage peut être élevée et étalée à volonté, de manière à dissimuler presque le corps de l'oiseau.

couleur uniforme brun café qui ne change jamais, elle ne possède pas non plus les longs fils de la queue, ni un seul jaune ou vert. plume sur les morts. Les jeunes mâles de la première année ressemblent exactement aux femelles, de sorte qu'on ne peut les distinguer que par dissection. Le premier changement est l'acquisition de la couleur jaune et verte sur la tête et la gorge, et en même temps les deux plumes médianes de la queue poussent de quelques centimètres plus longues que les autres, mais restent palmées des deux côtés. Plus tard, ces plumes sont remplacées par de longues tiges nues de toute la longueur, comme chez l'oiseau adulte ; mais il n'y a toujours aucun signe des magnifiques panaches latéraux orange, qui compléteront plus tard encore la tenue du mâle parfait. Pour effectuer ces changements, il faut qu'il y ait au moins trois mues successives ; et comme j'ai trouvé les oiseaux à tous les stades à peu près au même moment, il est probable qu'ils ne muent qu'une fois par an, et que le plumage complet n'est acquis que lorsque l'oiseau a quatre ans. On a longtemps pensé que la fine traîne de plumes n'était visible que pour une courte période au moment de la reproduction, mais ma propre expérience, ainsi que l'observation d'oiseaux d'une espèce voisine que j'avais ramenés chez moi et qui ont vécu deux ans dans ce pays, montrent que le plumage complet est conservé toute l'année, sauf pendant une courte période de mue comme chez la plupart des autres oiseaux.

Le Grand Oiseau de Paradis est très actif et vigoureux et semble constamment en mouvement toute la journée. Il est très abondant, on y rencontre constamment de petits troupeaux de femelles et de jeunes mâles ; et bien que les oiseaux au plumage complet soient moins nombreux, leurs grands cris, qu'on entend quotidiennement, montrent qu'ils sont également très nombreux. Leur note est " Wawk - wawk - wawk - Wok-wok-wok " et est si forte et si aiguë qu'elle peut être entendue à une grande distance et former le son animal le plus important et le plus caractéristique des îles Aru. Le mode de nidification est inconnu ; mais les indigènes m'ont dit que le nid était formé de feuilles placées sur un nid de fourmis ou sur quelque branche saillante d'un arbre très élevé, et ils croient qu'il ne contient qu'un seul jeune oiseau. L'œuf est tout à fait inconnu, et les indigènes ont déclaré qu'ils ne l'avaient jamais vu ; et une récompense très élevée offerte par un fonctionnaire néerlandais n'a pas rencontré de succès. Ils muent vers janvier ou février, et en mai, lorsqu'ils sont en plein plumage, les mâles se rassemblent tôt le matin pour s'exhiber de la manière singulière déjà décrite à la p. 252. Cette habitude permet aux indigènes d'obtenir des spécimens avec une relative facilité. Dès qu'ils constatent que les oiseaux se sont enfuis sur un arbre pour se rassembler, ils construisent un petit abri de feuilles de palmier dans un endroit commode parmi les branches, et le chasseur s'y installe avant le jour, armé de son arc et d'un nombre de flèches se terminant par un bouton rond. Un garçon attend au pied de l'arbre, et quand les oiseaux arrivent au lever du soleil et qu'un nombre suffisant se sont rassemblés et ont commencé à danser, le chasseur tire avec sa flèche émoussée si fort qu'il étourdit l'oiseau, qui tombe. et est sécurisé et tué par le garçon sans que son plumage ne soit blessé par une goutte de sang. Les autres n'y prêtent pas attention et tombent les uns après les autres jusqu'à ce que certains d'entre eux prennent l'alarme. (Voir Frontispice.)

Le mode indigène de conservation consiste à couper les ailes et les pattes, puis à écorcher le corps jusqu'au bec, en retirant le crâne. Un gros bâton est ensuite passé à travers le spécimen qui sort par la bouche. Autour de cela, quelques feuilles sont empaillées, et le tout est enveloppé dans une spathe de palmier et séché dans la hutte enfumée. Par ce plan, la tête, qui est vraiment grande, est presque réduite à néant, le corps est très réduit et raccourci, et la plus grande importance est donnée au plumage fluide. Certaines de ces peaux indigènes sont très propres et ont souvent des ailes et des pattes laissées ; d'autres sont terriblement tachés de fumée, et tous ont une idée très erronée des proportions de l'oiseau vivant.

Le paradis apoda , autant que nous en ayons certaines connaissances, est confiné au continent des îles Aru et n'est jamais trouvé dans les îles plus petites qui entourent la masse centrale. On ne le trouve certainement dans aucune des régions de la Nouvelle-Guinée visitées par les commerçants malais et bugis, ni dans aucune des autres îles où l'on se procure des oiseaux de paradis. Mais ce n'est en aucun cas une preuve concluante, car ce n'est que dans certaines localités que les indigènes préparent des peaux, et dans d'autres endroits, les mêmes oiseaux peuvent être abondants sans jamais être connus. Il est donc fort possible que cette espèce habite la grande masse méridionale de la Nouvelle-Guinée, dont Aru a été séparé ; tandis que son allié proche, que je décrirai ensuite, est confiné à la péninsule nord-ouest.

Le petit oiseau du paradis (Paradisea papouane de Bechstein), "Le petit Emeraude " des auteurs français, est un oiseau beaucoup plus petit que le précédent, bien que très semblable à lui. Il se distingue par sa couleur brun plus clair , ne devenant ni plus foncé ni violet sur la poitrine ; dans le prolongement de la couleur jaune sur toute la partie supérieure du dos et sur les couvertures alaires ; dans le jaune plus clair des panaches latéraux, qui n'ont qu'une teinte orange et dont les extrémités sont d'un blanc presque pur ; et dans la brièveté relative des cirrhes de la queue . La femelle diffère remarquablement du même sexe à Paradisea. apoda , en étant entièrement blanche sur la surface inférieure du corps, et est donc un oiseau beaucoup plus bel. Les jeunes mâles sont de couleur similaire et, à mesure qu'ils grandissent , ils deviennent bruns et passent par les mêmes étapes pour acquérir le plumage parfait que celles déjà décrites chez les espèces alliées. C'est cet oiseau qui est le plus communément utilisé dans les coiffures des dames de ce pays, et qui constitue également un article de commerce important en Orient.

Le paradis papuana a une aire de répartition relativement large, étant l'espèce commune sur le continent de Nouvelle-Guinée, ainsi que sur les îles de Mysol , Salwatty , Jobie , Biak et Sook. Sur la côte sud de la Nouvelle-Guinée, le naturaliste hollandais Muller l'a trouvé près de la rivière Oetanata , par 136° de longitude E. Je l'ai obtenu moi-même à Dorey ; et le capitaine du paquebot hollandais Etna m'informa qu'il avait vu les plumes parmi les indigènes de la baie de Humboldt, par 141° de longitude est. Il est donc très probable qu'elle s'étend sur toute la partie continentale de la Nouvelle-Guinée.

Les véritables oiseaux du paradis sont omnivores, se nourrissant de fruits et d'insectes, les premiers préférant les petites figues ; parmi ces derniers, les sauterelles, les criquets et les phasmas , ainsi que les blattes et les chenilles. De retour chez moi, en 1862, j'ai eu la chance de trouver deux mâles adultes de cette espèce à Singapour ; et comme ils semblaient en bonne santé et se nourrissaient avidement de riz, de bananes et de cafards, je résolus de donner le prix très élevé demandé pour eux — 100 £ — et de les amener en Angleterre par voie terrestre sous mes propres soins. Sur le chemin du retour, je restai une semaine à Bombay, pour interrompre le voyage et constituer un nouveau stock de bananes pour mes oiseaux. J'eus cependant de grandes difficultés à leur fournir de la nourriture pour insectes, car sur les paquebots péninsulaires et orientaux, les cafards étaient rares, et ce n'est qu'en installant des pièges dans les magasins et en chassant une heure chaque nuit dans le gaillard d'avant que j'y parvins. Je pourrais me procurer quelques dizaines de ces créatures, à peine assez pour un seul repas. A Malte, où je suis resté quinze jours, j'ai acheté beaucoup de cafards dans une boulangerie et, en partant, j'ai emporté avec moi plusieurs boîtes de biscuits pleines, en guise de provisions pour le voyage de retour. Nous avons traversé la Méditerranée en mars, avec un vent très froid ; et le seul endroit à bord du courrier où leur grande cage pouvait être logée était exposé à un fort courant d'air par une écoutille qui restait ouverte jour et nuit, et pourtant les oiseaux ne semblaient jamais ressentir le froid. Pendant le voyage de nuit de Marseille à Paris, il y eut une forte gelée ; Pourtant, ils arrivèrent à Londres en parfaite santé et vécurent dans les jardins zoologiques pendant un ou deux ans, exhibant souvent leurs beaux panaches à l'admiration des spectateurs. Il est donc évident que les oiseaux du paradis sont très robustes et ont besoin d'air et d'exercice plutôt que de chaleur ; et je suis sûr que si des conservateurs de bonne taille pouvaient leur être consacrés, ou s'ils pouvaient être lâchés dans le département tropical du Crystal Palace ou de la Great Palm House à Kew, ils vivraient dans ce pays pendant de nombreuses années.

L'Oiseau Rouge du Paradis (Paradea rubra de Viellot), quoique allié des deux oiseaux déjà décrits, en est beaucoup plus distinct qu'ils ne le sont l'un de l'autre. C'est à peu près la même taille que Paradisea papuana (13 à 14 pouces de long), mais en diffère par de nombreux détails. Les panaches latéraux, au lieu d'être jaunes, sont d'un pourpre riche et ne s'étendent qu'environ trois ou quatre pouces au-delà de l'extrémité de la queue ; ils sont quelque peu rigides, et les extrémités sont courbées vers le bas et vers l'intérieur et sont terminées par du blanc. Les deux plumes médianes de la queue, au lieu d'être simplement allongées et privées de leurs toiles, se transforment en rubans noirs et rigides, larges d'un quart de pouce, mais recourbés comme une plume fendue, et ressemblant à de minces demi-cylindres de corne ou de fanon de baleine. Lorsqu'un oiseau mort est couché sur le dos, on voit que ces rubans prennent une courbe ou un ensemble qui les amène à se rejoindre en un double cercle sur le cou de l'oiseau ; mais lorsqu'ils pendent vers le bas, au cours de leur vie, ils prennent une torsion en spirale et forment une double courbe extrêmement gracieuse. Ils mesurent environ vingt-deux pouces de long et attirent toujours l'attention comme la caractéristique la plus remarquable et la plus extraordinaire de l'espèce. La riche couleur vert métallique de la gorge s'étend sur la moitié avant de la tête jusqu'à l'arrière des yeux, et forme sur le front une petite double crête de plumes écailleuses, qui ajoute beaucoup à la vivacité de l'aspect de l'oiseau. Le bec est jaune gamboge et l'iris olive noirâtre. (Figure à la p. 353.)

couleur brun café assez uniforme , mais a la tête noirâtre, la nuque et les épaules jaunes, indiquant la position des couleurs les plus vives du mâle. Les changements de plumage suivent le même ordre de succession que chez les autres espèces, les couleurs vives de la tête et du cou se développant d'abord, puis les filaments allongés de la queue, et enfin les panaches latéraux rouges. J'ai obtenu une série de spécimens illustrant la manière dont se développent les extraordinaires bandes noires de la queue, ce qui est très remarquable. Elles apparaissent d'abord comme deux plumes ordinaires, plutôt plus courtes que le reste de la queue ; la deuxième étape serait sans doute celle montrée dans un spécimen de Paradisea apoda , dont les plumes sont modérément allongées et dont la toile est rétrécie au milieu ; le troisième stade est représenté par un spécimen dont une partie de la nervure médiane est nue et terminée par une bande spatulée ; dans un autre, la nervure médiane nue est un peu dilatée et semi-cylindrique, et la toile terminale est très petite ; dans un cinquième, le parfait ruban corné noir est formé, mais il porte à son extrémité une toile spatulée brune, tandis que dans un autre une partie du ruban noir lui-même porte, sur une partie de sa longueur, une étroite toile brune. Ce n'est qu'une fois ces changements entièrement réalisés que les panaches latéraux rouges commencent à apparaître.

Les étapes successives de développement des couleurs et du plumage des oiseaux du paradis sont très intéressantes, par la manière frappante dont elles s'accordent avec la théorie selon laquelle elles ont été produites par la simple action de variation et le pouvoir cumulatif de sélection par le les femelles, de ces oiseaux mâles qui étaient plus que d'habitude ornementaux. Les variations de *couleur* sont parmi toutes les autres les plus fréquentes et les plus frappantes, et sont les plus facilement modifiées et accumulées par la sélection que l'homme en fait. Nous devrions donc nous attendre à ce que les différences sexuelles de *couleur* soient celles qui s'accumulent et se fixent le plus tôt, et apparaissent donc le plus tôt chez les jeunes oiseaux ; et c'est exactement ce qui se passe dans les Oiseaux du Paradis. De toutes les variations dans la *forme* des plumes des oiseaux, aucune n'est aussi fréquente que celles de la tête et de la queue. Ceux-ci se produisent plus ou moins dans toutes les familles d'oiseaux et se produisent facilement dans de nombreuses variétés domestiquées, tandis que les développements inhabituels des plumes du corps sont rares dans toute la classe d'oiseaux et se sont rarement ou jamais produits chez les espèces domestiquées. Conformément à ces faits, nous trouvons les panaches écaillés de la gorge, les crêtes de la tête et les longs cirrhes de la queue, tous pleinement développés avant que les panaches qui jaillissent des côtés du corps ne commencent à manifester leur apparence . . Si, au contraire, les oiseaux paradisiaques mâles n'ont pas acquis leur plumage distinctif par variations successives, mais ont été tels qu'ils sont tondus depuis le moment où ils sont apparus pour la première fois sur la terre, cette succession nous devient pour le moins inintelligible, car nous Nous ne voyons aucune raison pour que les changements ne se produisent pas simultanément, ou dans un ordre inverse de celui dans lequel ils se produisent réellement.

Ce que l'on sait des habitudes de cet oiseau et de la manière dont il est capturé par les indigènes a déjà été décrit à la page 362.

L'Oiseau rouge du paradis offre un cas remarquable d'aire de répartition restreinte, étant entièrement confiné à la petite île de Waigiou , au large de l'extrémité nord-ouest de la Nouvelle-Guinée, où il remplace les espèces alliées trouvées dans les autres îles.

Les trois oiseaux que nous venons de décrire forment un groupe bien marqué, s'accordant en tous points de structure générale, dans leur taille relativement grande, la couleur brune de leur corps, de leurs ailes et de leur queue, et dans le caractère particulier du plumage ornemental qui distingue le oiseau mâle. Le groupe s'étend sur presque toute la zone habitée par la famille des Paradiseidae , mais chacune des espèces a sa propre région limitée et ne se trouve jamais dans la même région qu'aucun de ses proches alliés. A ces trois oiseaux appartient proprement le titre générique Paradisea , ou véritable Oiseau du Paradis.

L'espèce suivante est le Paradisea regia de Linnaeus, ou Ding Bird of Paradise, qui diffère tellement des trois espèces précédentes qu'il mérite un nom générique distinct, et on l'a en conséquence appelé Cicinnurus regius. Les Malais l'appellent « Burong rajah » ou oiseau roi, et les indigènes des îles Aru « Goby-goby ».

Ce joli petit oiseau ne mesure qu'environ six pouces et demi de long, en partie à cause de sa queue très courte, qui ne dépasse pas les ailes quelque peu carrées. La tête, la gorge et toute la surface supérieure sont du rouge pourpre brillant le plus riche, allant jusqu'au pourpre orange sur le front, où les plumes s'étendent au-delà des narines plus de la moitié de la longueur du bec. Le plumage est excessivement brillant, brillant sous certaines lumières d'un éclat métallique ou vitreux . La poitrine et le ventre sont d'un blanc pur et soyeux, entre lesquels se trouve une large bande d' un riche vert métallique et le rouge de la gorge, et une petite tache de la même couleur au-dessus de chaque œil. De chaque côté du corps, sous l'aile, jaillit une touffe de larges plumes délicates d'environ un pouce et demi de long, d'une couleur cendrée , mais terminées par une large bande vert émeraude, bordée à l'intérieur par une étroite ligne chamois : les panaches sont cachés sous l'aile, mais quand l'oiseau le souhaite, ils peuvent être soulevés et étalés de manière à former un élégant éventail semi-circulaire sur chaque épaule. Mais un autre ornement encore plus extraordinaire, et si possible plus beau, orne ce petit oiseau. Les deux plumes médianes de la queue sont modifiées en tiges filiformes très minces, longues de près de six pouces, dont chacune porte à l'extrémité, sur la face intérieure seulement, une toile d'une couleur vert émeraude, qui est enroulée en un disque en spirale parfait . et produit un effet des plus singuliers et des plus charmants. Le bec est jaune orangé et les pattes et les pattes d'un beau bleu cobalt. (Voir la figure supérieure sur la plaque au début de ce chapitre.)

La femelle de ce petit joyau est un oiseau si clairement coloré qu'il est difficile, à première vue, de croire qu'elle appartient à la même espèce. La surface supérieure est d'un brun terreux terne, une légère teinte de rouge orangé n'apparaissant que sur les bords des piquants. En dessous, il est d'un brun jaunâtre plus pâle, écailleux et rayé de fines marques sombres. Les jeunes mâles ressemblent exactement à la femelle, et ils subissent sans doute une série de changements aussi singuliers que ceux de Paradisea rubra ; mais, malheureusement, je n'ai pas pu obtenir de spécimens illustratifs.

Cette petite créature exquise fréquente les arbres plus petits dans les parties les plus épaisses de la forêt, se nourrissant de divers fruits ; souvent d'une très grande taille pour un si petit oiseau. Il est très actif tant sur ses ailes que sur ses pattes, et émet un vrombissement en volant, un peu comme les manakins sud-américains. Il bat souvent des ailes et affiche le bel éventail qui orne sa poitrine, tandis que les fils de queue étoilés divergent en une élégante double courbe. Il est assez abondant dans les îles Aru, ce qui a conduit à son introduction en Europe très tôt avec Paradisea. apode . On le rencontre également dans l'île de Mysol et dans toutes les régions de Nouvelle-Guinée visitées par les naturalistes.

Nous arrivons maintenant au remarquable petit oiseau appelé le « Magnifique », figuré pour la première fois par Buffon, et nommé Paradisea speciosa par Boddaert , qui, avec une espèce alliée, a été formé en un genre séparé par le prince Bonaparte, sous le nom de Diphyllodes . du curieux double manteau qui habille le dos.

La tête est recouverte de courtes plumes brunes et veloutées, qui s'avancent sur le dos de manière à recouvrir les narines. De la nuque jaillit une masse dense de plumes de couleur jaune paille , longues d'environ un pouce et demi, formant un manteau sur la partie supérieure du dos. Au-dessous, et formant une bande d'environ un tiers de pouce au-delà, se trouve un deuxième manteau de pères riches, brillants et brun rougeâtre. Le reste du bain est brun orangé, les couvertures caudales et la queue bronzées foncées, les ailes chamois orangé clair : toute la face inférieure est recouverte d'une abondance de plumage jaillissant des bords de la poitrine, et d'un riche plumage profond. couleur verte , avec des nuances changeantes de violet. Au milieu de la poitrine se trouve une large bande de panaches écailleux de la même couleur , tandis que le menton et la gorge sont d'un riche bronze métallique. Du milieu de la queue jaillissent deux plumes étroites d'un riche bleu acier et d'environ dix pouces de long. Ceux-ci sont palmés sur le côté intérieur uniquement et se courbent vers l'extérieur de manière à former un double cercle.

D'après ce que nous savons des habitudes des espèces alliées, nous pouvons être sûrs que le plumage très développé de cet oiseau est dressé et déployé d'une manière remarquable. La masse de plumes sur la surface inférieure est probablement étendue en un hémisphère, tandis que le beau manteau jaune est sans aucun doute surélevé de manière à donner à l'oiseau un aspect très différent de celui qu'il présente dans les peaux séchées et aplaties des indigènes, à travers lequel seul est actuellement connu. Les pieds semblent bleu foncé.

Ce petit oiseau rare et élégant se trouve uniquement sur le continent de Nouvelle-Guinée et sur l'île de Mysol .

Une espèce encore plus rare et plus belle que la précédente est le Diphyllodes. Wilsoni , décrit par M. Cassin à partir d'une peau indigène du riche musée de Philadelphie. Le même oiseau fut ensuite nommé " Diphyllodes respublica " du prince Bonaparte, et plus tard encore " Schlegelia calva " du docteur Bernstein, qui eut la chance d'obtenir de nouveaux spécimens à Waigiou .

Chez cette espèce, le manteau supérieur est jaune soufre , le manteau inférieur et les ailes sont d'un rouge pur, les plumes de la poitrine sont vert foncé et les plumes médianes allongées de la queue sont beaucoup plus courtes que chez les espèces alliées. La différence la plus curieuse est cependant que le sommet de la tête est chauve, la peau nue étant d'un riche bleu cobalt, traversée par plusieurs lignes de plumes noires veloutées.

Il a à peu près la même taille que Diphyllodes speciosa et est sans doute entièrement confiné à l'île de Waigiou . La femelle, telle que représentée et décrite par le Dr Bernstein, ressemble beaucoup à celle de Cicinnurus regius, étant rayée de la même manière en dessous ; et nous pouvons donc conclure que son proche allié, le « Magnifique », est au moins également évident dans ce sexe, dont on n'a pas encore obtenu de spécimens.

Le superbe oiseau du paradis a été représenté pour la première fois par Buffon et a été nommé par Boddaert , Paradisea. atra , de par la couleur de fond noire de son plumage. Il forme le genre Lophorina de Viellot , et est l'un des plus rares et des plus brillants de tout le groupe, n'étant connu que par des peaux indigènes mutilées. Cet oiseau est un peu plus gros que le Magnifique. La couleur de fond du plumage est d'un noir intense, mais avec de beaux reflets bronze sur le cou et toute la tête écaillée de plumes d'un vert et d'un bleu métalliques brillants. Sur sa poitrine, il porte un bouclier formé de plumes étroites et assez raides, très allongées sur les côtés, d'une couleur vert bleuâtre pur et d'un éclat satiné. Mais un ornement encore plus extraordinaire est celui qui jaillit de la nuque , un bouclier de forme semblable à celui de la poitrine, mais beaucoup plus grand, et d'une couleur noire veloutée , lustrée de bronze et de pourpre. Les plumes les plus extérieures de ce bouclier sont d'un demi-pouce plus longues que l'aile, et lorsqu'elles sont élevées , elles doivent, en conjonction avec le plastron, changer complètement la forme et l'apparence générale de l'oiseau. Le bec est noir et les pattes semblent jaunes.

Ce merveilleux petit oiseau habite uniquement l'intérieur de la péninsule nord de la Nouvelle-Guinée. Ni moi ni M. Allen n'avons pu en entendre parler dans aucune des îles ou sur aucune partie de la côte. Il est vrai qu'il a été obtenu auprès des indigènes de la côte par Lesson ; mais à Sorong en 1861, M. Allen apprit qu'on ne le trouve qu'à trois jours de voyage dans l'intérieur. Ces « oiseaux noirs du paradis », comme on les appelle, n'étant pas tellement appréciés comme marchandises, ils semblent aujourd'hui rarement conservés par les indigènes, et il arriva ainsi que pendant plusieurs années passées sur les côtes de la Nouvelle-Zélande. En Guinée et aux Moluques je n'ai jamais pu obtenir de peau. Nous ignorons donc tout à fait les habitudes de cet oiseau, ainsi que celles de sa femelle, quoique celle-ci soit sans doute aussi simple et discrète que chez toutes les autres espèces de cette famille.

L'Oiseau du Paradis doré, ou à six tiges, est une autre espèce rare, figurée pour la première fois par Buffon, et jamais encore obtenue en parfait état. Il a été nommé par Boddaert , Paradisea sexpennis , et forme le genre Parotia de Viellot . Ce merveilleux oiseau a à peu près la taille de la femelle Paradisea rubra. Le plumage apparaît , à première vue, noir, mais il brille sous certaines lumières avec du bronze et du violet foncé. La gorge et la poitrine sont couvertes de larges plumes plates d'une teinte dorée intense, se transformant en teintes vertes et bleues sous certaines lumières. À l'arrière de la tête se trouve une large bande de plumes recourbées, dont l'éclat est indescriptible, ressemblant à l'éclat de l'émeraude et de la topaze plutôt qu'à une substance organique. Sur le front se trouve une large tache de plumes d'un blanc pur, qui brillent comme du satin ; et des côtés de la tête jaillissent les six merveilleuses plumes qui donnent à l'oiseau son nom. Ce sont des fils minces, longs de six pouces, avec une petite toile ovale à l'extrémité. En plus de ces ornements, il y a aussi une immense touffe de plumes douces de chaque côté de la poitrine, qui, une fois élevées, doivent cacher entièrement les ailes et donner à l'oiseau l'apparence d'être le double de son volume réel. Le bec est noir, court et plutôt comprimé, avec les plumes avançant au-dessus des narines, comme chez Cicinnurus regius. Cet oiseau singulier et brillant habite la même région que le superbe oiseau du paradis, et on ne sait rien de lui que ce que l'on peut déduire de l'examen des peaux conservées par les indigènes de la Nouvelle-Guinée.

L'aile standard, nommée Semioptera wallacei par M. GR Gray, est une forme entièrement nouvelle d'Oiseau de Paradis, découverte par moi-même dans l'île de Batchian , et surtout distinguée par une paire de plumes longues et étroites de couleur blanche , qui jaillissent parmi les plumes courtes qui le revêtent. le pli de l'aile, et sont capables d'être érigés à volonté. La couleur générale de cet oiseau est d'un brun olive délicat, s'approfondissant en un olive bronzé au milieu du dos et se changeant en un délicat violet cendré avec un brillant métallique sur le sommet de la tête. Les plumes, qui recouvrent les narines et s'étendent jusqu'à mi-hauteur du bec, sont lâches et recourbées vers le haut. En dessous, c'est bien plus beau. Les plumes de la poitrine en forme d'écailles sont bordées d'un riche bleu-vert métallique, dont la couleur recouvre entièrement la gorge et les côtés du cou, ainsi que les longues plumes pointues qui jaillissent des côtés de la poitrine et s'étendent presque aussi loin. comme le bout des ailes. Cependant, la caractéristique la plus curieuse de l'oiseau, et tout à fait unique dans toute la classe, se trouve dans la paire de plumes longues, étroites et délicates qui jaillissent de chaque aile près du coude. En soulevant les couvertures alaires, on voit qu'elles naissent de deux gaines cornées tubulaires, qui divergent à proximité du point de jonction des os du carpe. Comme déjà décrit à la p. 41, elles sont érectiles, et lorsque l'oiseau est excité, elles sont étalées perpendiculairement à l'aile et légèrement divergentes. Ils mesurent de six à six pouces et demi de long, celui du haut dépassant légèrement celui du bas. La longueur totale de l'oiseau est de onze pouces. Le bec est olive corné, l'iris olive foncé et les pattes orange vif.

L'oiseau femelle est remarquablement simple, étant entièrement d'un brun terreux pâle et terne, avec seulement une légère teinte de violet cendré sur la tête pour soulager sa monotonie générale ; et les jeunes mâles lui ressemblent exactement. (Voir les chiffres à la p. 41.)

Cet oiseau fréquente les arbres inférieurs des forêts et, comme la plupart des oiseaux du paradis, est en mouvement constant, volant de branche en branche, s'accrochant aux brindilles et même aux troncs lisses et verticaux presque aussi facilement qu'un pic. Il émet continuellement une note rauque et grinçante, quelque peu intermédiaire entre celle de Paradisea apoda , et le cri plus musical de Cicinnurus regius. À de courts intervalles, les mâles ouvrent et battent leurs ailes, érigent les longues plumes de leurs épaules et étalent leurs élégantes téterelles vertes.

L'aile standard se trouve à Gilolo ainsi qu'à Batchian , et tous les spécimens de l'ancienne île ont le plastron vert un peu plus long, la couronne de la tête d'un violet plus foncé et les parties inférieures du corps un peu plus fortement écaillées de vert. . C'est le seul oiseau paradisiaque encore trouvé dans la région des Moluques, tous les autres étant confinés aux îles Papouasie et à l'Australie du Nord.

Nous arrivons maintenant aux Epimachidae , ou oiseaux du paradis à long bec, qui, comme nous l'avons dit précédemment, ne devraient pas être séparés des Paradiseidae par l'intervention d'aucun autre oiseau. L'un des plus remarquables d'entre eux est l'Oiseau du Paradis à douze fils, Paradises alba de Blumenbach, mais maintenant placé dans le genre Séleucides de Lesson.

Cet oiseau mesure environ douze pouces de long, dont le bec comprimé et recourbé occupe deux pouces. La couleur de la poitrine et de la face supérieure paraît à première vue presque noire, mais un examen attentif montre qu'aucune partie n'est dépourvue de couleur ; et en le tenant sous différentes lumières, les teintes les plus riches et les plus éclatantes deviennent visibles. La tête, couverte de plumes courtes et veloutées, qui s'avancent sur le chic beaucoup plus loin que sur la partie supérieure du bec, est d'une couleur bronze violacé ; l'ensemble du dos et des épaules est d'un riche vert bronzé, tandis que les ailes fermées et la queue sont du violet violet le plus brillant, tout le plumage ayant un délicat brillant soyeux. La masse de plumes qui recouvre la poitrine est en réalité presque noire, avec de légers reflets verts et violets, mais leurs bords extérieurs sont bordés de bandes scintillantes vert émeraude. Toute la partie inférieure du corps est d'un riche jaune chamoisé, y compris la touffe de plumes qui jaillissent des côtés et s'étendent d'un pouce et demi au-delà de la queue. Lorsque les peaux sont exposées à la lumière, le jaune se transforme en blanc terne, d'où son nom spécifique. Environ six de ces panaches les plus intérieurs de chaque côté ont la nervure médiane allongée en de minces fils noirs, qui se plient à angle droit et se courbent quelque peu vers l'arrière jusqu'à une longueur d'environ dix pouces, formant un de ces ornements extraordinaires et fantastiques avec lesquels ce groupe d'oiseaux abonde. Le bec est noir de jais et les pattes jaune vif. (Voir figure du bas sur la plaque au début de ce chapitre).

La femelle, bien qu'elle ne soit pas un oiseau aussi simple que chez certaines autres espèces, ne présente aucune des couleurs gaies ni du plumage ornemental du mâle. Le haut de la tête et la nuque sont noirs, le reste des parties supérieures est d'un brun rougeâtre riche ; tandis que la face inférieure est entièrement cendrée jaunâtre, quelque peu noirâtre sur la poitrine et traversée partout d'étroites bandes ondulées noirâtres.

Le Seleucides alba se trouve dans l'île de Salwatty et dans le nord-ouest de la Nouvelle-Guinée, où il fréquente les arbres à fleurs, en particulier les sagoutiers et les pandanis, suçant les fleurs rondes et sous lesquelles ses pattes inhabituellement grandes et puissantes permettent ça pour s'accrocher. Ses mouvements sont très rapides. Il s'arrête rarement plus de quelques instants sur un arbre, après quoi il s'envole immédiatement et avec une grande rapidité vers un autre. Il pousse un grand cri aigu, qu'on entend de loin, composé de « Cah , cah », répété cinq ou six fois dans une gamme descendante, et à la dernière note il s'envole généralement. Les mâles sont tout à fait solitaires dans leurs habitudes, bien que, peut-être, ils se rassemblent à certains moments comme les vrais oiseaux de paradis. Tous les spécimens abattus et ouverts par mon assistant M. Allen, qui a obtenu ce bel oiseau lors de son dernier voyage en Nouvelle-Guinée, n'avaient dans l'estomac qu'un liquide brun sucré, probablement le nectar des fleurs dont ils s'étaient nourris. Mais ils mangent certainement à la fois des fruits et des insectes, car un spécimen que j'ai vu vivant à bord d'un bateau à vapeur hollandais mangeait avec voracité des cafards et des papayes. Cet oiseau avait la curieuse habitude de se reposer à midi avec le bec pointé verticalement vers le haut. Il est mort lors du passage à Batavia, et j'ai sécurisé le corps et formé un squelette, ce qui montre sans conteste qu'il s'agit bien d'un Oiseau de Paradis. La langue est très longue et extensible, mais plate et peu fibreuse au bout, exactement comme les vraies Paradiseas .

Dans l'île de Salwatty , les indigènes cherchent dans les forêts jusqu'à trouver le lieu de couchage de cet oiseau, qu'ils connaissent en voyant ses excréments sur le sol. On le trouve généralement dans un arbre bas et buissonnant. La nuit, ils grimpent sur le piège et soit tirent sur les oiseaux avec des flèches émoussées, soit les attrapent vivants avec un tissu. En Nouvelle-Guinée, on les capture en plaçant des collets sur les arbres qu'ils fréquentent, de la même manière que l'on capture les oiseaux du Paradis Rouge à Waigiou , et qui a déjà été décrite à la page 362.

Le grand Epimaque , ou Oiseau du Paradis à longue queue (Epimachus magnus), est une autre de ces merveilleuses créatures, connue uniquement par les peaux imparfaites préparées par les indigènes. Dans son plumage sombre et velouté, luisant de bronze et de violet, il ressemble au Séleucides alba, mais il porte une magnifique queue de plus de deux pieds de long, brillante sur la face supérieure du bleu opalescent le plus intense. Son ornement principal, cependant, consiste dans le groupe de larges plumes qui jaillissent des côtés de la poitrine, et qui sont dilatées à l'extrémité et rayées du bleu et du vert métalliques les plus vifs. Le bec est long et courbé, et les pattes sont noires et semblables à celles des formes alliées. La longueur totale de ce bel oiseau est comprise entre trois et quatre pieds.

Ce magnifique oiseau habite les montagnes de la Nouvelle-Guinée, dans le même district que le superbe et l'oiseau du paradis à six arbres, et j'ai appris qu'on le trouve parfois dans les chaînes proches de la côte. Plusieurs indigènes m'ont assuré que cet oiseau faisait son nid dans un trou souterrain ou sous des rochers, choisissant toujours un endroit avec deux ouvertures, afin qu'il puisse entrer par l'une et sortir par l'autre. Ceci est très différent de ce que nous devrions supposer être les habitudes de l'oiseau, mais il n'est pas facile de concevoir comment l'histoire est née si elle n'est pas vraie ; et tous les voyageurs savent que les récits indigènes sur les habitudes des animaux, si étranges qu'ils puissent paraître, se révèlent presque invariablement exacts.

L'Oiseau du Paradis à poitrine écailleuse (Epimachus magnificus de Cuvier) est maintenant généralement placé avec les oiseaux Australian Rifle dans le genre Ptiloris . Bien que très beaux, ces oiseaux sont moins remarquablement décorés de plumage accessoire que les autres espèces que nous avons décrites, leur ornement principal étant un pectoral plus ou moins développé de plumes vertes métalliques rigides et une petite touffe de plumes quelque peu velues sur les côtés de le sein. Le dos et les ailes de cette espèce sont d'un noir velouté intense, légèrement brillant dans certaines lumières avec un violet riche. Les deux larges plumes médianes de la queue sont vert-bleu opalescent avec une surface veloutée, et le haut de la tête est recouvert de plumes ressemblant à des écailles d'acier bruni. Un grand espace triangulaire couvrant le menton, la gorge et la poitrine est densément écaillé de plumes, ayant un éclat bleu acier ou vert et un toucher soyeux. Celui-ci est bordé en dessous d'une étroite bande noire, suivie d'un vert bronzé brillant, en dessous de laquelle le corps est couvert de plumes velues d'une riche couleur bordeaux , devenant noires au niveau de la queue. Les touffes de plumes latérales ressemblent un peu à celles des véritables oiseaux du paradis, mais elles sont rares, à peu près aussi longues que la queue et de couleur noire . Les côtés de la tête sont d'un violet riche et des plumes veloutées s'étendent de chaque côté du bec jusqu'aux narines.

J'ai obtenu à Dorey un jeune mâle de cet oiseau, dans un état de plumage qui est sans doute celui de la femelle adulte, comme c'est le cas de toutes les espèces voisines. La surface supérieure, les ailes et la queue sont d'un riche brun rougeâtre, tandis que la surface inférieure est d'une couleur cendrée pâle , étroitement barrée d'étroites bandes noires ondulées. Il y a aussi une bande pâle sur l'œil et une longue bande sombre partant de l'ouverture et descendant de chaque côté du cou. Cet oiseau mesure quatorze pouces de long, tandis que la peau naturelle du mâle adulte n'en mesure qu'environ dix pouces, à cause de la façon dont la queue est enfoncée, de manière à donner le plus de relief possible au plumage ornemental de la poitrine.

À Cape York, en Australie du Nord, on trouve une espèce étroitement apparentée, Ptiloris. alberti , dont la femelle est très semblable au jeune oiseau mâle décrit ici. Les magnifiques Rifle Birds d'Australie, qui ressemblent beaucoup à ces Paradise Birds, sont nommés Ptiloris. paradiseus et Ptiloris , l'oiseau du paradis à poitrine écailleuse semble être confiné au continent de la Nouvelle-Guinée et est moins rare que plusieurs autres espèces.

Il existe trois autres oiseaux de Nouvelle-Guinée qui sont classés par certains auteurs parmi les oiseaux du paradis, et qui, étant presque également remarquables par un plumage splendide, méritent d'être remarqués ici. Le premier est le Tarte du Paradis (Astrapia nigra de Lesson), un oiseau de la taille du Paradis rubra, mais avec une très longue queue, lustrée dessus d'un violet intense. Le dos est noir bronzé, les parties inférieures vertes, la gorge et le cou bordés de larges plumes lâches d'une teinte cuivrée intense, tandis que sur le dessus de la tête et du cou elles sont vert émeraude scintillant. Tout le plumage autour de la tête est allongé et érectile, et lorsqu'il est étendu par l'oiseau vivant, il doit avoir un effet à peine surpassé par aucun des véritables oiseaux du Paradis. Le bec est noir et les pattes jaunes. L' Astrapia me semble être quelque peu intermédiaire entre les Paradiseidae et les Epimachidae .

Il existe une espèce alliée, ayant une tête nue caronculée, qui a été appelée Paradigalla carunculata . On pense qu'il habite, avec le précédent, l'intérieur montagneux de la Nouvelle-Guinée, mais il est extrêmement rare, le seul spécimen connu se trouvant au Musée de Philadelphie.

L'Oriole du Paradis est un autre bel oiseau, qui est maintenant parfois classé parmi les oiseaux du paradis. Il a été nommé Paradises aurea et Oriolus aureus par les anciens naturalistes, et est maintenant généralement placé dans le même genre que l'oiseau régent d'Australie (Sericulus chrysocéphale). Mais la forme du bec et le caractère du plumage me paraissent si différents qu'il faudra qu'il forme un genre distinct. Cet oiseau est presque entièrement jaune, à l'exception Don de la gorge, de la queue et d'une partie des ailes et du dos qui sont noirs ; mais il se caractérise surtout par une quantité de longues plumes d'une couleur orange brillant intense , qui couvrent son cou jusqu'au milieu du dos, presque comme les hackles d'un coq de chasse.

Ce bel oiseau habite le continent de la Nouvelle-Guinée et se trouve également à Salwatty , mais il est si rare que je n'ai pu obtenir qu'une seule peau indigène imparfaite, et on ne sait absolument rien de ses habitudes.

Je vais maintenant donner une liste de tous les oiseaux du paradis encore connus, avec les endroits qu'ils sont censés habiter.

1. Paradis apoda (Le grand oiseau du paradis). Îles Aru.

2. Paradis Papuana (le petit oiseau du paradis). Nouvelle Guinée. Mysol , Jobie .

3. Paradisea rubra (L'oiseau rouge du paradis). Waigiou .

4. Cicinnurus regius (L'oiseau roi du paradis). Nouvelle-Guinée, îles Aru, Mysol , Salwatty .

5. Diphyllodes speciosa (Le Magnifique). Nouvelle-Guinée, Mysol , Salwatty .

6. Diphyllodes Wilsononi (Le Rouge Magnifique). Waigiou .

7. Lophorine atra (Le Superbe). Nouvelle Guinée.

8. Parotie sexpennis (L'oiseau doré du paradis). Nouvelle Guinée.

9. Sémioptères wallacei (L'aile standard). Batchian , Gilolo .

10. Epimachus magnus (l'oiseau du paradis à longue queue). Nouvelle Guinée

11. Séleucides aubes (l'oiseau paradisiaque à douze fils).Nouvelle -Guinée, Salwatty .

12. Ptiloris magnifica (L'Oiseau du Paradis à poitrine écailleuse). Nouvelle Guinée.

13. Ptiloris alberti (l'oiseau paradisiaque de Prince Albert). Australie du Nord.

14. Ptiloris Paradisea (L'Oiseau Fusil). Australie orientale.

15. Ptiloris victoriae (L'oiseau fusil victorien). Nord-Est de l'Australie.

16. Astrapia nigra (La tarte paradisiaque). Nouvelle Guinée.

17. Paradigalla carunculata (La tarte paradisiaque caronculée). Nouvelle Guinée.

18. (?) Sericulus aureus (L'Oriole du Paradis). Nouvelle-Guinée, Salwatty .

On voit donc que sur les dix-huit espèces qui semblent mériter une place parmi les oiseaux du paradis, onze sont connues pour habiter la grande île de Nouvelle-Guinée, dont huit y sont entièrement confinées et l'île à peine séparée de Salwatty . Mais si nous considérons que les îles qui sont aujourd'hui unies à la Nouvelle-Guinée par une mer peu profonde en font réellement partie, nous constaterons que quatorze des Oiseaux du Paradis appartiennent à ce pays, tandis que trois habitent les parties septentrionales et orientales de l'Australie. et un aux Moluques. Mais les espèces les plus extraordinaires et les plus magnifiques sont entièrement confinées à la région papoue.

Bien que j'aie consacré beaucoup de temps à la recherche de ces merveilleux oiseaux, je n'ai réussi à obtenir que cinq espèces au cours d'un séjour de plusieurs mois dans les îles Aru, en Nouvelle-Guinée et à Waigiou . Le voyage de M. Allen à Mysol n'a pas permis d'acquérir une seule espèce supplémentaire, mais nous avons tous deux entendu parler d'un endroit appelé Sorong , sur le continent de la Nouvelle-Guinée, près de Salwatty , où l'on nous a dit qu'on pouvait obtenir toutes les espèces que nous désirions. Nous décidâmes donc qu'il visiterait cet endroit et s'efforcerait de pénétrer à l'intérieur parmi les indigènes, qui chassent et écorchent actuellement les oiseaux du paradis. Il se rendit dans le petit prau que j'avais aménagé à Goram , et grâce à l'aimable assistance du résident hollandais à Ternate, un lieutenant et deux soldats furent envoyés par le sultan de Tidore pour l'accompagner et le protéger, et pour l'aider à rassembler des hommes. et en visitant l'intérieur.

Malgré ces précautions, M. Allen rencontra dans ce voyage des difficultés que nous n'avions rencontrées ni l'un ni l'autre auparavant. Pour les comprendre, il faut considérer que les Oiseaux de Paradis sont un article de commerce, et sont le monopole des chefs des villages côtiers, qui les obtiennent à bas prix auprès des montagnards, et les revendent aux commerçants Bugis. . Une partie est également versée chaque année en hommage au sultan de Tidore . Les indigènes sont donc très jaloux qu'un étranger, surtout un Européen, se mêle de leur commerce, et surtout de se rendre dans l'intérieur pour traiter eux-mêmes avec les montagnards. Ils pensent naturellement qu'il augmentera les prix à l'intérieur et diminuera l'offre sur la côte, ce qui sera grandement à leur désavantage ; ils pensent aussi que leur tribut augmentera si un Européen reprend une quantité d'espèces rares ; et ils ont en outre une crainte vague et très naturelle à l'idée qu'un homme blanc vienne dans leur pays, à tant de peine et à tant de frais, dans le seul but d'obtenir des oiseaux de paradis, dont ils savent qu'il peut en acheter en abondance (des oiseaux jaunes communs qui sont très répandus). seuls ils apprécient) à Ternate, Macassar ou Singapour.

Il arriva ainsi que lorsque M. Allen arriva à Sorong et expliqua son intention d'aller chercher les oiseaux du paradis dans l'intérieur, d'innombrables objections furent soulevées. On lui dit que c'était un voyage de trois ou quatre jours à travers des marécages et des montagnes ; que les montagnards étaient des sauvages et des cannibales, qui le tueraient certainement ; et enfin qu'il ne se trouvait pas un homme dans le village qui osât l'accompagner. Après quelques jours passés dans ces discussions, comme il persistait toujours à faire sa tentative, et leur montrait que le sultan de Tidore lui avait donné l'autorité d'aller où il voulait et de recevoir toute l'assistance, ils lui fournirent enfin un bateau pour faire la première partie. du voyage sur une rivière; mais en même temps, ils envoyèrent des ordres privés dans les villages de l'intérieur pour refuser de vendre des provisions, afin de le contraindre à revenir. En arrivant au village où ils devaient quitter la rivière et frapper à l'intérieur des terres, les gens de la côte revinrent, laissant M. Allen continuer comme il pouvait. Ici, il fit appel au lieutenant Tidore pour l'assister, se procurer des hommes comme guides et porter ses bagages dans les villages des montagnards. Toutefois, cela n'a pas été si facile à réaliser. Une querelle eut lieu, et les indigènes, refusant d'obéir aux ordres impérieux du lieutenant, sortirent leurs couteaux et leurs lances pour l'attaquer lui et ses soldats ; et M. Allen lui-même fut obligé d'intervenir pour protéger ceux qui étaient venus le garder. Le respect dû à l'homme blanc et la distribution opportune de quelques cadeaux prévalaient ; et, en montrant les couteaux, les hachettes et les chapelets qu'il était prêt à donner à ceux qui l'accompagnaient, la paix fut rétablie, et le lendemain, traversant un pays affreusement accidenté, ils atteignirent les villages des montagnards. Ici, M. Allen est resté un mois sans aucun interprète par l'intermédiaire duquel il pourrait comprendre un mot ou communiquer un désir. Cependant, grâce à des signes, des cadeaux et un troc assez libéral, il s'en sort très bien, certains d'entre eux l'accompagnant chaque jour dans la forêt pour tirer, et recevant un petit cadeau lorsqu'il réussit.

Cependant, dans le grand dossier des Oiseaux du Paradis, peu de choses ont été faites. Une seule espèce supplémentaire fut trouvée, le Seleucides alba, dont il avait déjà obtenu un spécimen à Salwatty ; mais il apprit que les autres espèces dont il leur montra des dessins, se trouvaient à deux ou trois journées de voyage plus loin dans l'intérieur. Lorsque j'envoyai mes hommes de Dorey à Amberbaki , ils entendirent exactement la même histoire : que les espèces les plus rares n'étaient trouvées qu'à plusieurs jours de voyage à l'intérieur, au milieu de montagnes escarpées, et que les peaux étaient préparées par des tribus sauvages qui n'avaient même jamais été découvertes. vu par tous les habitants de la côte.

Il semble que la nature ait pris des précautions pour que ces trésors les plus précieux ne soient pas trop communs et donc sous-évalués. Cette côte nord de la Nouvelle-Guinée est exposée à la pleine houle de l'océan Pacifique et est accidentée et sans port . Le pays est tout rocheux et montagneux, couvert partout de forêts denses, offrant dans ses marécages, ses précipices et ses crêtes dentelées une barrière presque infranchissable à l'intérieur inconnu ; et les gens sont de dangereux sauvages, au stade le plus bas de la barbarie. Dans un tel pays et parmi un tel peuple, on trouve ces merveilleuses productions de la nature, les oiseaux du paradis, dont la beauté exquise de la forme et de la couleur et les étranges développements du plumage sont de nature à exciter l'étonnement et l'admiration des plus civilisés et des plus civilisés. le plus intellectuel de l'humanité, et de fournir des matériaux inépuisables pour l'étude au naturaliste et pour la spéculation au philosophe.

Ainsi se termina ma recherche de ces beaux oiseaux. Cinq voyages dans différentes parties du district qu'ils habitent, chacun occupant dans sa préparation et son exécution la plus grande partie d'une année, ne m'ont produit que cinq espèces sur les quatorze connues pour exister dans le district de Nouvelle-Guinée. Les espèces obtenues sont celles qui habitent les côtes de la Nouvelle-Guinée et ses îles, le reste semblant strictement confiné aux chaînes de montagnes centrales de la péninsule septentrionale ; et nos recherches à Dorey et Amberbaki , près d'une extrémité de cette péninsule, et à Salwatty et Sorong , près de l'autre, me permettent de décider avec quelque certitude du pays natal de ces oiseaux rares et charmants, dont de bons spécimens n'ont jamais encore été découverts. été vu en Europe.

Il faut considérer comme quelque peu extraordinaire qu'au cours de cinq années de résidence et de voyages aux Célèbes, aux Moluques et en Nouvelle-Guinée, je n'aie jamais pu acheter des peaux de la moitié des espèces que Lesson, il y a quarante ans, obtenait au cours de quelques années. semaines dans les mêmes pays. Je crois que toutes, à l'exception des espèces communes du commerce, sont aujourd'hui beaucoup plus difficiles à obtenir qu'elles ne l'étaient il y a vingt ans ; et j'impute cela principalement au fait qu'ils ont été recherchés par les fonctionnaires hollandais par l'intermédiaire du sultan de Tidore . Les chefs des expéditions annuelles pour recueillir les tributs ont reçu ordre de se procurer toutes les espèces rares d'oiseaux du paradis ; et comme ils ne les payent que peu ou rien (il suffit de dire qu'ils sont pour le sultan), les chefs des villages côtiers refuseraient désormais de les acheter aux montagnards et se cantonneraient plutôt aux espèces les plus communes. qui sont moins recherchés par les amateurs, mais constituent une marchandise plus rentable. Les mêmes causes amènent fréquemment les habitants des pays non civilisés à cacher des minéraux ou d'autres produits naturels avec lesquels ils pourraient prendre connaissance, de peur d'être obligés de payer un tribut accru ou de s'attirer un travail nouveau et oppressif .

CHAPITRE XXXIX.
L'HISTOIRE NATURELLE DES ÎLES PAPOUAS.

La NOUVELLE-GUINÉE, avec les îles reliées par une mer peu profonde, constitue le groupe papou, caractérisé par une très grande ressemblance dans leurs formes de vie particulières. Ayant déjà, dans mes chapitres sur les îles Aru et sur les Oiseaux du Paradis, donné quelques détails sur l'histoire naturelle de cette région, je me bornerai ici à un aperçu général de ses productions animales, et de leurs relations avec celles des reste du monde.

La Nouvelle-Guinée est peut-être la plus grande île du monde, étant un peu plus grande que Bornéo. Il a près de quatorze cents milles de long et quatre cents de large dans sa partie la plus large, et semble être partout couvert de forêts luxuriantes. Presque tout ce que l'on sait encore de ses productions naturelles provient de la péninsule nord-ouest et de quelques îles groupées autour d'elle. Ceux-ci ne constituent pas un dixième de la superficie de l'île entière, et en sont si éloignés, que leur faune peut bien être quelque peu différente ; cependant ils nous ont produit (avec une exploration très partielle) pas moins de deux cent cinquante espèces d'oiseaux terrestres, presque toutes inconnues ailleurs, et comprenant quelques-unes des plus curieuses et des plus belles des tribus à plumes. Il est inutile de dire combien d'intérêt s'attache à la partie inconnue, bien plus vaste, de cette grande île, la plus grande terra incognita qui reste encore à explorer au naturaliste, et la seule région où l'on puisse peut-être trouver des formes de vie tout à fait nouvelles et inimaginables. Il y a maintenant, je suis heureux de le dire, une chance pour que ce grand pays ne nous reste plus absolument inconnu. Le Gouvernement néerlandais a accordé un bateau à vapeur bien équipé pour transporter un naturaliste (M. Rosenberg, déjà mentionné dans cet ouvrage) et des assistants en Nouvelle-Guinée, où ils doivent passer quelques années à faire le tour de l'île, en remontant ses grands fleuves jusqu'à possible à l'intérieur et en réalisant de vastes collections de ses productions naturelles.

Les mammifères de Nouvelle-Guinée et des îles adjacentes, encore découverts, ne sont qu'au nombre de dix-sept. Deux d'entre eux sont des chauves-souris, un est un cochon d'une espèce particulière (Sus papuensis) et les autres sont tous des marsupiaux. Les chauves-souris sont sans aucun doute beaucoup plus nombreuses, mais il y a tout lieu de croire que les nouveaux mammifères terrestres découverts appartiendront à l'ordre des marsupiaux. L'un d'eux est un véritable kangourou, très semblable à certains kangourous de taille moyenne d'Australie, et il est remarquable car c'est le premier animal de cette espèce jamais vu par les Européens. Il habite Mysol et les îles Aru (une espèce alliée trouvée en Nouvelle-Guinée), et a été vu et décrit par Le Brun en 1714, à partir de spécimens vivants à Batavia. Une créature bien plus extraordinaire est le kangourou arboricole, dont deux espèces sont connues en Nouvelle- Guinée. Ces animaux ne diffèrent pas de façon très frappante par leur forme des kangourous terrestres et semblent être imparfaitement adaptés à la vie arboricole, car ils se déplacent plutôt lentement et ne semblent pas avoir une assise très sûre sur la branche d'un arbre. La puissance de saut de la queue musclée est perdue et de puissantes griffes ont été acquises pour faciliter l'escalade, mais à d'autres égards, l'animal semble mieux adapté aux murs de la terre ferme . Cette adaptation imparfaite peut être due au fait qu'il n'y a pas de carnivore en Nouvelle-Guinée, ni d'ennemis d'aucune sorte auxquels ces animaux doivent échapper par une escalade rapide. Quatre espèces de Cuscus et le petit opossum volant habitent également la Nouvelle-Guinée ; et il y a cinq autres marsupiaux plus petits, dont l'un a la taille d'un rat, et prend sa place en entrant dans les maisons et en dévorant les provisions.

Les oiseaux de la Nouvelle-Guinée offrent le plus grand contraste possible avec les mammifères, puisqu'ils sont plus nombreux, plus beaux et offrent des formes plus nouvelles, plus curieuses et plus élégantes que ceux de toute autre île du globe. Outre les oiseaux du paradis, que nous avons déjà suffisamment considérés, elle possède une quantité d'autres oiseaux curieux, qui, aux yeux de l'ornithologue, servent presque à la distinguer comme l'une des principales divisions de la terre. Parmi ses trente espèces de perroquets figurent le cacatoès géant et le petit Nasiterna à queue rigide , le géant et le nain de toute la tribu. Le Dasyptilus tête nue est l'un des perroquets les plus singuliers connus ; tandis que la belle petite Charmosyna à longue queue et la grande variété de loris aux couleurs magnifiques n'ont pas d'équivalent ailleurs. Parmi les pigeons, il possède une quarantaine d'espèces distinctes, parmi lesquelles sont les magnifiques pigeons couronnés, si connus aujourd'hui dans nos volières, et prééminents tant par leur taille que par leur beauté ; le curieux Trugon terrestris , qui se rapproche du Didunculus de Samoa encore plus étrange ; et un nouveau genre (Henicophaps), découvert par moi-même, qui possède un bec très long et puissant, tout à fait différent de celui de tout autre pigeon. Parmi ses seize martins-pêcheurs, il possède la Macrorhina carieuse à bec crochu , et un Tanysiptera rouge et bleu , le plus beau de ce beau genre. Parmi ses oiseaux percheurs se trouvent le beau genre d'étourneaux ressemblant à des corbeaux, au plumage brillant (Manucodia) ; la corneille carieuse de couleur pâle (Gymnocorvus senex) ; le moucherolle rouge et noir anormal (Peltops blainvilii); les curieux petits moucherolles à bec de bateau (Machaerirhynchus) ; et les élégants troglodytes bleus (Todopsis).

Le naturaliste aura une idée plus claire de la variété et de l'intérêt des productions de ce pays, en disant que ses oiseaux terrestres appartiennent à

108 genres, dont 20 lui sont exclusivement caractéristiques ; tandis que 35 appartiennent à cette zone limitée qui comprend les Moluques et l'Australie du Nord, et dont les espèces de ces genres proviennent entièrement de la Nouvelle-Guinée. Environ la moitié des genres de Nouvelle-Guinée se trouvent également en Australie, environ un tiers en Inde et dans les îles indo-malaises.

Un fait très curieux, et pas assez remarqué jusqu'ici, est l'apparition d'un élément malais pur chez les oiseaux de Nouvelle-Guinée. Nous trouvons deux espèces d' Eupetes , curieux genre malais allié aux chats d'eau à queue fourchue ; deux d' Alcippe , une forme ressemblant à un troglodyte indien et malais ; un Arachnothera , ressemblant assez aux miels chasseurs d'araignées de Malacca ; deux espèces de Gracula, les Mynahs de l'Inde ; et un curieux petit Prionochilus noir , un pic à fruits à bec de scie, sans aucun doute allié à la forme malaise, bien que peut-être un genre distinct. Or, aucun de ces oiseaux, ni rien de ce qui leur est apparenté, n'est présent dans les Moluques ou (à une exception près) dans les Célèbes ou en Australie ; et comme ce sont pour la plupart des oiseaux à vol court, il est très difficile de concevoir comment et quand ils ont pu traverser l'espace de plus de mille milles qui les sépare aujourd'hui de leurs plus proches alliés. De tels faits indiquent des changements sur terre et sur mer sur une grande échelle et à une vitesse qui, mesurée par le temps requis pour un changement d'espèce, doit être qualifiée de rapide. En spéculant sur de tels changements, nous pouvons facilement voir comment des vagues partielles d'immigration ont pu entrer en Nouvelle-Guinée et comment toute trace de leur passage a pu être effacée par la disparition ultérieure des terres intermédiaires.

Il n'y a rien que l'étude de la géologie nous enseigne de plus certain ou de plus impressionnant que l'extrême instabilité de la surface de la Terre. Partout sous nos pieds, nous trouvons des preuves que ce qui était terre était autrefois mer, et que là où s'étendent aujourd'hui les océans était autrefois terre ; et que ce changement de mer en terre, et de terre en mer, s'est produit, non pas une ou deux fois seulement, mais encore et encore, au cours d'innombrables époques du passé. Or, l'étude de la répartition de la vie animale sur la surface actuelle de la terre nous amène à considérer cet échange constant de terre et de mer, cette formation et cette déconstruction des continents, cette élévation et cette disparition des îles, comme une réalité puissante, qui a toujours et partout été en progrès, et a été le principal agent déterminant la manière dont les êtres vivants sont maintenant groupés et dispersés sur la surface de la terre. Et lorsque nous rencontrons continuellement de petites anomalies de distribution comme celle que nous venons de décrire, nous en trouvons la seule explication rationnelle dans ces élévations et dépressions répétées qui ont laissé leur trace sous des caractères mystérieux, mais toujours intelligibles sur la face de la nature organique. .

leurs couleurs éclatantes . Les magnifiques ornithoptères verts et jaunes sont abondants et se sont très probablement répandus vers l'ouest à partir de ce point jusqu'en Inde. Parmi les papillons plus petits se trouvent plusieurs genres particuliers de Nymphalidae et de Lycaenidae , remarquables par leur grande taille, leurs marques singulières ou leur coloration brillante. Le plus grand et le plus beau des papillons aux ailes claires (Cocytia d'urvillei) se trouve ici, ainsi que le grand et beau papillon vert (Nyctalemon oronte). Les coléoptères nous fournissent plusieurs espèces de grande taille et du plus brillant éclat métallique , parmi lesquelles le Tmesisternus mirabilis, un longicorne de couleur vert doré ; les hannetons roses excessivement brillants, Lomaptera wallacei et Anacamptorhina fulgide ; l'un des plus beaux Buprestidae , Calodema wallacei ; et plusieurs beaux charançons bleus du genre Eupholus sont peut-être les plus remarquables. Presque tous les autres ordres nous fournissent des formes grandes ou extraordinaires. Les curieuses mouches à cornes ont déjà été mentionnées ; et parmi les orthoptères, les grandes sauterelles protégées sont les plus remarquables. L'espèce représentée ici (Megalodon ensifer) a le thorax recouvert d'un grand bouclier corné triangulaire, de deux pouces et demi de long, avec des bords dentelés, une surface creuse quelque peu ondulée et une ligne médiane de faune, de manière à ressembler très étroitement à un feuille. Les couvertures alaires brillantes (lorsqu'elles sont complètement déployées, mesurent plus de neuf pouces de diamètre) sont d'une belle couleur verte et si joliment veinées qu'elles imitent fidèlement certaines des grandes feuilles tropicales brillantes. Le corps est court et se termine chez la femelle par un long ovipositeur incurvé en forme d'épée (non visible sur la coupe), et les pattes sont toutes longues et fortement épineuses. Ces insectes sont lents dans leurs mouvements, leur sécurité dépendant de leur ressemblance avec le feuillage, de leur bouclier corné, de leurs couvertures alaires et de leurs pattes épineuses.

Les grandes îles à l'est de la Nouvelle-Guinée sont très peu connues, mais la présence de loris pourpres, assez absents d'Australie, et de cacatoès alliés à ceux de la Nouvelle-Guinée et des Moluques, montre qu'ils appartiennent au groupe papou ; et nous pouvons ainsi définir l'archipel malais comme s'étendant vers l'est jusqu'aux îles Salomon. La Nouvelle-Calédonie et les Nouvelles-Hébrides, en revanche, semblent plus proches de l'Australie ; et le reste des îles du Pacifique, quoique très pauvres en toutes formes de vie, possèdent quelques particularités qui nous obligent à les classer comme un groupe à part. Bien que, par commodité, j'aie toujours séparé les Moluques comme un groupe zoologique distinct de la Nouvelle-Guinée, j'ai en même temps souligné que leur faune provenait principalement de cette île, tout comme celle de Timor provenait principalement d'Australie. Si nous divisons la région australienne uniquement à des fins zoologiques, nous formerions trois grands groupes : l'un comprenant l'Australie, le Timor et la Tasmanie ;

une autre Nouvelle-Guinée, avec les îles depuis Bouru jusqu'au groupe des Salomon ; et le troisième comprenant la plus grande partie des îles du Pacifique.

La relation entre la faune de Nouvelle-Guinée et celle d'Australie est très étroite. Chez les mammifères, elle est mieux marquée par l'abondance des marsupiaux et l'absence presque complète de toutes les autres formes terrestres. Chez les oiseaux, cela est moins frappant, quoique encore très net, car toutes les formes anciennes remarquables qui sont absentes de l'un le sont également de l'autre, comme les faisans, les tétras, les vautours et les pics ; tandis que les cacatoès, les perroquets à large queue, les Podargi et les grandes familles de Honeysuckers et de Brush-dindes, avec beaucoup d'autres, comprenant pas moins de vingt-quatre genres d'oiseaux terrestres, sont communs aux deux pays et sont entièrement confinés à eux.

Si l'on considère l'étonnante dissemblance des deux régions dans toutes ces conditions physiques qui étaient autrefois censées déterminer les formes de vie : l'Australie, avec ses plaines ouvertes, ses déserts pierreux, ses rivières asséchées et son climat tempéré changeant ; La Nouvelle-Guinée, avec ses forêts luxuriantes, uniformément chaudes, humides et sempervirentes, cette grande similitude dans leurs productions est presque étonnante et indique sans aucun doute une origine commune. La ressemblance n'est pas aussi marquée chez les insectes, la raison étant évidemment que cette classe d'animaux dépend beaucoup plus immédiatement de la végétation et du climat que ne le sont les oiseaux et les mammifères plus hautement organisés. Les insectes disposent également de moyens de distribution beaucoup plus efficaces et se sont largement répandus dans toutes les régions propices à leur développement et à leur multiplication. Les Ornithoptères géants se sont ainsi répandus depuis la Nouvelle-Guinée sur tout l'archipel, et jusqu'à la base de l'Himalaya ; tandis que les élégants Anthribidae à longues cornes se sont propagés dans la direction opposée de Malacca à la Nouvelle-Guinée, mais en raison de conditions défavorables , n'ont pas pu s'établir en Australie. Ce pays, en revanche, a développé une variété de Hanneton et de Buprestidae obsédant les fleurs , ainsi qu'un grand nombre de charançons terrestres grands et curieux, dont presque aucun n'est adapté aux forêts sombres et humides de Nouvelle-Guinée, où des formes entièrement différentes sont à trouver. être trouvé. Il existe cependant quelques groupes d'insectes, constituant ce qui semble être les restes de l'ancienne population des parties équatoriales de la région australienne, qui y sont encore presque entièrement confinés. Telle est l'intéressante sous-famille des coléoptères Longicorn — Tmesisternitae ; l'un des genres les mieux marqués de Buprestidae — Cyphogastra ; et les beaux charançons formant le genre Eupholus . Parmi les papillons, nous avons les genres Mynes , Hypocista et Elodina , et la curieuse

Drusilla tachetée, dont une seule espèce se trouve à Java, mais dans aucune autre des îles occidentales.

Les facilités pour la distribution des plantes sont encore plus grandes que pour les insectes, et c'est l'opinion d'éminents botanistes qu'il n'est pas possible de délimiter des régions aussi clairement définies en botanique comme en zoologie. Les causes qui tendent à la diffusion sont ici les plus puissantes et ont conduit à un tel mélange des flores des régions adjacentes qu'on ne peut aujourd'hui déceler que des divisions larges et générales. Ces remarques ont une portée importante sur le problème de la division de la surface de la terre en grandes régions, distinguées par la différence radicale de leurs productions naturelles. Nous savons maintenant qu'une telle différence est le résultat direct d'une séparation prolongée par des barrières plus ou moins infranchissables ; et comme les océans vastes et les températures très contrastées sont les barrières les plus complètes à la dispersion de toutes les formes de vie terrestres, les divisions primaires de la terre devraient en grande partie servir à tous les organismes terrestres. Si divers que soient les effets du climat, si inégaux que soient les moyens de répartition ; celles-ci n'effaceront jamais complètement les effets radicaux d'un isolement prolongé ; et j'ai la ferme conviction que lorsque la botanique et l'entomologie de la Nouvelle-Guinée et des îles environnantes seront aussi bien connues que le sont leurs mammifères et leurs oiseaux, ces départements de la nature indiqueront également clairement les distinctions radicales des peuples indo-malais et austro-autrichiens. -Régions malaises du grand archipel malais.

CHAPITRE XL.
LES RACES DE L'HOMME DANS L'ARCHIPEL MALAIS.

PROPOSONS de conclure ce récit de mes voyages en Orient par un bref exposé de mes vues sur les races humaines qui habitent les diverses parties de l'archipel, leurs principales caractéristiques physiques et mentales, leurs affinités entre elles et avec les tribus environnantes, leurs migrations et leur origine probable.

Deux races très contrastées habitent l'archipel : les Malais, qui en occupent presque exclusivement la plus grande moitié occidentale, et les Papous, dont le quartier général est la Nouvelle-Guinée et plusieurs des îles adjacentes. Entre celles-ci, dans la localité, se trouvent des tribus qui sont également intermédiaires dans leurs principaux caractères, et il est parfois utile de déterminer si elles appartiennent à l'une ou à l'autre race, ou si elles ont été formées par un mélange des deux.

Le Malais est sans doute la plus importante de ces deux races, car c'est celle qui est la plus civilisée, qui a été le plus en contact avec les Européens et qui seule a une place dans l'histoire. Ce qu'on peut appeler les véritables races malaises, à la différence des autres races qui n'ont qu'un élément malais dans leur langue, présentent une uniformité considérable de caractères physiques et mentaux, alors qu'il existe de très grandes différences de civilisation et de langue. Ils se composent de quatre grandes tribus , de quelques petites tribus semi-civilisées et d'un certain nombre d'autres que l'on peut appeler sauvages. Les Malais proprement dits habitent la péninsule malaise et presque toutes les régions côtières de Bornéo et de Sumatra. Ils parlent tous la langue malaise, ou ses dialectes ; ils écrivent en caractères arabes et sont mahométans de religion. Les Javanais habitent Java, une partie de Sumatra, Madura, Bali et Bart de Lombock . Ils parlent les langues javanaise et kawi, qu'ils écrivent en caractères autochtones. Ils sont désormais mahométans à Java, mais brahmanes à Bali et Lombock . Les Bugis sont les habitants de la plus grande partie des Célèbes, et il semble y avoir un peuple allié à Sumbawa. Ils parlent les langues Bugis et Macassar, avec des dialectes, et utilisent deux caractères indigènes différents dans lesquels ils les écrivent. Ils sont tous mahométans . La quatrième grande race est celle des Tagalas des îles Philippines, dont, n'ayant pas visité ces îles, je dirai peu. Beaucoup d'entre eux sont désormais chrétiens et parlent espagnol ainsi que leur langue maternelle, le tagala . Les Moluques-Malais, qui habitent principalement Ternate, Tidore , Batchian et Amboyna, peuvent être considérés comme formant une cinquième division de Malais semi-civilisés. Ils sont tous mahométans , mais ils parlent une variété de langues curieuses, qui semblent composées de bugis et de javanais, avec les langues des tribus sauvages des Moluques.

Les Malais sauvages sont les Dyaks de Bornéo ; les Battaks et autres tribus sauvages de Sumatra ; les Jakuns de la péninsule malaise ; les aborigènes du nord des Célèbes, de l' île de Sula et d'une partie du Bouru .

La couleur de toutes ces tribus variées est d'un brun rougeâtre clair, avec une teinte plus ou moins olive, ne variant pas à un degré important sur une étendue de pays aussi grande que toute l'Europe méridionale. Les cheveux sont également constants, étant invariablement noirs et droits, et d'une texture plutôt grossière, de sorte que toute teinte plus claire, ou toute vague ou boucle, est une preuve presque certaine du mélange de quelque sang étranger. Le visage est presque dépourvu de barbe, et la poitrine et les membres sont dépourvus de poils. La stature est à peu près égale, et toujours considérablement inférieure à celle de l'Européen moyen ; le corps est robuste, la poitrine bien développée, les pieds petits, épais et courts, les mains petites et assez délicates. Le visage est un peu large et tend à être plat ; le front est plutôt arrondi, les sourcils bas, les yeux noirs et très légèrement obliques ; le nez est plutôt petit, peu proéminent, mais droit et bien formé, le sommet un peu arrondi, les narines larges et légèrement exposées ; les pommettes sont assez saillantes, la bouche grande, les lèvres larges et bien coupées, mais non saillantes, le menton rond et bien formé.

Dans cette description, il semble y avoir peu de choses à objecter au sujet de la beauté, et pourtant, dans l'ensemble, les Malais ne sont certainement pas beaux. Dans leur jeunesse, cependant, ils sont souvent très beaux, et beaucoup de garçons et de filles jusqu'à douze ou quinze ans sont très agréables, et certains ont un visage qui est à leur manière presque parfait. J'ai tendance à penser qu'ils perdent une grande partie de leur beauté à cause de mauvaises habitudes et d'une vie irrégulière. Dès leur plus jeune âge, ils mâchent presque sans cesse du bétel et du tabac ; ils souffrent beaucoup de misère et d'exposition dans leur pêche et autres excursions ; leur vie se passe souvent dans une alternance de famine et de festins, d'oisiveté et de travail excessif, ce qui produit naturellement une vieillesse prématurée et une dureté de traits.

De caractère, le Malais est impassible. Il fait preuve d'une réserve, d'une méfiance et même d'une pudeur, qui sont dans une certaine mesure attrayantes, et amènent l'observateur à penser que le caractère féroce et sanguinaire imputé à la race doit être grossièrement exagéré. Il n'est pas démonstratif. Ses sentiments de surprise, d'admiration ou de peur ne se manifestent jamais ouvertement et ne sont probablement pas fortement ressentis. Il est lent et réfléchi dans son discours, et détourné dans l'introduction du sujet qu'il est venu expressément discuter. Ce sont les principaux traits de sa nature morale et ils se manifestent dans chaque action de sa vie.

Les enfants et les femmes sont timides, crient et courent à la vue inattendue d'un Européen. En compagnie des hommes , ils restent silencieux et sont généralement calmes et obéissants. Lorsqu'il est seul, le Malais est taciturne ; il ne parle ni ne chante pour lui-même. Lorsque plusieurs pagayent dans un canoë, ils entonnent occasionnellement un chant monotone et plaintif. Il se garde bien d'offenser ses égaux. Il ne se dispute pas facilement sur des questions d'argent ; n'aime pas demander trop souvent, même le paiement de ses justes dettes, et y renoncera souvent plutôt que de se quereller avec son débiteur. Les plaisanteries pratiques répugnent totalement à son caractère ; car il est particulièrement sensible aux manquements à l'étiquette ou à toute ingérence dans la liberté personnelle de lui-même ou d'autrui. A titre d'exemple, je peux mentionner que j'ai souvent trouvé très difficile de convaincre un serviteur malais d'en réveiller un autre. Il appellera aussi fort qu'il peut, mais il touchera à peine, et encore moins secouera son camarade. J'ai souvent dû réveiller moi-même un dormeur dur lors d'un voyage terrestre ou maritime.

Les classes supérieures des Malais sont extrêmement polies et ont toute la tranquillité et la dignité des Européens les mieux élevés. Pourtant, cela est compatible avec une cruauté téméraire et un mépris de la vie humaine, qui constituent le côté obscur de leur caractère. Il n'est donc pas étonnant que différentes personnes donnent à leur sujet des versions totalement opposées : l'une les loue pour leur sobriété, leur courtoisie et leur bon caractère ; un autre les maltraitait pour leur tromperie, leur trahison et leur cruauté. Le vieux voyageur Nicolo Conti, écrivant en 1430, dit : « Les habitants de Java et de Sumatra surpassent tous les autres peuples en cruauté. Ils considèrent le meurtre d'un homme comme une simple plaisanterie ; et aucune punition n'est prévue pour un tel acte. Si quelqu'un achète Une nouvelle épée, et qu'il veuille l'essayer, il l'enfoncera dans la poitrine de la première personne qu'il rencontrera. Les passants examinent la blessure, et vantent l'habileté de celui qui l'a infligée, s'il a enfoncé l'arme directement. ". Pourtant, Drake dit du sud de Java : « Le peuple (tout comme ses rois) est un peuple très aimant, vrai et juste » ; et M. Crawfurd dit que les Javanais, qu'il connaissait parfaitement, sont « un peuple paisible, docile, sobre, simple et travailleur ». Barbosa, quant à lui, qui les vit à Malacca vers 1660, dit : « C'est un peuple d'une grande ingéniosité, très subtil dans toutes ses relations ; très méchant, grand trompeur, disant rarement la vérité ; prêt à faire toutes sortes de choses. méchanceté et prêts à sacrifier leur vie. »

L'intellect de la race malaise semble plutôt déficient. Ils sont incapables de faire autre chose que les plus simples combinaisons d'idées et ont peu de goût ou d'énergie pour l'acquisition de connaissances. Leur civilisation, telle qu'elle est, ne semble pas être indigène, car elle est entièrement confinée aux nations converties aux religions mahométane ou brahmanique.

Je vais maintenant donner un aperçu tout aussi bref de l'autre grande race de l'archipel malais, les Papous.

La race papoue typique est, à bien des égards, à l'opposé de la race malaise, et elle a été jusqu'ici très imparfaitement décrite. La couleur du corps est d'un brun de suie profond ou noir, se rapprochant parfois, mais jamais tout à fait égal , du noir de jais de certaines races noires. Sa teinte varie cependant plus que celle du Malais et est parfois d'un brun sombre. Les cheveux sont très particuliers, durs, secs et crépus, poussant en petites touffes ou boucles, qui dans la jeunesse sont très courtes et compactes, mais qui poussent ensuite jusqu'à une longueur considérable, formant la tignasse compacte et frisée qui est la fierté des Papous. et la gloire. Le visage est orné d'une barbe de même nature crépue que les cheveux de la tête. Les bras, les jambes et la poitrine sont également plus ou moins recouverts de poils de même nature.

En stature, le Papou surpasse nettement le Malais et est peut-être égal, ou même supérieur, à la moyenne des Européens. Les jambes sont longues et fines, et les mains et les pieds plus grands que chez les Malais. Le visage est un peu allongé, le front plat, les sourcils très proéminents ; le nez est grand, plutôt cambré et haut, la base épaisse, les narines larges, avec l'ouverture cachée, du fait que la pointe du nez est allongée ; la bouche est grande, les lèvres épaisses et protubérantes. Le visage a ainsi un aspect tout à fait plus européen que chez le Malais, à cause du nez large ; et la forme particulière de cet organe, avec les sourcils plus saillants et le caractère des cheveux sur la tête, le visage et le corps, nous permettent d'un seul coup d'œil de distinguer les deux races. J'ai observé que la plupart de ces traits caractéristiques sont aussi distinctement visibles chez les enfants de dix ou douze ans que chez les adultes, et la forme particulière du nez est toujours montrée dans les figures qu'ils sculptent pour ornements de leurs maisons, ou comme charmes. à porter autour du cou.

Les caractéristiques morales du Papou me semblent le distinguer aussi distinctement du Malais que le font sa forme et ses traits. Il est impulsif et démonstratif dans ses paroles et ses actions. Ses émotions et ses passions s'expriment dans des cris et des rires, dans des cris et des bonds frénétiques . Les femmes et les enfants prennent part à toutes les discussions et semblent peu alarmés à la vue des étrangers et des Européens.

de l'intelligence de cette race , mais je suis enclin à l'évaluer un peu plus haut que celui des Malais, malgré le fait que les Papous n'ont encore jamais fait de progrès vers la civilisation. Il faut cependant rappeler que les Malais ont été pendant des siècles influencés par l'immigration hindoue, chinoise et arabe, alors que la race papoue n'a été soumise qu'à l'influence très partielle et locale des commerçants malais. Le Papou a beaucoup plus d'énergie vitale, ce qui faciliterait certainement grandement son développement intellectuel. Les esclaves papous ne montrent aucune infériorité intellectuelle par rapport aux Malais, bien au contraire ; et aux Moluques, ils sont souvent promus à des postes de confiance considérable. Le Papou a un plus grand sens de l'art que le Malais. Il décore son canot, sa maison et presque tous les ustensiles domestiques de sculptures élaborées, une habitude que l'on retrouve rarement parmi les tribus de race malaise.

Dans les affections et les sentiments moraux, en revanche, les Papous semblent très déficients. Dans le traitement de leurs enfants, ils sont souvent violents et cruels ; tandis que les Malais sont presque invariablement gentils et doux, n'interférant presque jamais avec les activités et les divertissements de leurs enfants, et leur donnant une liberté parfaite à tout âge où ils souhaitent la revendiquer. Mais ces relations très paisibles entre parents et enfants sont sans doute dues, dans une grande mesure, au caractère apathique et apathique de la race, qui n'entraîne jamais les plus jeunes dans une opposition sérieuse aux aînés ; tandis que la discipline plus sévère des Papous peut être principalement due à cette plus grande vigueur et énergie d'esprit qui conduit toujours, tôt ou tard, à la rébellion du plus faible contre le plus fort, du peuple contre ses dirigeants, de l'esclave contre son maître. ou l'enfant contre son parent.

Il apparaît donc que, qu'on considère leur conformation physique, leurs caractéristiques morales ou leurs capacités intellectuelles, les races malaise et papoue offrent des différences remarquables et des contrastes saisissants. Le Malais est de petite taille, à la peau brune, aux cheveux raides, imberbe et au corps lisse. Le Papou est plus grand, a la peau noire, les cheveux crépus, la barbe et le corps poilu. Le premier a un visage large, un petit nez et des sourcils plats ; ce dernier a un visage long, un nez large et proéminent et des sourcils saillants. Le Malais est timide, froid, peu démonstratif et calme ; le Papou est audacieux, impétueux, excitable et bruyant. Le premier est grave et rit rarement ; celui-ci est joyeux et rieur , l'un cache ses émotions, l'autre les manifeste.

Après avoir ainsi décrit en détail les grandes différences physiques, intellectuelles et morales entre les Malais et les Papous, nous devons considérer les habitants des nombreuses îles qui ne s'accordent pas très étroitement avec aucune de ces races. Les îles d'Obi, Batchian et les trois péninsules méridionales de Gilolo ne possèdent pas de véritable population indigène ; mais la péninsule du nord est habitée par une race indigène, les soi-disant Alfuros de Sahoe et Galela . Ces peuples sont tout à fait distincts des Malais, et presque également des Papous. Ils sont grands et bien faits, avec des traits papous et des cheveux bouclés ; ils sont barbus et poilus, mais de couleur aussi claire que les Malais. C'est une race industrieuse et entreprenante, cultivant du riz et des légumes, et infatigable dans sa recherche du gibier, du poisson, du tripang , des perles et de l'écaille de tortue.

Dans la grande île de Ceram, il existe également une race indigène très similaire à celle des Gilolo du Nord . Bourn semble contenir deux races distinctes : un peuple plus petit, au visage rond, à physionomie malaise, qui peut probablement être venu de Célèbes par les îles Sula ; et une race barbue plus grande, ressemblant à celle de Ceram.

A l'extrême sud des Moluques se trouve l'île de Timor, habitée par des tribus beaucoup plus proches des véritables Papous que celles des Moluques.

Les Timorais de l'intérieur sont brun foncé ou noirâtres, avec des cheveux touffus et crépus et un long nez papou. Ils sont de taille moyenne et plutôt élancés. La robe universelle est une longue étoffe enroulée autour de la taille et dont les extrémités frangées pendent au-dessous du genou. On dit que les gens sont de grands voleurs et que les tribus sont toujours en guerre les unes contre les autres, mais ils ne sont pas très courageux ni assoiffés de sang. La coutume du « tabu », appelé ici pomali , est très générale, les arbres fruitiers, les maisons, les récoltes et les biens de toutes sortes étant protégés de la déprédation par cette cérémonie dont le respect est très grand. Une branche de palmier plantée en travers d'une porte ouverte, indiquant que la maison est taboue, est une protection plus efficace contre le vol que n'importe quelle quantité de serrures et de barreaux. Les maisons de Timor sont différentes de celles de la plupart des autres îles ; ils semblent tous en toit, le chaume surplombant les murets et atteignant le sol, sauf là où il est creusé pour une entrée. Dans certaines parties de l'extrémité ouest de Timor et sur la petite île de Semau , les maisons ressemblent davantage à celles des Hottentots, étant en forme d'œuf, très petites et avec une porte seulement d'environ trois pieds de haut. Celles-ci sont construites à même le sol, tandis que celles des quartiers de l'Est sont surélevées de quelques pieds sur des poteaux. Par leur caractère excitable, leurs voix fortes et leur attitude intrépide , les Timorais ressemblent beaucoup au peuple de Nouvelle-Guinée.

Dans les îles à l'ouest de Timor, jusqu'à Flores et l'île Santal, on trouve une race très similaire, qui s'étend également vers l'est jusqu'à Timorlaut , où la véritable race papoue commence à apparaître. Les petites îles de Savu et de Rotti , cependant, à l'ouest de Timor, sont très remarquables en ce qu'elles possèdent une race différente et, à certains égards, particulière. Ces gens sont très beaux, avec de bons traits, ressemblant par bien des traits à la race produite par le mélange de l'Indou ou de l'Arabe avec le Malais. Ils sont certainement distincts des races timoraises ou papoues et doivent être classés dans la division ethnologique occidentale plutôt qu'orientale de l'archipel.

Toute la grande île de Nouvelle-Guinée, les îles Ke et Aru, avec Mysol , Salwatty et Waigiou , sont habitées presque exclusivement par des Papous typiques. Je n'ai trouvé aucune trace d'autres tribus habitant l'intérieur de la Nouvelle-Guinée, mais les peuples de la côte sont en certains endroits mêlés aux races plus brunes des Moluques. La même race papoue semble s'étendre sur les îles à l'est de la Nouvelle-Guinée jusqu'aux Fidji.

Il reste à remarquer les races noires aux cheveux laineux des Philippines et de la péninsule malaise, les premières appelées « Negritos », et les secondes « Semangs ». Je n'ai jamais vu ces gens moi-même, mais d'après les nombreuses descriptions précises d'eux qui ont été publiées, je n'ai eu aucune difficulté à me convaincre qu'ils ont peu d'affinités ou de ressemblances avec les Papous, avec lesquels ils ont été associés jusqu'ici. Dans la plupart des caractères importants, ils diffèrent plus des Papous que des Malais. Ce sont des nains en stature, mesurant en moyenne seulement quatre pieds six pouces à quatre pieds huit pouces de haut, soit huit pouces de moins que les Malais ; tandis que les Papous sont nettement plus grands que les Malais. Le nez est invariablement représenté comme petit, aplati ou relevé au sommet, alors que le caractère le plus universel de la race papoue est d'avoir le nez proéminent et grand, avec le sommet produit vers le bas, comme il est invariablement représenté dans leur propre grossièreté. des idoles. La chevelure de ces races naines s'accorde avec celle des Papous, mais aussi avec celle des nègres d'Afrique. Les Négritos et les Semangs s'accordent très étroitement quant à leurs caractéristiques physiques entre eux et avec les insulaires d'Andaman, alors qu'ils diffèrent d'une manière marquée de toutes les races papoues.

Une étude minutieuse de ces diverses races, en les comparant avec celles de l'Asie orientale, des îles du Pacifique et de l'Australie, m'a amené à adopter une vision relativement simple quant à leur origine et leurs affinités.

Si nous traçons une ligne (voir Carte physique, Vol. 1, p. 14), commençant à l'est des îles Philippines, longeant de là la côte ouest de Gilolo , passant par l'île de Bouru et contournant l'extrémité ouest de Mores. , puis en nous détournant par l'île Santal pour admirer Rotti , nous diviserons l'archipel en deux parties dont les races ont des particularités distinctives fortement marquées. Cette ligne séparera les Malais et toutes les races asiatiques, des Papous et de tous ceux qui habitent le Pacifique ; et bien que le long de la ligne de jonction, l'intermigration et le mélange aient eu lieu, la division est dans l'ensemble presque aussi bien définie et fortement contrastée que l'est la division zoologique correspondante de l'archipel, en une région indo-malaise et austro-malaise.

Je dois exposer brièvement les raisons qui m'ont amené à considérer cette division des races océaniques comme une division vraie et naturelle. La race malaise, dans son ensemble, ressemble sans doute de très près aux populations d'Asie de l'Est, du Siam à la Mandchourie . J'en fus très frappé lorsque, dans l'île de Bali , je vis des commerçants chinois qui avaient adopté le costume de ce pays, et qu'on pouvait alors à peine distinguer des Malais ; et, d'autre part, j'ai vu des indigènes de Java qui, quant à la physionomie, passeraient très bien pour des Chinois. Ensuite, nous avons encore les tribus malaises les plus typiques habitant une partie du continent asiatique lui-même, ainsi que ces grandes îles qui, possédant les mêmes espèces de grands mammifères que les parties adjacentes du continent, ont selon toute probabilité formé un partie connectée de l'Asie au cours de la période humaine. Les Négritos sont sans aucun doute une race tout à fait distincte des Malais ; mais cependant, comme certains d'entre eux habitent une partie du continent, et d'autres les îles Andaman dans la baie du Bengale, il faut considérer qu'ils ont eu, selon toute probabilité, une origine asiatique plutôt que polynésienne.

Maintenant, en me tournant vers les parties orientales de l'archipel, je découvre, en comparant mes propres observations avec celles des voyageurs et des missionnaires les plus dignes de confiance, qu'une race identique dans tous ses traits principaux avec les Papous se trouve dans toutes les îles aussi loin que possible. à l'est comme les Fidji ; au-delà, la race brune polynésienne, ou quelque type intermédiaire, est répandue partout dans le Pacifique. Les descriptions de ces derniers concordent souvent exactement avec les caractères des indigènes bruns de Gilolo et de Ceram.

Il faut surtout remarquer que les races polynésiennes brune et noire se ressemblent beaucoup. Leurs traits sont presque identiques, de sorte que les portraits d'un Néo-Zélandais ou d' un Otaheitan serviront souvent à représenter avec précision un Papou ou un Timorais, la couleur plus foncée et les cheveux plus crépus de ces derniers étant les seules différences. Ce sont tous deux des races de grande taille. Ils s'accordent dans leur amour de l'art et dans le style de leurs décorations. Ils sont énergiques, démonstratifs, joyeux et épris de rire, et sur tous ces points, ils diffèrent considérablement des Malais.

Je crois donc que les nombreuses formes intermédiaires qui se rencontrent parmi les innombrables îles du Pacifique ne sont pas simplement le résultat d'un mélange de ces races, mais sont, dans une certaine mesure, véritablement intermédiaires ou transitoires ; et que les bruns et les noirs, les Papous, les indigènes de Gilolo et de Ceram, les Fidjiens, les habitants des îles Sandwich et ceux de la Nouvelle-Zélande, sont tous des formes variées d'une grande race océanique ou polynésienne.

Il est cependant tout à fait possible, et peut-être probable, que les Polynésiens bruns étaient à l'origine le produit d'un mélange de Malais, ou d'une race mongole de couleur plus claire, avec des Papous foncés ; mais si tel est le cas, le mélange s'est produit à une époque si reculée et a été tellement favorisé par l'influence continue des conditions physiques et de la sélection naturelle, conduisant à la préservation d'un type spécial adapté à ces conditions, qu'il est devenu un type fixe. et stable, sans aucun signe de métis, et montrant une prépondérance si marquée du caractère papou, qu'elle peut être mieux classée comme une modification du type papou. L'apparition d'un élément malais prononcé dans les langues polynésiennes n'a évidemment rien à voir avec une connexion physique aussi ancienne . Il s'agit là d'un phénomène tout à fait récent, qui trouve son origine dans les habitudes errantes des principales tribus malaises ; et cela est prouvé par le fait que nous trouvons des mots modernes des langues malaise et javanaise en usage en Polynésie, si peu masqués par des particularités de prononciation qu'ils sont facilement reconnaissables - et non de simples racines malaises seulement décelables par les recherches approfondies de le philologue, comme cela aurait certainement été le cas si leur introduction avait été aussi lointaine que l'origine d'une race très distincte, une race aussi différente du Malais par ses caractères mentaux et moraux que par ses caractères physiques.

A propos de cette question, il est important de signaler l'harmonie qui existe entre la ligne de séparation des races humaines de l'archipel et celle des productions animales du même pays, que j'ai déjà si bien expliquée et illustrée. Les lignes de démarcation ne concordent pas exactement, il est vrai ; mais je pense que c'est un fait remarquable, et quelque chose de plus qu'une simple coïncidence, qu'ils traversent le même district et se rapprochent si étroitement qu'ils le font. Si, cependant, j'ai raison de supposer que la région où l'on peut maintenant tracer la ligne de démarcation entre les régions zoologiques indo-malaises et austro-malaises, était autrefois occupée par une mer beaucoup plus large qu'aujourd'hui, et si l'homme existait sur la terre à cette époque, nous verrons de bonnes raisons pour lesquelles les races habitant les régions de l'Asie et du Pacifique devraient maintenant se rencontrer et se mélanger partiellement au voisinage de cette ligne de démarcation.

Le professeur Huxley a soutenu récemment que les Papous sont plus étroitement liés aux nègres d'Afrique qu'à toute autre race. La ressemblance, tant dans les caractéristiques physiques que mentales, m'avait souvent frappé, mais les difficultés rencontrées pour l'accepter comme probable ou possible m'ont empêché jusqu'à présent d'accorder tout le poids à ces ressemblances. Des considérations géographiques, zoologiques et ethnologiques rendent presque certain que si ces deux races ont jamais eu une origine commune, elle ne peut avoir eu lieu qu'à une époque bien plus reculée que toutes celles qu'on a jusqu'ici attribuées à l'antiquité de la race humaine. Et même si leur indulgence pouvait être prouvée, cela n'affecterait en rien mon argument en faveur de l'étroite affinité des races papoue et polynésienne, et de la distinction radicale de l'une et de l'autre avec le Malais.

La Polynésie est avant tout une zone d'affaissement, et ses grands groupes de récifs coralliens très répandus marquent la position d'anciens continents et îles. Les productions riches et variées, mais étrangement isolées, de l'Australie et de la Nouvelle-Guinée, indiquent également un vaste continent où de telles formes spécialisées se sont développées. Les races d'hommes qui habitent aujourd'hui ces pays sont donc très probablement les descendants des races qui habitaient ces continents et ces îles. C'est la supposition la plus simple et la plus naturelle à faire. Et si l'on trouve des signes d'affinité directe entre les habitants d'une autre partie du monde et ceux de la Polynésie, il ne s'ensuit nullement que les seconds dérivent des premiers. Car, de même que, à l'époque où existait un continent du Pacifique, toute la géographie de la surface de la Terre aurait probablement été très différente de ce qu'elle est aujourd'hui, les continents actuels ne s'élevaient peut-être pas alors au-dessus de l'océan et, lorsqu'ils se sont formés à une époque ultérieure, peuvent avoir dérivé certains de leurs habitants de la région polynésienne elle-même. Il est sans aucun doute vrai qu'il existe des preuves de migrations étendues entre les îles du Pacifique, qui ont conduit à une communauté linguistique du groupe sandwich vers la Nouvelle-Zélande ; mais il n'y a aucune preuve d'une migration récente d'un pays environnant vers la Polynésie, puisqu'il n'y a aucun peuple ailleurs qui ressemble suffisamment à la race polynésienne dans ses principales caractéristiques physiques et mentales.

Si l'histoire passée de ces races variées est obscure et incertaine, l'avenir ne l'est pas moins. Les véritables Polynésiens, qui habitent les îles les plus éloignées du Pacifique, sont sans aucun doute voués à une extinction précoce. Mais la race malaise, plus nombreuse, semble bien adaptée pour survivre en tant que cultivateur de la terre, même lorsque son pays et son gouvernement sont passés aux mains des Européens. Si le courant de la colonisation devait être inversé vers la Nouvelle-Guinée, il ne ferait guère de doute que la race papoue s'éteindrait bientôt. Un peuple guerrier et énergique, qui ne se soumettra ni à l'esclavage national ni à la servitude domestique, doit disparaître devant l'homme blanc aussi sûrement que le loup et le tigre.

J'ai maintenant terminé ma tâche. J'ai donné, plus ou moins en détail, un aperçu de mes huit années d'errance parmi les îles les plus grandes et les plus luxuriantes qui ornent la surface de notre terre. Je me suis efforcé de transmettre mes impressions sur leurs paysages, leur végétation, leurs productions animales et leurs habitants humains. Je me suis longuement attardé sur les problèmes variés et intéressants qu'ils posent à celui qui étudie la nature. Avant de dire adieu à mon lecteur, je souhaite faire quelques observations sur un sujet d'un intérêt encore plus élevé et d'une importance plus profonde, que la contemplation de la vie sauvage a suggéré, et sur lequel je crois que le civilisé peut apprendre quelque chose de l'homme sauvage.

La plupart d'entre nous croient que nous, les races supérieures, avons progressé et progressons encore. Si tel est le cas, il doit exister un état de perfection, un but ultime, que nous n'atteindrons peut-être jamais, mais dont tout véritable progrès doit se rapprocher. Quel est cet état social idéalement parfait vers lequel l'humanité a toujours été et tend encore ? Nos meilleurs penseurs soutiennent qu'il s'agit d'un état de liberté individuelle et d'autonomie gouvernementale, rendu possible par le développement égal et le juste équilibre des parties intellectuelles, morales et physiques de notre nature, un état dans lequel nous serons chacun ainsi . parfaitement adaptés à une existence sociale, en sachant ce qui est juste, et en ressentant en même temps une impulsion irrésistible à faire ce que nous savons être juste., que toutes les lois et toutes les punitions seront inutiles. Dans un tel état, chaque homme aurait une organisation intellectuelle suffisamment équilibrée pour comprendre la loi morale dans tous ses détails, et n'aurait besoin d'aucun autre motif que les libres impulsions de sa propre nature pour obéir à cette loi.

Or, il est très remarquable que, parmi des peuples à un stade de civilisation très bas, nous trouvions une certaine approche d'un état social aussi parfait. J'ai vécu avec des communautés sauvages en Amérique du Sud et en Orient, qui n'avaient ni lois ni tribunaux mais l'opinion publique du village était librement exprimée. Chaque homme respecte scrupuleusement les droits de son prochain, et toute infraction à ces droits a rarement ou jamais lieu. Dans une telle communauté, tous sont presque égaux. Il existe certaines de ces larges distinctions entre éducation et ignorance, richesse et pauvreté, maître et serviteur, qui sont le produit de notre civilisation ; il n'y a rien de cette division généralisée du travail qui, tout en augmentant la richesse, produit également des intérêts contradictoires ; il n'y a pas cette compétition acharnée et cette lutte pour l'existence ou pour la richesse que crée inévitablement la densité de la population des pays civilisés. Toutes les incitations aux grands crimes font donc défaut, et les petits sont réprimés, en partie par l'influence de l'opinion publique, mais principalement par ce sens naturel de la justice et du droit du prochain, qui semble être , dans une certaine mesure, inhérent à toute race. de l'homme.

Or, bien que nous ayons largement dépassé l'état sauvage en termes de réalisations intellectuelles, nous n'avons pas progressé également en morale. Il est vrai que parmi ces classes qui n'ont pas de besoins qui ne peuvent être facilement satisfaits, et parmi lesquelles l'opinion publique a une grande influence ; les droits d'autrui sont pleinement respectés. Il est vrai aussi que nous avons considérablement étendu la sphère de ces droits et y incluons toute la fraternité des hommes. Mais il n'est pas exagéré de dire que la masse de nos populations n'a pas du tout progressé au-delà du code moral sauvage et est souvent tombée au-dessous de ce code. Une moralité déficiente est la grande tache de la civilisation moderne et le plus grand obstacle au véritable progrès.

Au cours du siècle dernier, et surtout au cours des trente dernières années, notre progrès intellectuel et matériel a été réalisé trop rapidement pour que nous puissions en tirer pleinement profit. Notre maîtrise des forces de la maturité a conduit à une croissance rapide de la population et à une vaste accumulation de richesses ; mais celles-ci ont apporté avec elles tant de pauvreté et de criminalité, et ont favorisé la croissance de tant de sentiments sordides et de tant de passions féroces, qu'on peut fort bien se demander si l'état mental et moral de notre population n'a pas changé. la moyenne a été abaissée, et si le mal n'a pas contrebalancé le bien. Comparés à nos merveilleux progrès dans la science physique et à ses applications pratiques, notre système de gouvernement, d'administration de la justice, d'éducation nationale et toute notre organisation sociale et morale restent dans un état de barbarie. [Voir note page suivante.] Et si nous continuons à consacrer nos principales énergies à l'utilisation de notre connaissance des lois de la nature en vue d'étendre encore plus notre commerce et notre richesse, les maux qui les accompagnent nécessairement lorsqu'ils sont poursuivis avec trop d'ardeur, peut atteindre des dimensions si gigantesques qu'il est impossible de les atténuer.

Nous devrions maintenant clairement reconnaître le fait que la richesse, les connaissances et la culture de quelques-uns ne constituent pas la civilisation et ne nous font pas progresser en elles-mêmes vers « l'état social parfait ». Notre vaste système manufacturier , notre gigantesque commerce, nos villes surpeuplées, entretiennent et renouvellent continuellement une masse de misère humaine et de criminalité absolument plus grande que jamais auparavant. Ils créent et entretiennent, dans le travail de toute leur vie, une armée toujours croissante, dont le sort est d'autant plus dur à supporter, en contraste avec les plaisirs, le confort et le luxe qu'ils voient partout autour d'eux, mais qu'ils ne pourront jamais espérer atteindre. apprécier; et qui, à cet égard, sont plus mal lotis que le sauvage au milieu de sa tribu.

Ce n'est pas un résultat dont on peut se vanter ou dont on peut se satisfaire ; et, jusqu'à ce qu'il y ait une reconnaissance plus générale de cet échec de notre civilisation, résultant principalement de notre négligence à former et à développer plus complètement les sentiments sympathiques et les facultés morales de notre nature, et à leur permettre une plus grande part d'influence dans notre législation, notre commerce et toute notre organisation sociale, nous n'atteindrons jamais, en ce qui concerne l'ensemble de la communauté, une supériorité réelle ou importante sur la meilleure classe de sauvages.

C'est la leçon que m'ont enseignée mes observations sur l'homme non civilisé. Je dis maintenant à mes lecteurs : Adieu !

NOTE.

CEUX qui croient que notre condition sociale approche de la perfection trouveront le mot ci-dessus dur et exagéré, mais il me semble le seul mot qui puisse vraiment s'appliquer à nous. Nous sommes le pays le plus riche du monde, et pourtant, un vingtième de notre population est constitué de pauvres et un trentième de criminels notoires. Ajoutez à cela les criminels qui échappent à la détection ; et les pauvres qui vivent principalement de la charité privée (qui, selon le Dr Hawkesley , dépense sept millions sterling par an, rien qu'à Londres), et nous pouvons être sûrs que plus d'un dixième de notre population sont en réalité des pauvres et des criminels. Nous maintenons ces deux classes oisives ou à un travail improductif , et chaque criminel nous coûte chaque année dans nos prisons plus que le salaire d'un honnête ouvrier agricole . Nous permettons à plus de cent mille personnes connues pour n'avoir aucun moyen de subsistance que par le crime, de rester en liberté et de devenir la proie de la communauté, et à plusieurs milliers d'enfants de grandir sous nos yeux dans l'ignorance et le vice, pour fournir des criminels entraînés pour la prochaine fois. génération. Ceci, dans un pays qui se vante de son accroissement rapide de richesse, de son énorme commerce et de ses manufactures gigantesques, de son habileté mécanique et de ses connaissances scientifiques, de sa haute civilisation et de son pur christianisme, — je ne peux qu'appeler un état de barbarie sociale . Nous nous vantons également de notre amour de la justice et du fait que la loi protège aussi bien les riches que les pauvres, mais nous retenons les amendes comme punition et faisons des premiers pas pour obtenir justice une question de dépenses – dans les deux cas une injustice barbare, ou une injustice barbare. déni de justice envers les pauvres. De plus, nos lois permettent que, par simple négligence d'une forme juridique, et contrairement à son propre souhait et intention, la totalité des biens d'un homme puisse aller à un étranger, et ses propres enfants rester dans le dénuement. De tels cas se sont produits par l'effet des lois sur l'héritage des propriétés foncières ; et qu'une telle injustice contre nature soit possible parmi nous, cela montre que nous sommes dans un état de barbarie sociale. Encore un exemple pour justifier mon utilisation du terme, et je l'ai fait. Nous accordons la possession absolue du sol de notre pays, sans aucun droit légal d'existence sur le sol, à la grande majorité qui ne le possède pas. Un grand propriétaire foncier peut légalement convertir toute sa propriété en forêt ou en terrain de chasse, et expulser tout être humain qui y a vécu jusqu'ici. Dans un pays densément peuplé comme l'Angleterre, où chaque acre a son propriétaire et son occupant, c'est un pouvoir de détruire légalement ses semblables ; et le fait qu'un tel pouvoir existe et soit exercé par des individus, même dans une mesure minime, indique qu'en ce qui concerne la véritable science sociale, nous sommes encore dans un état de barbarie.